MW01206010

Sett i gang 1

An Introductory Norwegian Curriculum

by

Kari Lie Dorer & Nancy Aarsvold

1st edition 2006
2nd edition 2016
3rd edition 2023

© **NorWords** www.settigang.com
ISBN: 9798387283505

Print and Digital Textbooks

Overview

Sett i gang is an introductory Norwegian curriculum designed for use in the first year of university courses, the first two years of community education and high school classes, or for self-study. Brimming with colorful images of Norway and numerous activities, the curriculum engages students in exploring contemporary Norwegian language and culture from the very first chapter. The materials are carefully sequenced and organized around 10 main themes relevant to learners of all ages, providing an interesting and varied context for the students as they learn to understand texts in Norwegian and communicate with others both in the classroom and in the larger Norwegian community. Through the lens of Norwegian culture, students learn to view the world from multiple perspectives, bringing them new insights about their own culture and language as well as about Norway and its role in the world.

Highlights

- Focus on modern Norway and the connection between language and culture

- Extensive and relevant vocabulary presented with visuals

- Pedagogically sequenced materials

- Authentic texts combined with student-centered, process-oriented and strategy-based activities

- Extensive listening materials for each chapter by a variety of native speakers

- Grammatical explanations and exercises taken from the context of the chapter

- Numerous exercises for students to use and review grammar and vocabulary

- Technically enhanced materials such as multimedia presentations and interactive exercises

- Examples of written tests, oral tests, and projects plus scoring rubrics for oral presentations and essays

Components of the *Sett i gang* Curriculum

Sett i gang 1: Print Textbook
(Ch. 1-15, 225 pp.)

Sett i gang 2: Print Textbook
(Ch. 16-30, 225 pp.)

Sett i gang 1: eTextbook
(Ch. 1-15, 225 pp.)

Sett i gang 2: eTextbook
(Ch. 16-30, 225 pp.)

Chapter Organization

Innledning	Introduction to the chapter theme via short texts, visual vocabulary spreads, and listening exercises (4 pp.)
Fra ord til forståelse	Presentation of two grammar topics with text, clear charts, and drawings with a variety of exercises for practice (4 pp.)
Grammatikk	Communicative exercises that combine the chapter theme and the grammatical topics (2 pp.)
Fra grammatikk til kommunikasjon	An in-depth presentation of a cultural topic related to the chapter theme using text, visuals, and audio (2 pp.)
I fokus	Pronunciation practice focusing on vowel and consonant sounds, stress, and intonation through the use of songs and a variety of exercise types (1 p.)
Uttale	An overview of the main vocabulary from the chapter organized by questions and answers and translated to English (1 p.)
Repetisjon	An overview of the communicative, structural, and cultural goals in the section (2 pp.)

Web Portal

www.settigang.com

Check out all the resources available on the *Sett i gang* web portal!

Overview

Sett i gang features a comprehensive web portal that brings together many useful online resources for Norwegian language learners. The portal includes a large number of audio and video clips, online flashcards, interactive exercises, and links to related web resources. In addition, there are answer keys to all the exercises in the textbook, an online glossary, and many extra resources for instructors.

Using modern technology in an accessible way, the portal makes the print textbooks come alive for learners with culturally rich digital materials while providing immediate feedback on learning and extra resources for further exploration.

The portal began as a faculty-student collaboration through the Collaborative Undergraduate Research and Inquiry (CURI) program at St. Olaf College. Later, the project received funding from two Digital Humanities on the Hill grants, providing support from student interns and staff in the IT department at St. Olaf.

Highlights

On the portal you will find:

• 500+ audio and video clips

• 500+ interactive online exercises

• 140+ digital flashcard sets with audio

• An online glossary with the essential words, meanings, and grammatical forms

• Practice assessments after each section (3 chapters)

• Links to additional online Norwegian language learning resources

• Password-protected resources for instructors

• How-to video tutorials

To the Teachers
Our Approach to Language Teaching

Like many language teachers, the co-authors of this textbook have a multi-faceted approach to language instruction. We believe that the instructors who use the *Sett i gang* curriculum will be able to adapt them to fit their own unique teaching styles and classroom needs. However, it will be clear when viewing and using our materials that we have several guiding principles that have heavily influenced the design of this curriculum package.

We value the importance of good instructional design and pedagogical sequencing. We see language learning as a gradual process, and we design contextualized and guided activities that take the students from comprehension of written and spoken texts to production of their own texts. We want the students to be aware of their own learning process and to learn strategies that will help them in understanding and communicating more effectively. We also want to give the students numerous opportunities to practice understanding texts and communicating with others. Often we find that many language textbooks include objectives for the students to master certain skills or topics without actually providing them enough of the type of practice that they need.

We value instruction that is contextualized and meaningful to the students. All of our chapters are organized by theme, and the vocabulary, texts, and grammar will always be presented and practiced in the context of this larger theme. We want the students to focus on learning "chunks (expressions, phrases, sentences, questions)" of language related to particular topics rather than individual and random words. Our materials also contain a much larger amount of vocabulary than is found in most beginning Norwegian textbooks. We want our students to be able to talk about themselves and to explore Norwegian culture in a meaningful way, and in order to do so they need more words to use. We also encourage students to make connections between their academic and leisure interests in the US and the expression of these interests in Norway.

We value materials that engage all of the senses and thus make students active participants in the learning process. Our materials are highly visual with many drawings, photos, maps, and graphs because we find it is much easier for both the teachers and the students to keep speaking Norwegian when they have visual support for what they are reading, hearing, or presenting. Similarly, our materials include more than the usual number of audio clips. We think that the students need to spend more time listening to Norwegian in order to improve both their comprehension and their pronunciation. We also incorporate many pair and small group activities and suggestions for larger projects and oral presentations because we want the students to be actively engaged in using the language as much as possible.

Last but not least, we value the role modern technology plays in helping us reach our pedagogical goals and improve our instruction in Norwegian language and culture. While the *Sett i gang* print materials present information and activities for class, the online materials cultivate student interest and develop language acquisition by providing rich cultural resources and immediate feedback that is engaging and encouraging. In addition, the portal includes many extra resources for teachers, such as sample assessments, digital presentations, and more.

To the Students

Welcome to the *Sett i gang* curriculum!

You all have your own unique reasons for learning Norwegian, but here are 10 strategies that will be helpful for all of you.

1. Expect to learn a lot of Norwegian.

Everyone can learn languages. When you combine regular practice with your innate language ability, you will discover that you can learn quickly and enjoy the experience immensely.

2. Expect to gain insight into Norwegian culture as well as your own.

Language is inseparable from culture. As you learn new words and expressions in Norwegian contexts, you will become aware of your own cultural views and start to see the world from a new perspective.

3. Decode the system.

Every language has a grammatical framework. Learn and practice the patterns.

4. Discover your strengths and weaknesses.

Find out what language learning is like for you and adjust your study habits to capitalize on your strengths and develop your weaknesses.

5. Use appropriate learning strategies.

Make predictions, apply your knowledge of the world, use your eyes and ears, guess intelligently, tolerate ambiguity, and look for similarities to your native language.

6. Prepare for class.

Schedule several study sessions each week to review material in your textbook and use the web portal to access the audio, flashcards, interactive exercises, and the glossary. If you are enrolled in a course, you can expect daily homework.

7. Come to class and participate actively.

There aren't many other places on campus to practice Norwegian, so go to every class session or co-curricular event. Once you are there, take the initiative and use every opportunity to practice your Norwegian.

8. Bring your sense of humor to the language learning experience.

Conquer any fear you might have of saying something wrong. Realize that you will make mistakes in your attempts to communicate in Norwegian and enjoy a good laugh when you do.

9. Be supportive of the other students in the class.

Work together with other students and you will learn more and have more fun.

10. Be patient.

It takes longer than 30 days to learn a language.
Sett i gang (Let's get started)!

Hjertelig takk!

Sett i gang is an expansive, ongoing project that could not have been completed without the significant contributions of the people below. To them, we extend our sincere thanks and appreciation.

To our Norwegian language consultant, **Torunn Strand Andresen** for answering all questions, both great and small; **Margaret Hayford O'Leary** for pictures, consultation and proofreading; **Peggy Hager** for advice and support; **Louis Janus** for frequent consultation and inspiration; **Hilde Reinertsen** for writing, proofreading, and audio recording; **Liv Dahl** for proofreading, photos, and writing; and to **Bettine Hermanson** and **Karoline Videsjorden** for audio recording.

To the extended **Førland** and **Solem** families for the many photos from their private family moments; **Jostein** and **Bente Førland Solem** for additional photos; **Krista Schweppe** for taking and organizing photos; **Tove Dahl** for help with the text about Skogfjorden; **Liv Harnæs** for advice and proofreading of pronunciation pages; **Ottar** and **Peder Dahl** for photos; **Katinka Nagell** and **Nina Slupphaug** for writing and photos; **Kjell** and **Judy Åvendal** for providing family photos; **Geir Holm Sundgot** for text; **Bruce Aarsvold, Reed Deardorff, Nora Serres**, and **Helge** and **Frode Husvær** for photos.

To St. Olaf student workers who helped on numerous parts of the project: **Thomas Halvorsen** for audio/video recording and editing; **Gudrun Austli, Marte Hovig, Liv Kvalvik, Kristin Valle, Bjørg Edberg**, and **Bjørn Sjue** for videotaping; **Kristin Clark, James Cleven, Britta Weber, Thea Lund**, glossary; **Grant Dobbe** for audio/video editing; and **Erik Moe** for updating online materials.

To our CURI students **Nora Serres** and **Jens Bringsjord** for beginning the process of conceptually linking the digital and print materials in a new and creative way. For frequent technical consulting and assistance, our thanks to St. Olaf College's Digital Humanities team, most specifically **Ben Gottfried, Ezra Plemons, Doug Hamilton**, and **Dolores Peters**. Additionally, to DHH interns **Annika Fredrikson** and **Armaan Bindra**.

We would like to especially thank the **Norwegian Foreign Ministry**, **St. Olaf College**, and the **Sons of Norway** for providing financial support for this project: Norwegian Foreign Ministry travel grants, St. Olaf Digital Humanities on the Hill grants, Collaborative Undergraduate Research Inquiry grant, Technology Across Languages and Cultures grants, and the Sons of Norway Heritage grant.

To all the instructors who gave meaningful input toward developing the second and third editions of Sett i gang: **Peggy Hager, Margaret Hayford O'Leary, Kim Pedersen, Melissa Gjellstad, Steve Finney, Ingrid Urberg, Kyle Korynta, Christine Haerter Piñero, Dean Krouk, Torild Homstad, Maren Mecham**, and **Jenna Coughlin**.

And to our designers, **Chelsey Johnson** (1st ed.), **Erika Terwilliger** (2nd ed.), **Laura Moquin** (2nd ed.), and **Alli Hering** (3rd ed.), not only for their wonderful design work, but also for dealing with many changes in dates and layout. We could never have managed this project without you, and we're so grateful for your hard work.

To our families for their love and support while we spent countless hours and our family savings for the completion of this project: **Letty Lie** and **Ben** and **Simon Dorer**; **Stephanie Fay, Andreas** and **Greta Aarsvold**, and **Tina, Jessica**, and **Jack Aarsvold**.

And **sist men ikke minst** *(last but not least)*, to all of our students who inspired us to provide a future generation

Innhold: Sett i gang 1

LANGUAGE AND IDENTITY — p. 2

1. **Getting Acquainted** — p. 4
   (Pronouns: Subject | Word Order: Sentences, Questions with Interrogatives)
2. **Studies, Work, and Leisure** — p. 18
   (Verbs: Present Tense | Word Order: Negative Sentences)
3. **Language and People** — p. 32
   (Nouns: Singular | Determinatives: Cardinal Numbers, 1-100)

SCHOOLS AND EDUCATION — p. 46

4. **In the Classroom** — p. 48
   (Nouns: Plural | Verbs: Modal Verbs)
5. **Subjects and Schedules** — p. 62
   (Prepositions: The Clock | Word Order: Inversion)
6. **Learning Norwegian** — p. 76
   (Verbs: Infinitive Marker | Word Order: Sentence Adverbs)

FOOD AND MEALS — p. 90

7. **Breakfast and Lunch** — p. 92
   (Verbs: Present Tense | Word Order: Conjunctions)
8. **Dinner** — p. 106
   (Pronouns: Object | Pronouns: Subject, Object, and Formal Subject)
9. **Coffee and Evening Meal** — p. 120
   (Word Order: Questions with Interrogatives | Prepositions: Location)

DAILY LIFE AND LEISURE — p. 134

10. **Sports and Outdoor Life** — p. 136
    (Verbs: Past Tense, Strong | Prepositions: Time Expressions)
11. **Entertainment and Interests** — p. 150
    (Prepositions: The 12-Hour and 24-Hour Clock | Verbs: Past Tense, Weak)
12. **Daily Routine** — p. 164
    (Pronouns: Reflexive | Word Order: Inversion)

CLIMATE AND CLOTHING — p. 178

13. **Climate and Weather** — p. 180
    (Adjectives: Ordinal Numbers, 1-31 | Adjectives: Indefinite)
14. **Seasons and Holidays** — p. 194
    (Verbs: Tenses | Determinatives: Possessives)
15. **Clothing and Fashion** — p. 208
    (Adjectives: Exceptions | Determinatives: Demonstratives)

AUTHORS: Kari Lie Dorer & Nancy Aarsvold
GRAPHIC DESIGNERS: Chelsey Johnson, Laura Moquin, Erika Terwilliger & Alli Hering
© NorWords 2004-2023

og

language & identity

In this section, you will...

- learn about the different aspects of life in Norway that influence a person's identity, such as place of residence, work, education, leisure activities, age, family, friends, and language

- understand and participate in short conversations in which you exchange basic information about yourself with others

- write a description of yourself and give a brief introduction of yourself to the class

- learn the names of the continents, countries, and major regions and cities in Norway

- describe your family members and friends, including information about name, hometown, age, studies, work, and leisure activities

- learn the names of the three official languages in Norway and read about how the written languages and the spoken dialects developed

- reflect on the ways that language both shapes and reflects a person's identity

	Ch. 1: Getting Acquainted	Ch. 2: Study, Work, and Leisure	Ch. 3: Language and People
Topics	Greetings, names, introductions, and hometowns	School subjects, occupations, and leisure activities	Age, gender, family, nationality, and languages
Grammar	Pronouns: Subject, Word Order: Sentences, Questions with Interrogatives	Verbs: Present Tense, Word Order: Negative Sentences and Yes/No Questions	Nouns: Singular, Determinatives: Cardinal Numbers, 1-100
Pronunciation	Alphabet	Vowels	Consonants
Functions	Greeting someone, introducing yourself and others, saying goodbye	Asking for information about school, work, and activities	Asking for information about people, talking about language ability
Tasks	Having short conversations and exchanging basic information	Describing studies, work, and leisure activities	Describing oneself, friends, and family members
Culture	Norwegian names, types of greetings, regions and cities	Leisure activities, facts about Norway	Families, Norwegian written languages, Norwegian dialects

Kap. 1: Å bli kjent

Hilsningsord

Hei!   Hei, hei!

Morn!   Morn, morn!

God dag!   God dag, god dag!

 It is typical for Norwegians to double their greetings. ■

Hva heter du?   *Jeg heter* _____.

Ingrid. Ingrid Nilsen.

Maja. Maja Jensen.

Erika. Hei!

Anne. Hei!

Erika. Jeg heter Erika Lie. Hva heter du?

Anne. Jeg heter Anne Dahl.

Erika. Hyggelig å møte deg!

Anne. Takk, i like måte.

Markus. God dag. Mitt navn er Markus Andersen.

Johannes. God dag. Jeg heter Johannes Larsen.

Markus. Velkommen, Johannes.

Johannes. Takk!

i Innblikk

å håndhilse

When people meet one another for the first time in Norway, it is customary to shake hands or nod while exchanging greetings and names. ■

i Innblikk

Titles such as **herr** (Mr.), **fru** (Mrs.) and **frøken** (Miss) exist in Norwegian, but they have fallen out of everyday use due to more equality between the genders and among social groups. ■

 **øving a.**
Å HILSE   Say hello, shake hands and exchange names with at least 5 other people.

øving b.
FORNAVN OG ETTERNAVN

Learn the most common first and last names in Norwegian.

a) Practice saying the names aloud.
b) Do you recognize some of the names on the lists?
c) Do any of the names surprise you?
d) Do you know the origin of your first and last name? Do they have a meaning in another language?

Populære fornavn

Source: SSB

♂

i 2022	i 1950	i 1900
Jakob*	Jan	Ole
Noah*	Per	Johan
Emil	Bjørn	Hans
Lukas*	Svein	Karl*
Oliver	Kjell	Kristian*
Isak*	Arne	Einar
William	Tor*	Harald
Fillip*	Knut	Olaf
Aksel*	Terje	Olav
Theodor*	Odd	Sverre

♀

i 2022	i 1950	i 1900
Nora*	Anne	Anna
Emma*	Inger	Marie
Olivia*	Marit	Astrid*
Ella	Torill*	Margit
Sofie*	Liv	Ingeborg
Lea*	Kari	Borghild
Frida	Berit	Olga
Iben	Grethe*	Marta*
Sofia*	Bjørg	Jenny
Sara*	Randi	Gudrun

* These names have more than one spelling.

Populære etternavn

Source: SSB

Andersen	Eide
Eriksen	Bakken
Berg	Ali
Andreassen	Amundsen
Dahl	Berge

i Recent immigrant last names are now among the top 100 surnames, including Ali (8th), Ahmed (15th), Ahmad (55th) and Abdi (58th). ■

i Many Norwegian last names today have their roots in farm names or geographical features of an area. Some examples are Dahl (valley), Strand (beach), Solberg (sunny mountain), and Nygård (new farm). Other common last names are patronymic, composed of the father's first name and the suffix -sen. ■

øving c.
FORNAVN OG ETTERNAVN

Listen to the short dialogs of people introducing themselves. Identify the names used in each dialog.

Dialog 1: _____ Dialog 2: _____ Dialog 3: _____ Dialog 4: _____

a) Jonas Larsen
b) Ida Olsen
c) Maria Dahl

d) Henrik Andersen
e) Bjørn Jensen
f) Anne Hansen

g) Kristian Berg
h) Marit Pedersen
i) Andreas Strand

j) Jan Kristiansen
k) Liv Karlsen
l) Julie Nygård

 **Innblikk** Norway also has statistics for cow names! The ten most common cow names in Norway are: Dagros, Rosa, Litago, Staslin, Svarta, Stjerna, Rødlin, Dokka, Fagerlin, and Sara. ■ *Source: regjeringen.no*

Hvor kommer du fra?

Jeg kommer fra _____.

Hvor bor du?

Jeg bor i _____.

Nord-Amerika
Canada
USA / Amerika
Mexico

Norden
Norge
Danmark
Island
Sverige
Finland

Europa
Frankrike
Italia
Polen
Russland
Spania
Storbritannia
Tyskland

Asia
Japan
Vietnam
Kina
India
Pakistan
Afghanistan

Sør-Amerika
Argentina
Brasil
Chile

Afrika
Marokko
Egypt
Somalia
Ghana
Sør-Afrika

Midtøsten
Irak
Iran
Israel
Saudi-Arabia

Oseania
Australia

øving d. GEOGRAFI Listen to the names of the various continents and countries on the recording or as your teacher reads them. Ask and answer the questions below.

a) Ask about your home country and your country of residence.
  ex.) Hvor kommer du fra?   Jeg kommer fra _____.
       Hvor bor du?   Jeg bor i _____.

b) Ask about countries you have visited.
  ex.) Hvilke land har du vært i?   Jeg har vært i _____.

c) Take turns asking where different countries are located. Draw an arrow from the name to the map.
  ex.) Hvor ligger Japan?   Japan ligger i Asia.
       Hvor ligger Marokko?   Marokko ligger i Afrika.

Avskjedsord

Ha det bra!   *Ha det godt!*   *Ha det!*

Vi ses!   *Vi snakkes!*

øving e.
Å BLI KJENT

Read the two dialogs about people meeting one another and exchanging basic information. Fill out the chart below.

Peter. Hei!	**Mari.** God dag!
Kristin. Hei! Jeg heter Kristin. Hva heter du?	**John.** God dag!
Peter. Jeg heter Peter. Hvor kommer du fra?	**Mari.** Mitt navn er Mari Krogh.
Kristin. Fra Norge. Kommer du fra Norge?	**John.** John Lee. Hvor kommer du fra?
Peter. Nei, jeg kommer fra Calgary i Canada. Jeg bor i Oslo nå. Hvor bor du?	**Mari.** Jeg kommer fra Tromsø, men jeg bor i Bergen. Og du?
Kristin. Jeg bor også i Oslo.	**John.** Jeg bor i Oslo nå, men jeg kommer fra Kina.
Peter. Så hyggelig! Vi snakkes!	**Mari.** Hvor i Kina?
Kristin. Ja. Ha det bra!	**John.** Beijing.
Peter. Ha det!	**Mari.** Hyggelig å møte deg!
	John. I like måte. Ha en fin dag!
	Mari. Du også. Vi ses.

	Dialog 1	**Dialog 2**
Expressions for greetings		
Names		
Home Countries		
Current Residence		
Expressions for goodbye		

ℹ Innblikk

kinn mot kinn

When Norwegians meet a good friend or say goodbye to a friend, they often give a Norwegian type of a hug by shaking hands, leaning forward, and pressing their cheeks together. This cheek-to-cheek hug is most common between two women or between a man and a woman. ■

Pronomen: Subjektsform [PRONOUNS: SUBJECT]

A pronoun is a word that takes the place of a noun. The subject pronoun is the actor in the sentence.

Person, number	Subject pronoun
1. person, singular	**Jeg** heter Erik. *I am named Erik.*
2. person, singular	**Du** bor i Bergen. *You live in Bergen.*
3. person, singular	**Han** liker fotball. *He likes soccer.* **Hun** liker golf. *She likes golf.* **Hen** liker tennis. *They like tennis.*
1. person, plural	**Vi** snakker norsk. *We speak Norwegian.*
2. person, plural	**Dere** er fra USA. *You are from the USA.*
3. person, plural	**De** spiller tennis. *They play tennis.*

Språktips — hen

In 2022, the Norwegian Language Council approved the addition of the gender-neutral pronoun **hen** *(they)* to the official norms for Norwegian bokmål and nynorsk. The meaning and use of the pronoun is described in the dictionary as:
1. Used to refer to a person when gender is unknown, inessential, or hidden.
2. Used to refer to a person who prefers the pronoun «hen» to «han» or «hun». ■

Source: Bokmålsordboka (Språkrådet, Univ. i Bergen)

Språktips — dere

Norwegian has different forms for the singular and plural pronouns for you: **du** and **dere**. English does not have an official equivalent for **dere** although we sometimes use the informal *you guys* and the southern *ya'll.* ■

øving f.
PRONOMEN

Give a short description of yourself to one or more students in your class. Start all of your statements with the first person, singular pronoun (jeg).

ex.) Hei! Jeg heter _____. Jeg kommer fra _____, men jeg bor i _____ nå. Ha det!

øving g.
PRONOMEN

Use the pronouns you have learned from the chart above to fill in the missing words in the dialogs below.

jeg / du
(Used when conversing with one other person)

Erik. Hei, jeg heter Erik. Hva heter _____ *(you)?*
Allen. _____ heter Allen *(I).*
Erik. Kommer _____ fra Canada *(you)?*
Allen. Ja, fra Alberta.
Erik. Hvor bor _____ nå *(you)?*
Allen. _____ bor i Bergen *(I).*
Erik. Jeg også!

vi / dere
(Used when conversing with two or more people)

Mari. Hei, mitt navn er Mari. Hva heter ___ *(you-pl.)?*
Anne. _____ heter Anne og Daniel *(we).*
Mari. Hvor kommer _____ fra *(you-pl.)?*
Daniel. _____ kommer fra Sverige *(we).*
Jeg er fra Stockholm, og Anne er fra Uppsala.
Mari. Blir _____ med på kafé *(you-pl.)?*
Anne/Daniel. Ja, gjerne!

han / hun / hen
(Used when talking about a third person)

Tom. Elin, hva heter vennen til Andreas?
Elin. _____ heter Markus (*he*).
Tom. Har Andreas ei søster?
Elin. Ja, _____ heter Mari (*she*).
Tom. Har Mari barn?
Elin. Ja, hun har et barn som heter Erik.
_____ er 25 år gammel (*they*).

de
(Used when talking about two or more people)

Lars. Marte, hva heter _____ (*they*)?
Marte. _____ heter Jean og Myriam (*they*).
Lars. Hvor kommer _____ fra (*they*)?
Marte. _____ kommer fra Frankrike (*they*).
Lars. Studerer _____ her (*they*)?
Marte. Ja, _____ studerer norsk (*she*), og
_____ studerer historie (*he*).

øving h.
PRONOMEN   Fill in the correct subject pronoun.

Kongefamilien

1. Dette er Harald. _____ er konge i Norge.

2. Dette er Sonja. _____ er dronning i Norge.

3. Dette er Haakon Magnus. _____ er kronprins i Norge.

4. Dette er Mette-Marit. _____ er kronprinsesse i Norge.

5. Kronprins Haakon og kronprinsesse Mette-Marit har tre barn. _____ heter Marius, prinsesse Ingrid Alexandra og prins Sverre Magnus.

6. Marius er født i 1997. _____ er sønnen til kronprinsesse Mette-Marit og stesønnen til kronprins Haakon.

7. Prinsesse Ingrid Alexandra er født i 2004. _____ er tronarving. Prins Sverre Magnus er født i 2005.

Ordstilling: Setninger [WORD ORDER: SENTENCES]

Learning how to put words together into correct sentences is just as important as learning the words that make up the sentences. In this section, you will learn about word order in declarative sentences and in questions with interrogatives.

Fortellende helsetninger [DECLARATIVE SENTENCES]

In **declarative sentences**, the basic word order is similar to English. The subject often comes first, the verb is in second position, and any additional words are placed at the end of the sentence (objects, predicate adjectives, adverbials, etc.)

Subject	Verb	Object, Predicate Adjective or Adverbial
Jeg *I*	heter *am named*	Henrik. *Henrik.*
Han *He*	bor *lives*	i Norge. *in Norway.*
Kari *Kari*	kommer *comes*	fra Canada. *from Canada.*
Norge *Norway*	ligger *is located*	i Europa. *in Europe.*

øving i. SETNINGER Identify the continents and the location of the countries.

Det er _____ .

(Afrika,
Nord-Amerika,
Asia, Midtøsten,
Europa,
Sør-Amerika,
Oseania,
Antarktis)

Norge ligger i Europa.

(Chile, Canada,
Russland, Ghana,
Sverige, Australia,
Irak, Tyskland,
India, Brasil,
Mexico, Marokko,
Japan, Island)

øving j. SETNINGER Identify where the people below are from and where they live.

Erik kommer fra Norge.

Svetlana bor i Russland.

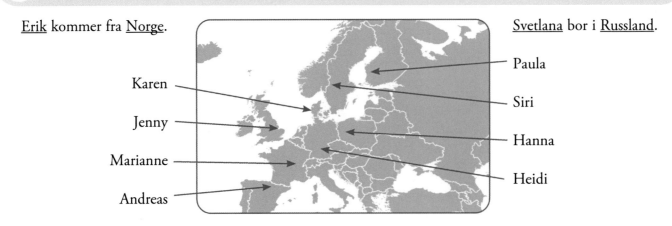

Karen

Jenny

Marianne

Andreas

Paula

Siri

Hanna

Heidi

Ordstilling: Spørsmål med spørreord

[WORD ORDER: QUESTIONS WITH INTERROGATIVES]

Questions can be formed by using interrogatives, or question words. The interrogative is followed by the verb, the subject, and then the rest of the words in the sentence (object, predicate adjective, or adverbial).

Question	Answer
Hva heter <u>du</u>? *What are you named?*	Jeg heter Thomas. *I am named Thomas.*
Hva studerer <u>du</u>? *What are you studying?*	Jeg studerer norsk. *I'm studying Norwegian.*

Question	Answer
Hva heter <u>dere</u>? *What are you named?*	Vi heter Per og Ida. *We are named Per and Ida.*
Hva studerer <u>dere</u>? *What are you studying?*	Vi studerer tysk. *We are studying German.*

Question	Answer
Hvor kommer <u>han</u> fra? *Where is he from?*	Han kommer fra Finland. *He is from Finland.*
Hvor bor <u>hun</u>? *Where does she live?*	Hun bor i Helsinki. *She lives in Helsinki.*

Question	Answer
Hvor kommer <u>de</u> fra? *Where are they from?*	De kommer fra Bergen. *They come from Bergen.*
Hvor bor <u>de</u>? *Where do they live?*	De bor i Oslo. *They live in Oslo.*

 øving k. GRAMMATIKK — Answer the questions about yourself.

1. Hva heter du? _____   3. Hvor bor du? _____
2. Hvor kommer du fra? _____   4. Hvor studerer du? _____

 øving l. GRAMMATIKK — Look around your classroom. Identify as many students as you can.

ex.) Hva heter han? Han heter Tom.   Hva heter de? De heter Sue og Rick.
Hva heter hun? Hun heter Jill.

øving m. GRAMMATIKK — Write questions that correspond to the following answers.

1. _____?   Jeg heter Maria.
2. _____?   Jeg kommer fra Mexico.

3. _____?   Han heter Bjørn.
4. _____?   Han studerer i Oslo.

5. _____?   Hun heter Bettina.
6. _____?   Hun bor i Berlin.

7. _____?   Vi heter Colleen og Brian.
8. _____?   Vi studerer norsk og engelsk.

9. _____?   De heter Lars-Kristian og Emma.
10. _____?   De kommer fra Tromsø.

Presentering

Dette er _____.

[THIS IS _____.]

Ingvild meets her friend Nina on campus, and Nina introduces her friend Knut to Ingvild.

Ingvild. Hei, Nina!
Nina. Hei, Ingvild. Takk for sist!
Dette er Knut.
Ingvild. Hei, Knut.
Knut. Hei, Ingvild!

🔑 Språktips takk!

There are many ways to say thank you in Norwegian, and they are used often in everyday conversation. See the examples below. ■

At the beginning of a conversation:
Takk for sist!   *Thanks for the last time I saw you!*

As a response to receiving something:
Takk!   *Thank you*
Takk skal du ha!   *Thanks shall you have!*
Mange takk!   *Many thanks!*
Tusen takk!   *A thousand thanks!*

At the end of a conversation or class period:
Takk for nå!   *Thanks for now!*
Takk for praten!   *Thanks for the chat!*
Takk for i dag!   *Thanks for today!*

🔑 Språktips

å presentere noen

Hyggelig å møte deg!   *Nice to meet you.*
Takk, i like måte!   *Thanks, likewise.*
    (or)
Takk, likeså!

Note that "i like måte" has a Danish pronunciation: [i lige måde].

Norwegian introductions usually include a handshake and a quick exchange of names. If the situation is a little more formal, some people would end the conversation with **Hyggelig å møte deg**! ■

Maria runs into her uncle in town and introduces her friend Sara.

Maria. Hei, onkel Øyvind!
Øyvind. Hei, Maria!
Maria. Dette er Sara.
Øyvind. Hei, Sara. Jeg heter Øyvind Hansen.
Sara. Sara Pedersen. Hyggelig å møte deg.
Øyvind. Takk, i like måte, Sara.

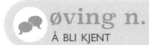

øving n.
Å BLI KJENT

Have a short conversation with several or all of the students in your class. Exchange names, hometowns, and places of current residence. Record the information in the chart below.

Greeting:	Hei! | Morn! | God dag!	*Nice to meet you:*	Hyggelig å møte deg!

Greeting: Hei! | Morn! | God dag!

Exchanging information: Hva heter du?   Jeg heter ...
   Hvor kommer du fra?
   Jeg kommer fra...
   Hvor bor du?   Jeg bor i ...

Nice to meet you: Hyggelig å møte deg!
   Takk, i like måte. (or)
   Takk, likeså.

Goodbye: Ha det! | Ha det bra!
   Vi ses! | Vi snakkes!

Navn Hva heter du?	**Hjemsted** Hvor kommer du fra?	**Bosted** Hvor bor du?

🔍 i fokus: dette er Norge

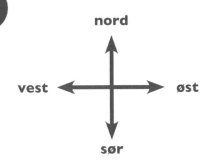

Landsdeler i Norge

Norway has five main *regions*, or **landsdeler: Østlandet**, **Sørlandet**, **Vestlandet**, **Trøndelag** og **Nord-Norge**. Like the American terms Midwest, Northwest, and Southeast, they are used to designate large geographical areas. And like Americans, Norwegians identify strongly with the area where they live. People in each area share, to some extent, a similar spoken dialect, livelihood, climate, nature, and some would say, personality. However, in recent years, these regional characteristics have shown some indication of breaking down due to an increase in geographical mobility, centralization, and exposure to national mass media.

🔑 Språktips

preposisjoner

Note that you use the preposition **på** with the regions ending in *-landet*, but otherwise you should use the preposition **i**. ◼

🌐 **øving o.**
GEOGRAFI

Using the map on the following page, answer the questions below about the regions and cities in Norway.

på Østlandet • på Sørlandet • på Vestlandet • i Trøndelag • i Nord-Norge

a) Hva heter landsdelene i Norge?   De heter _____.

b) Hvor ligger Oslo?   Oslo ligger _____.

c) Hvor ligger Trondheim?   Trondheim ligger _____.

d) Hvor ligger Stavanger?   Stavanger ligger _____.

e) Hvor ligger Kristiansand?   Kristiansand ligger _____.

f) Hvor ligger Steinkjer?   Steinkjer ligger _____.

g) Hvor ligger Bodø?   Bodø ligger _____.

h) Hvor ligger Lillehammer?   Lillehammer ligger _____.

i) Hvor ligger Arendal?   Arendal ligger _____.

j) Hvor ligger Bergen?   Bergen ligger _____.

k) Hvor ligger Tromsø?   Tromsø ligger _____.

Kart: Landsdeler og byer

TROMSØ

BODØ

Nord-Norge

Trøndelag

STEINKJER

TRONDHEIM

Vestlandet

LILLEHAMMER

Østlandet

BERGEN

OSLO

STAVANGER

ARENDAL

Sørlandet KRISTIANSAND

🔑 **Språktips** hjemsted

Most Norwegians have close ties to their hometown or area even if they live somewhere else as adults. It is common to hear this phrase in conversations:

Jeg er født og oppvokst i _____.
I was born and raised in _____. ◼

uttale: alfabet

A B C D E F G H I J K L M N O P Q R S T U V W X Y Z Æ Ø Å
a b c d e f g h i j k l m n o p q r s t u v w x y z æ ø å

a [*a*]	**b** [*be*]	**c** [*se*]	**d** [*de*]	**e** [*e*]	**f** [*eff*]
g [*ge*]	**h** [*hå*]	**i** [*i*]	**j** [*je / jådd*]	**k** [*kå*]	**l** [*ell*]
m [*emm*]	**n** [*enn*]	**o** [*o*]	**p** [*pe*]	**q** [*ku*]	**r** [*ærr*]
s [*ess*]	**t** [*te*]	**u** [*u*]	**v** [*ve*]	**w** [*dobbelt-ve*]	**x** [*eks*]
y [*y*]	**z** [*sett*]	**æ** [*æ*]	**ø** [*ø*]	**å** [*å*]	

Norske vokaler:
a e i o u y æ ø å

Språktips
æ, ø, å

Remember that **æ**, **ø**, and **å** are found at the end of the alphabet, which also means that they are found at the end of the dictionary and the phone book. ■

How to write them:

æ ø å

øving p.
LYTTEFORSTÅELSE

Listen to the Norwegian students introducing themselves. Write down their names and hometowns as they spell them. Choose your answers from the list of names, cities and regions below.

Names: Ole-Kristian, Kåre, Marte, Eli, Elisabeth, Berit, Pål, Marius, Hanne, Gunnar

Cities: Drammen, Bergen, Skien, Tromsø, Oslo, Sarpsborg, Stavanger, Kristiansand, Fredrikstad, Trondheim

Regions: Østlandet, Vestlandet, Sørlandet, Trøndelag, Nord-Norge

NAME:	CITY:	REGION:
1. _____	_____	_____
2. _____	_____	_____
3. _____	_____	_____
4. _____	_____	_____
5. _____	_____	_____
6. _____	_____	_____
7. _____	_____	_____
8. _____	_____	_____

REPETISJON: ORD OG UTTRYKK

1. Å bli kjent	1. Getting acquainted
Hei! | Morn! | God dag! **Hei, hei! | Morn, morn! | God dag, god dag!**	*Hi! | Hello! | Good day!*
Hva heter du? Jeg heter _____. (Emma, Nora, Sara, Sofie, Olivia, Sofia, Emilie, Ella, Leah, Maja, William, Mathias, Oliver, Jakob, Lukas, Filip, Liam, Aksel, Emil, Oskar)	*What are you named?* *I am named _____.* *(Emma, Nora, Sara, Sofie, Olivia, Sofia, Emilie, Ella, Leah, Maja, William, Mathias, Oliver, Jakob, Lukas, Filip, Liam, Aksel, Emil, Oskar)*
Hvor kommer du fra? Jeg kommer fra _____. (USA, Canada, Mexico, Argentina, Chile, Brasil, Norge, Sverige, Danmark, Island, Finland, Tyskland, Frankrike, Spania, Storbritannia, Russland, Kina, Japan, Vietnam, India, Pakistan, Saudi Arabia, Afghanistan, Irak, Iran, Israel, Marokko, Egypt, Somalia, Ghana, Sør-Afrika, Australia)	*Where are you from?* *I am from _____.* *(USA, Canada, Mexico,* *Argentina, Chile, Brazil,* *Norway, Sweden, Denmark, Iceland, Finland,* *Germany, France, Spain, Great Britain,* *Russia, China, Japan, Vietnam, India, Pakistan,* *Saudi Arabia, Afghanistan, Iraq, Iran, Israel,* *Morocco, Egypt, Somalia, Ghana, South Africa,* *Australia)*
Hvor bor du? Jeg bor i _____. (Oslo, Lillehammer, Kristiansand, Stavanger, Bergen, Trondheim, Bodø, Tromsø)	*Where do you live?* *I live in _____.* *(Oslo, Lillehammer, Kristiansand, Stavanger, Bergen, Trondheim, Bodø, Tromsø)*
Hyggelig å møte deg! Takk, i like måte!	*Nice to meet you!* *Thanks, likewise.*
Ha det! | Ha det bra! | Ha det godt! **Vi ses! | Vi snakkes!**	*Goodbye! | Goodbye! | Goodbye!* *We'll see you! | We'll talk!*
Hva heter landsdelene i Norge? De heter _____. (Østlandet, Sørlandet, Vestlandet, Trøndelag, Nord-Norge)	*What are the regions in Norway named?* *They are named _____.* *(Østlandet, Sørlandet, Vestlandet,* *Trøndelag, Nord-Norge)*
Alfabetet på norsk er: a, b, c, d, e, f, g, h, i , j, k, l, m, n, o p, q, r, s, t, u, v, w, x, y, z, æ, ø, å	*The alphabet in Norwegian is:* *a, b, c, d, e, f, g, h, i , j, k, l, m, n, o* *p, q, r, s, t, u, v, w, x, y, z, æ, ø, å*
Vokalene på norsk er: a, e, i, o, u, y, æ, ø, å	*The vowels in Norwegian are:* *a, e, i, o, u, y, æ, ø, å*
Tallene fra 1 til 10 er: en, to, tre, fire, fem, seks, sju, åtte, ni, ti	*The numbers from 1 to 10 are:* *one, two, three, four, five,* *six, seven, eight, nine, ten*

Kap. 2: Studier, arbeid og fritid

 **øving a.**
STUDIER

Work with another student and discuss how things are going and what you are studying.

a) **Hvordan har du det? | Hvordan går det?**
Bare bra, takk! | Fint, takk!
Sånn passe. | Ikke så bra.

b) **Er du student?**
Ja, jeg er student. |
Nei, jeg er ikke student.

c) **Hvor studerer du?**
Jeg studerer ved _____.
(Luther College, St. Olaf College
Universitetet i Washington,
Universitetet i Wisconsin)

d) **Hva studerer du?**
Jeg studerer _____.

e) **Liker du historie?**
Ja, jeg liker historie. |
Nei, jeg liker ikke historie.

🔑 Språktips fag

Below are 12 common areas of study. Notice that most of them are cognates, that is, words you can understand because of their similarity to English words. ■

historie	matematikk / matte
religion	psykologi
engelsk	sosiologi
norsk	pedagogikk
biologi	økonomi
kjemi	administrasjon

(For more school subjects, see Ch. 5.)

ℹ️ Innblikk

Universitetet i Oslo

The University of Oslo has two parts: the original buildings in downtown Oslo and a newer, main campus at Blindern, 10 minutes from downtown. The picture above is from Blindern. ■

Markus. Hei!

Ingrid. Hei! Jeg heter Ingrid. Hva heter du?

Markus. Jeg heter Markus. Er du student?

Ingrid. Ja, jeg studerer her på Blindern. Hvor studerer du?

Markus. Jeg studerer ved Universitetet i Washington, men jeg kommer fra Oslo. Hvor kommer du fra?

Ingrid. Jeg kommer fra Bodø. Hva studerer du?

Markus. Musikk. Og du?

Ingrid. Jeg studerer matte.

øving b.
ARBEID

Discuss your current job with another student.

a) Har du jobb?
Ja, jeg jobber.
Nei, jeg jobber ikke.

…på et sykehus

…på en skole
…på / ved et universitet

…på et kontor

c) Liker du jobben?
Ja, jeg liker jobben godt.
Nei, jeg liker ikke jobben.

b) Hvor jobber du?
Jeg jobber …

…i en butikk

…på en restaurant
…på en kafé

🔑 Språktips — yrker

Some common occupations are listed below.

lege	*doctor*
sykepleier	*nurse*
prest	*pastor*
advokat	*lawyer*
arkitekt	*architect*
lærer	*teacher*
journalist	*journalist*
kontorsjef	*office manager*
ekspeditør	*store clerk*
kelner	*waiter*
snekker	*carpenter*
administrativ	*administrative*
assistent	*assistant*

In Ch. 22, you will learn more occupations. For now, focus on the words for common places to work.

🔑 preposisjoner

As in many languages, the use of prepositions in Norwegian is idiomatic, guided more by individual set phrases than by general rules. For example, in descriptions of where people work, the preposition will often vary depending on the noun it accompanies. It is common to say **på et sykehus** and **på en restaurant**, but also **i en butikk** and **i kantine**. While it is helpful to learn the meanings of the prepositions, it is important to recognize that they each have multiple meanings and rarely translate directly from English to Norwegian.

på = *on (at, in, of)*   **i** = *in (at, of)*   **ved** = *at (by, in)* ■

I bokhandelen — *Marianne runs into an old friend at the bookstore.*

Marianne.	Hei! Lenge siden sist!	**Kristian.**	Nei, jeg er ikke student. Jeg jobber.
Kristian.	Ja! Går det bra?	**Marianne.**	Hvor jobber du?
Marianne.	Ja, det går fint. Hvordan har du det?	**Kristian.**	Jeg jobber på et sykehus.
Kristian.	Bare bra, takk. Studerer du her ved universitetet?	**Marianne.**	Så fint! Liker du jobben?
		Kristian.	Ja, veldig godt.
Marianne.	Ja, jeg studerer engelsk. Og du? Er du student?	**Marianne.**	Har du tid til en kopp kaffe nå?
		Kristian.	Ja, gjerne!

Fritidsaktiviteter

 **øving c.**
FRITID
Discuss leisure activities with another student.

ex.) Hva gjør du i fritida?   Jeg _____ i fritida.

Sport og friluftsliv

spiller fotball

spiller amerikansk fotball

spiller volleyball

spiller basketball

spiller golf

spiller tennis

trener

går tur

går på tur

går på ski

står på slalåm

står på
snowboard / snøbrett

I byen

går på kino

går på konsert

er sammen med venner
/ treffer venner

går på pub

går på kafé

Hjemme

er sammen med familien min

prater / snakker

slapper av

sover

leser

hører på musikk

ser på TV

spiller TV-spill

surfer på nettet

sjekker e-post / mail

spiller dataspill

steller i hagen

lager mat

spiller piano

spiller gitar

synger

øving d.
Å BLI KJENT

Read the descriptions of Martin and Maya in the two texts below. Write a dialog that they might have had if they had met one another at a party in Oslo. Include greetings, questions, and an appropriate closing.

Hei, hei! Jeg heter Martin og kommer fra Kristiansand i Norge. Jeg bor i Danmark nå og studerer medisin ved Universitetet i København. Jeg ser på TV og spiller TV-spill i fritida.

Hei, jeg heter Maya. Jeg kommer fra Mumbai i India, men jeg bor i Oslo nå. Jeg er journalist og fotograf. Jeg går på kino og restaurant i fritida, og jeg spiller også basketball.

Verb: Presens [VERBS: PRESENT TENSE]

A verb is a word that expresses action or state of being.

Infinitiv [INFINITIVE]

The base form of the verb in Norwegian is called the infinitive, and it usually ends in an unstressed -e or another vowel. The infinitive is the form you will find when you look up a verb in the glossary of this textbook or in any Norwegian dictionary.

ex.) komme (*come*) studere (*study*) bo (*live*) ha (*have*)

Presens [PRESENT TENSE]

The present tense in Norwegian is usually formed by adding an *-r* to the infinitive. Verbs in Norwegian are much less complicated than verbs in many other languages because the same verb form is used with all of the different subject pronouns. See the example chart on the left.

Examples (present tense)	
Jeg **studerer** norsk. *I study Norwegian.*	Vi **studerer** norsk. *We study Norwegian.*
Du **studerer** norsk. *You study Norwegian.*	Dere **studerer** norsk. *You study Norwegian.*
Han **studerer** norsk. *He studies Norwegian.*	De **studerer** norsk. *They study Norwegian.*
Hun **studerer** norsk. *She studies Norwegian.*	
Hen **studerer** norsk. *They study Norwegian.*	

Bruk av presens
[USE OF PRESENT TENSE]

The present tense form of the verb is used to express current activities, habitual actions, general statements, and sometimes future time. See the examples below.

Use of present tense	Examples	
Current activities	Jeg **jobber** nå. *I am working now.*	Jeg **leser** nå. *I am reading now.*
Habitual actions	Jeg **går** på ski om vinteren. *I go skiing in the winter.*	Vi **drar** på hytta om sommeren. *We go to the cabin in the summer.*
General statements	Folk i Norge **snakker** norsk. *People in Norway speak Norwegian.*	Oslo **er** hovedstaden i Norge. *Oslo is the capital of Norway.*
Future time	Det **blir** fint vær i morgen. *There will be nice weather tomorrow.*	Jeg **reiser** i morgen. *I leave tomorrow.*

øving e.
PRESENS

Complete the descriptions of the students below by filling in the verbs in the present tense form.

1. Jeg _____ fra Oslo *(komme)*, men jeg _____ biologi i Trondheim *(studere)*.

2. Du _____ på hybel i Tromsø sentrum *(bo)* og _____ på en restaurant *(jobbe)*.

3. Marianne _____ ved Universitetet i Bergen *(studere)*. Hun _____ mange venner der *(ha)*.

4. Lars _____ musikk veldig godt *(like)*. Han _____ gitar i et band *(spille)*.

5. Lukas _____ mye *(trene)*. Hen _____ på ski *(gå)* og _____ *(sykle)*.

6. Vi _____ norsk nå *(lære)*, så vi _____ på mange norske filmer *(se)*

7. Ella og Jakob _____ ofte i hagen i helgene *(stelle)*, men de _____ av i dag *(slappe)*.

Uregelmessige verb i presens
[IRREGULAR PRESENT TENSE VERBS]

There are a few verbs in Norwegian that have irregular present tense forms.

Infinitive	Present tense	Examples
være *be*	**er** *am, is, are*	Jeg **er** fra USA. *I am from the USA.*
si *say*	**sier** *say, says*	Han **sier**: «Jeg studerer i Canada.» *He says: "I am studying in Canada."*
spørre *ask*	**spør** *ask, asks*	Hun **spør**: «Hvor jobber du?» *She asks: "Where do you work?"*
gjøre *do*	**gjør** *do, does*	Jeg **gjør** oppgaver. *I do homework.*
vite *know*	**vet** *know, knows*	Jeg **vet** ikke. *I don't know.*

øving f.
PRESENS

Fill in the verbs in the present tense form. Some of the verbs will be irregular.

1. Noah _____ *(gjøre)* oppgaver, _____ *(surfe)* på nettet og _____ epost *(sjekke)* om kvelden.

2. Andrew _____ *(si)* at hen _____ *(spille)* basket og _____ *(trene)* karate i fritida.

3. Kristin og Maria _____ glad i vinter *(være)*. De _____ *(gå)* på ski og _____ *(stå)* på slalåm.

4. Ellen _____ *(spørre)* om jeg _____ *(lese)* eller _____ *(se)* på filmer.

5. Jeg _____ *(vite)* ikke om de _____ *(snakke)* norsk hjemme eller bare på jobben.

Ordstilling: Negative setninger

[WORD ORDER: NEGATIVE SENTENCES]

In Ch. 1, you learned how to make declarative sentences, and in this section, you will learn about negative sentences. In Norwegian, negative sentences are formed by placing the word **ikke** (*not*) directly after the verb.

🔑 Språktips

hjelpeverb

In English, we use the helping verb *do* in many negative sentences, but Norwegian has a simpler sentence structure with the main verb followed by the negative adverb, **ikke**.

Jeg <u>snakker</u> **ikke** dansk.
*I <u>do</u> **not** <u>speak</u> Danish.*

Jeg <u>surfer</u> **ikke** på nettet.
*I <u>do</u> **not** <u>surf</u> the web.*

Jeg <u>synger</u> **ikke**.
*I <u>do</u> **not** <u>sing</u>.* ∎

Subject	Verb	Object / Predicate adj. / Adverbial
Merete *Merete*	<u>spiller</u> **ikke** *does not play*	gitar. *guitar.*
Erik *Erik*	<u>går</u> **ikke** *is not going*	på restaurant. *to a restaurant.*
Språket *The language*	<u>er</u> **ikke** *is not*	vanskelig. *difficult.*

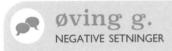

øving g.
NEGATIVE SETNINGER

Look over the statements below with another student and underline the verbs. Then, read the statements aloud for one another. If they are true about you, leave them as they are. If they are incorrect, add "ikke" to the statement and try to make a true statement.

ex.) Jeg heter Anne.
Jeg kommer fra Norge.

Jeg heter **ikke** Anne. Jeg heter Nina.
Jeg kommer **ikke** fra Norge. Jeg kommer fra Colorado i USA.

1. Jeg heter Anne.	13. Jeg står på snowboard.
2. Jeg kommer fra Norge.	14. Jeg står på slalåm.
3. Jeg bor i Oslo.	15. Jeg ser på TV.
4. Jeg er student.	16. Jeg hører på musikk.
5. Jeg har en katt.	17. Jeg hører på radio.
6. Jeg studerer biologi.	18. Jeg surfer på nettet.
7. Jeg jobber på restaurant.	19. Jeg sjekker e-post.
8. Jeg spiller tennis.	20. Jeg leser.
9. Jeg spiller TV-spill.	21. Jeg slapper av.
10. Jeg spiller piano.	22. Jeg steller i hagen.
11. Jeg går på ski.	23. Jeg lager mat.
12. Jeg går på kafé.	24. Jeg synger.

Ordstilling: Ja/nei spørsmål

[WORD ORDER: YES/NO QUESTIONS]

In Ch. 1, you learned how to make questions using interrogatives, and in this section, you will learn about yes/no questions. In Norwegian, yes/no questions start with the verb, followed by the subject and the rest of the sentence. Note that you do not need the helping verb "do" to form these questions as you would in English.

ex.) **Spiller** du tennis? (**Do** you **play** tennis?)

When answering the questions, you can use the word "**ja**" (*yes*) plus a positive statement or "**nei**" (*no*) plus a negative statement. See the examples in the chart below.

Yes/no Questions	Answers	
Kommer du fra Norge? *Do you come from Norway?*	Ja, jeg kommer fra Norge. *Yes, I come from Norway.*	Nei, jeg kommer ikke fra Norge. *No, I don't come from Norway.*
Snakker du norsk? *Do you speak Norwegian?*	Ja, jeg snakker norsk. *Yes, I speak Norwegian.*	Nei, jeg snakker ikke norsk. *No, I don't speak Norwegian.*
Spiller du fotball? *Do you play soccer?*	Ja, jeg spiller fotball. *Yes, I play soccer.*	Nei, jeg spiller ikke fotball. *No, I don't play soccer.*

øving h.
JA/NEI SPØRSMÅL

Write yes/no questions using the verbs supplied below. Interview another student using the questions you have written.

1. Bor _____?
2. Studerer _____?
3. Jobber _____?
4. Spiller _____?
5. Går _____?

6. Ser _____?
7. Hører _____?
8. Leser _____?
9. Lager _____?
10. Liker _____?

Negative ja/nei spørsmål

Sometimes, we put "ikke" into a yes/no question to indicate that we are surprised or to confirm what we think to be true. If there is an "ikke" in the yes/no question, then the positive answer begins with "jo" (*yes*) rather than "**ja**" (*yes*).

Yes / no questions	Positive answers	Negative answers
Liker du musikk? *Do you like music?*	**Ja**, jeg liker musikk. *Yes, I like music.*	Nei, jeg liker ikke musikk. *No, I don't like music.*
Liker du **ikke** musikk? *Don't you like music?*	**Jo**, jeg liker musikk. *Yes, I like music.*	Nei, jeg liker ikke musikk. *No, I don't like music.*

øving i.
JA/JO

Answer the questions below.

1. Spiller du ikke tennis?
2. Ser du ikke på TV?
3. Jobber du ikke?
4. Synger du ikke?
5. Steller du ikke i hagen?
6. Heter du ikke Solveig?

øving j.
AKTIVITETER

Ask one question of each person in your class using the clues provided. The student who answers should use correct form. If the student answers yes and uses the correct form, put an X through the box.

ex.) Hører du på radio? Ja, jeg hører på radio. | Nei, jeg hører ikke på radio.

hører på musikk	går tur	surfer på nettet	steller i hagen
bor i Norge	står på slalåm	spiller fotball	synger
går på kafé	leser	jobber på et kontor	lager mat
spiller basketball	studerer norsk	kommer fra Canada	spiller piano
jobber i en butikk	er ofte sammen med venner	ser på TV	går på kino

øving k.
Å BLI KJENT

Listen to the dialog of the two people introducing themselves to each other. Take notes in the chart below as you listen and then write an introduction of each person.

student 1    student 2

Navn		
Universitet		
Fag		
Jobb		
Fritidsaktiviteter		

Post-listening: Write a description of each person from the the dialog you just heard. Write in third person and start with "Dette er...".

ex.) Dette er Marius. Han er student...

Dette er _____

_____

_____

_____

Dette er _____

_____

_____

_____

✍ **øving 1.**
HVORDAN GÅR DET?

Work with another student and prepare a dialog about two people who know one another but who haven't seen one another for a while. Include the following:

a) **Greetings**: Hei, lenge siden sist, takk for sist

b) **Questions about**: how it is going, studies, work, leisure, etc.
(Use a mixture of questions with interrogatives and yes/no questions)

c) **Invitation**: Blir du med på kafé? Blir du med til universitetet? Har du tid til en kopp kaffe?

_____

_____

_____

_____

_____

_____

_____

_____

_____

_____

_____

_____

🔑 **Hvordan går det?**

Note that "How are you?" is not used as a greeting in Norwegian, but as a question that needs to be answered. Below are different ways of asking and answering this question. It is most common to answer with one of the short forms. ■

Hvordan har du det?
Jeg har det bra, takk. | Bare bra, takk. | Fint, takk. | Sånn passe. | Ikke så bra.

Hvordan går det?
Det går bra, takk. | Bare bra, takk. | Fint, takk. | Sånn passe. | Ikke så bra.

i fokus: fakta om Norge

øving m.
NORGE

Below is a collage that provides an overview of Norwegian culture and society.
a) What are the three main sections in the collage?
   What else would you like to know about Norwegian culture?
b) What information surprises you? What did you know from before?
c) If you were making a collage for your country, what would you include?

A. Land, hovedstad og befolkning

OFFISIELT NAVN: Kongeriket Norge

HOVEDSTAD: Oslo

NABOLAND: Grenser mot Sverige, Finland og Russland

INNBYGGERE: 5 500 000

819 356 innvandrere født i utlandet
(15,1 % av befolkningen)

205 819 norskfødte med 1-2 innvandrerforeldre
(3,8 % av befolkningen)

ca. 38 000 samer
(urbefolkningen i Norge)

De 10 største gruppene av innvandrere og norskfødte med innvandrerforeldre. 2022

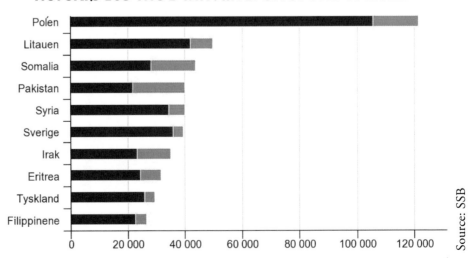

Source: SSB

B. Tidslinje over norsk historie

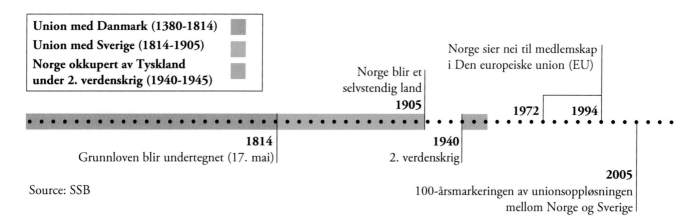

Union med Danmark (1380-1814)
Union med Sverige (1814-1905)
Norge okkupert av Tyskland
under 2. verdenskrig (1940-1945)

Norge sier nei til medlemskap
i Den europeiske union (EU)

Norge blir et
selvstendig land
1905

1972 **1994**

1814
Grunnloven blir undertegnet (17. mai)

1940
2. verdenskrig

Source: SSB

2005
100-årsmarkeringen av unionsoppløsningen
mellom Norge og Sverige

C. Politikk, religion, språk og økonomi

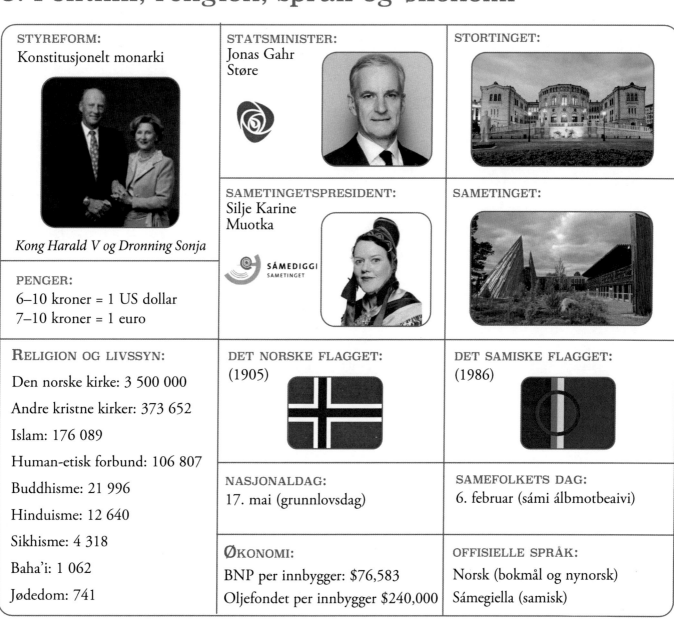

STYREFORM:
Konstitusjonelt monarki

Kong Harald V og Dronning Sonja

PENGER:
6–10 kroner = 1 US dollar
7–10 kroner = 1 euro

STATSMINISTER:
Jonas Gahr
Støre

SAMETINGETSPRESIDENT:
Silje Karine
Muotka

SÁMEDIGGI
SAMETINGET

STORTINGET:

SAMETINGET:

RELIGION OG LIVSSYN:
Den norske kirke: 3 500 000
Andre kristne kirker: 373 652
Islam: 176 089
Human-etisk forbund: 106 807
Buddhisme: 21 996
Hinduisme: 12 640
Sikhisme: 4 318
Baha'i: 1 062
Jødedom: 741

DET NORSKE FLAGGET:
(1905)

DET SAMISKE FLAGGET:
(1986)

NASJONALDAG:
17. mai (grunnlovsdag)

SAMEFOLKETS DAG:
6. februar (sámi álbmotbeaivi)

ØKONOMI:
BNP per innbygger: $76,583
Oljefondet per innbygger $240,000

OFFISIELLE SPRÅK:
Norsk (bokmål og nynorsk)
Sámegiella (samisk)

uttale: norske vokaler

i
Sounds like "ee" in English. Produced in the front of the mouth with the lips unrounded.

y (rounded)
Start by saying "ee" in English, but then round your lips.

🔑 Språktips vokaler

In Norwegian, there are nine vowels: a, e, i, o, u, y, æ, ø, and å. Notice that the last three vowels are characters that are not used in English. They come at the end of the Norwegian alphabet and do not have special names beyond the pronunciation of the letter. ■

e
Between "ay" and "eh" in English.

ø (rounded)
Similar to the sound in the English word "fur" with the lips rounded.

vokalfirkanten

The figure below is called the vowel trapezoid and shows that Norwegian vowels range from being produced in the front of the mouth to the back as well as from being closed to open. In addition, five of the Norwegian vowels are rounded (y, u, o, ø, å), and these vowels tend to be the most difficult for English speakers. In general, you will have to move your mouth more and in different ways than in English to pronounce the Norwegian vowels correctly.

u (rounded)
Similar to "ew" in English, as in "few," but the lips must be rounded.

o (rounded)
Similar to "oo" in English, but with the lips rounded and the mouth open to the diameter of a pencil.

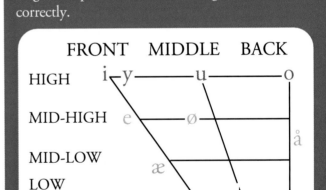

	FRONT	MIDDLE	BACK
HIGH	i y	u	o
MID-HIGH	e	ø	å
MID-LOW	æ		
LOW		a	

a
Similar to "ah" in English.

æ
Similar to short "a" in English as in "cat," but with the mouth more open.

å (rounded)
Similar to "oh" in English, but with the lips very rounded and the sound back in the mouth.

REPETISJON: ORD OG UTTRYKK

2. Studier, arbeid og fritidsaktiviteter

Hvordan har du det?
Jeg har det bra, takk. | Bare bra, takk. |
Fint, takk. | Sånn passe. | Ikke så bra.

Hvordan går det?
Det går bra, takk. | Bare bra, takk. |
Fint, takk. | Sånn passe. | Ikke så bra.

Er du student?
Ja, jeg er student. | Nei, jeg er ikke student.

Hvor studerer du?
Jeg studerer ved _____.
(Luther College, Universitetet i Washington)

Hva studerer du?
Jeg studerer _____.
(historie, religion, engelsk, norsk, biologi,
kjemi, matematikk, psykologi, sosiologi,
pedagogikk, økonomi, administrasjon)

Har du jobb?
Ja, jeg har jobb. | Nei, jeg har ikke jobb.

Hvor jobber du?
Jeg jobber _____.
(på et sykehus, på en skole, på et kontor,
på en restaurant, på 7-Eleven, i en butikk,
i et firma, i IBM, ved et universitet)

Hva gjør du i fritida?
Jeg _____ i fritida.
(spiller fotball, spiller amerikansk fotball,
spiller volleyball, spiller basketball, spiller golf,
spiller tennis, trener, går tur, går på fottur,
går på ski, står på slalåm, står på snowboard,
er sammen med venner, går på kino, går på konsert,
går på bar eller pub, går på kafé eller restaurant,
prater eller snakker, slapper av, sover,
er sammen med familien min, leser,
hører på musikk, ser på TV, spiller TV-spill,
surfer på nettet, sjekker e-post eller mail,
spiller dataspill, steller i hagen, lager mat,
spiller piano, spiller gitar, synger)

Tallene fra 10 til 20:
ti, elleve, tolv, tretten, fjorten, femten,
seksten, sytten, atten, nitten, tjue

2. Studies, Work, and Leisure

How are you?
I am doing fine, thanks. | Just fine, thank you. |
Fine, thank you. | All right. | Not so well.

How is it going?
It is going well, thanks. | Just fine, thank you. |
Fine, thank you. | All right. | Not so well.

Are you a student?
Yes, I am a student. | No, I am not a student.

Where are you studying?
I am studying at _____.
(Luther College, University of Washington)

What are you studying?
I am studying _____.
(history, religion, English, Norwegian, biology,
chemistry, math, psychology, sociology,
education, economics, administration)

Do you have a job?
Yes, I have a job. | No, I don't have a job.

Where do you work?
I work _____.
(at a hospital, at a school, at an office,
at a restaurant, at 7-Eleven, in a store,
in a company, at IBM, at a university)

What do you do in your freetime?
I _____ in my freetime.
(play soccer, play American football,
play volleyball, play basketball, play golf,
play tennis, work out, go for walks, go hiking,
go skiing, go downhill skiing, go snowboarding,
am with friends, go to the movies, go to concerts,
go to bars or pubs, go to cafes or restaurants,
chat or talk, relax, sleep,
am with my family, read,
listen to music, watch TV, play video games,
surf the net, check e-mail,
play computer games, work in the yard, cook,
play piano, play guitar, sing)

The numbers from 10 to 20:
ten, eleven, twelve, thirteen, fourteen, fifteen,
sixteen, seventeen, eighteen, nineteen, twenty

Kap. 3: Språk og mennesker

Land og språk

Sverige — svensk
Finland — finsk
Norge — norsk
Russland — russisk
Island — islandsk
Danmark — dansk
Polen — polsk
Canada — engelsk, fransk
Storbritannia — engelsk
USA — engelsk
Frankrike — fransk
Spania — spansk
Italia — italiensk
Tyskland — tysk
Mexico — spansk
Brasil — portugisisk
Chile — spansk
Argentina — spansk

i språk

Norway has two official languages, **norsk** og **samisk**. **Norsk** has two written variants, **bokmål** and **nynorsk**, and **samisk** consists of a group of languages used by the indigenous Sámi people from northern Norway, Sweden, Finland, and Russia. In addition, there are large immigrant populations in Norway today, so it is not uncommon to hear **urdu**, **arabisk**, **vietnamesisk**, **somali**, and many other languages, especially in Oslo where over 34% of the population has immigrant background. Another language with a strong presence in Norway is **engelsk**, and Norwegian young people start their study of **engelsk** in early elementary school. ■

 **øving a.**
SPRÅK

Work with a partner. Discuss your native language and the foreign languages you know, and quiz one another on the languages spoken in various countries.

ex.) Hva er morsmålet ditt?   Morsmålet mitt er _____.

Hvilke språk snakker du?   Jeg snakker flytende ___. | Jeg kan flytende ___.
Jeg snakker litt _____. | Jeg kan litt _____.
Jeg lærer _____. | Jeg studerer _____.

Hvilke språk snakker folk i Norge?   Norsk (bokmål og nynorsk) og samisk.

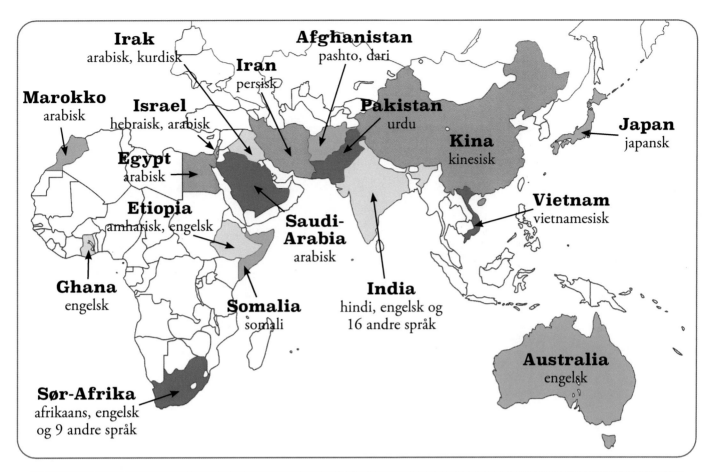

 **øving b.**
SPRÅK

Work with a partner. One student reads the text aloud, and the other student finds the countries mentioned in the texts on the map and identifies the languages the person speaks. Switch roles after each text.

FOLK PÅ GATA: Hvilke språk kan du?

Jeg heter Dan og kommer fra Australia. Morsmålet mitt er engelsk. Jeg kan litt tysk. Jeg bor i Norge nå, og jeg studerer norsk ved Universitetet i Bergen.

Jeg heter Kamini og kommer fra India. Morsmålet mitt er hindi. Jeg snakker flytende engelsk og litt fransk. Jeg studerer urdu ved Universitetet i Bangalore.

Hei! Jeg heter Abdul. Jeg kommer fra Egypt, og morsmålet mitt er arabisk. Jeg snakker flytende fransk og lærer engelsk på en språkskole i Alexandria.

Hei, hei! Jeg heter Hitomi og kommer fra Japan. Morsmålet mitt er japansk. Jeg kan ikke engelsk. Jeg studerer kinesisk i Shanghai.

 **øving c.**
ET FAMILIETRE

Study the family tree. Under each photo is a list of the different roles each person plays in the family. Some of these words are easy to understand because they are cognates. For others, you need to look at the context.

Gunnar
(en mann, en far, en bestefar)

besteforeldre

It is common for Norwegians to specify whether grandparents belong to the mother's or father's side of the family. In addition to **bestefar** and **bestemor**, you will also hear **farfar** (father's father) and **morfar** (mother's father) for grandfather, and **farmor** (father's mother) and **mormor** (mother's mother) for grandmother. ■

Marit
(ei kone, ei mor, ei bestemor)

Tigergutt
(en katt)

Kjell
(en mann, en far, en sønn)

Nina
(ei kone, ei mor, ei datter)

Rapp
(en hund)

Jenny
(ei datter, ei søster, et barnebarn)

foreldre

Norwegian children usually call their parents **mamma** and **pappa**. ■

Kristian
(en sønn, en bror, et barnebarn)

 **øving d.**
FAMILIE

Practice using the different words for family members by asking about the names of the people in the family tree. Put the nouns in the definite form in the question and the answer.

ex.) Hva heter faren til Kjell?   Faren til Kjell heter Gunnar.

Hva heter mora til Kristian og Jenny?   Mora til Kristian og Jenny heter Nina.

øving e.
FAMILIE

Read the short descriptions of the photos below. Underline the family word and the possessive (min / mi / mitt = my) that follows. Why do you think the possessive has slightly different forms?

Kjell forteller:

Dette er familien min på 17. mai. Kona mi heter Nina, dattera mi heter Jenny og sønnen min heter Kristian.

Jenny forteller:

Dette er bestefaren min og bestemora mi. Bestemor leser ei bok for meg og broren min, Kristian.

Kristian forteller:

Dette er meg og hunden min. Han heter Rapp. Vi er på tur sammen med faren min, mora mi og søstera mi.

Nina forteller:

Dette er mannen min og meg. Vi er på tur sammen. Mannen min liker fotball, data og meg!

Marit forteller:

Dette er Jenny, barnebarnet mitt. Hun liker bøker. Er hun ikke søt?

Kjell forteller:

Dette er en venn og ei venninne av meg. Han heter Pål, og hun heter Elin. Vi er på klassefest.

øving f.
FAMILIE

Work with a partner. Using the questions and vocabulary below, interview one another about your families.

1. Hva heter _____?   _____.

2. Hvor gammel er _____?   _____.

3. Hvor kommer _____ fra?   _____.

4. Hvor bor _____?   _____.

5. Hvor studerer _____?   _____.

6. Hvor jobber _____?   _____.

7. Hva gjør _____ i fritida?   _____.

8. Hvilke språk snakker _____?   _____.

(bestefaren din, bestemora di, barnebarnet ditt, faren din, mora di, mannen din, kona di, partneren din, samboeren din, kjæresten din sønnen din, dattera di, broren din, søstera di, romkameraten din, vennen din, hunden din)

(bestefaren min, bestemora mi, barnebarnet mitt, faren min, mora mi, mannen min, kona mi, partneren min, samboeren min, kjæresten min sønnen min, dattera mi, broren min, søstera mi, romkameraten min, vennen min, hunden min)

Substantiv: Entall [NOUNS: SINGULAR]

Nouns name persons, places, things, or ideas.

There are three genders of Norwegian nouns: masculine, feminine, and neuter. These are grammatical genders, and thus do not necessarily correspond to biological genders. As you learn new nouns, it is important that you learn the gender of the noun at the same time. Note that nouns belonging to the feminine gender can also be treated as masculine nouns. See the examples below.

masculine: **en** bil *a car*   feminine: **ei/en** seng *a bed*   neuter: **et** hus *a house*

In this section, you will be learning about singular nouns, and they have both indefinite and definite forms. The **indefinite form** is used when a noun is introduced for the first time in a conversation or a text, and it will usually have one of the three indefinite articles with it (en, ei, or et).

Jeg har **en bil** som er ny og rask!   Jeg har **ei/en seng** på rommet mitt.   Familien min bor i **et hus**.
I have a car that is new and fast!   *I have a bed in my room.*   *My family lives in a house.*

The **definite form** of the noun is used when a person continues discussing or describing a noun that has already been introduced or when talking about a person or a thing that is already familiar to the listeners. In English, we make nouns definite by putting "the" in front of them, but in Norwegian we have to add an ending to the nouns. As you might guess, the endings are different for each of the three genders.

Jeg har **en bil** som er ny og rask!   Jeg har **ei/en seng** på rommet mitt.   Familien min bor i **et hus**.
Jeg kjøpte **bilen** i Tyskland.   **Senga / Sengen** er ny.   **Huset** har en stor hage.
I bought the car in Germany.   *The bed is new.*   *The house has a large yard.*

GENDER	INDEFINITE SINGULAR	DEFINITE ARTICLE	DEFINITE SINGULAR
en Masculine	Jeg har **en bil**. *I have a car.* Jeg har **en telefon**. *I have a telephone.*	-**en** ending *the* _____	Jeg liker **bilen**. *I like the car.* Jeg liker **telefonen**. *I like the telephone.*
ei / en Feminine	Jeg har **ei/en seng**. *I have a bed.* Jeg har **ei/en klokke**. *I have a clock.*	-**a** / -**en** ending *the* _____	Jeg liker **senga / sengen**. *I like the bed.* Jeg liker **klokka / klokken**. *I like the clock.*
et Neuter	Jeg har **et hus**. *I have a house.* Jeg har **et eple**. *I have an apple.*	-**et** ending *the* _____	Jeg liker **huset**. *I like the house.* Jeg liker **eplet**. *I like the apple.*

 **øving g.**
SUBSTANTIVER

Work with a partner. Learn the vocabulary for the concrete objects below by pointing at the objects, asking what they are, and finding the words in the list. Note that each word has an indefinite article (en/ei/et).

ex.) Hva er det? Det er _____.

1. _____ 2. _____ 3. _____ 4. _____

5. _____ 6. _____ 7. _____ 8. _____

9. _____ 10. _____ 11. _____ 12. _____

Word List
et belte
en bil
ei bok
en CD
et flagg
et kart
ei klokke
ei lampe
en mobil
et nettbrett
ei seng
en telefon

en
Masculine is the most common gender in Norwegian, so if you need to guess the gender of a noun, choose **en**. ∎

 **øving h.**
SUBSTANTIVER

Work with a partner. Find and underline the indefinite nouns in the sentences below. Fill in the definite form of the noun in the blanks.

1. Sønnen min har en mobil. _____ koster mye.

2. Jeg har ei lampe i stua. _____ er fin.

3. Jeg har et flagg på båten. _____ er stort.

4. Vi har et kart over Norge. Jeg ser ofte på _____.

5. Jeg leser ei bok. _____ er på norsk.

6. Vi har ei klokke på veggen. Jeg liker _____ godt.

7. Søstera mi har en bil. _____ er ny.

8. Faren min har en telefon. Han snakker ofte i _____.

9. Jeg har et nettbrett. Jeg bruker ofte _____ på bussen.

10. Jeg sover i ei seng. _____ er komfortabel.

Språktips substantiv

Many people use all three genders of Norwegian nouns regularly, while others use mostly masculine and neuter nouns with a few feminine nouns. Some people use only two genders exclusively: the common gender with the indefinite article **en** (masculine and feminine combined) and neuter with the indefinite article **et**. In this textbook, we are using all three genders consistently, and we recommend that you do the same or that you follow the example that your teacher sets for you. If you go to Norway for more advanced study of Norwegian, you will be able to adjust your use of the three genders according to the norms in your community. ∎

Determinativ: Grunntall, 1–100

[DETERMINATIVES: CARDINAL NUMBERS, 1–100]

The chart below provides an overview of cardinal numbers in Norwegian. These numbers are used to describe the following:

a) age: Hvor gammel er du?   Jeg er 19 år gammel.

b) addresses: Hva er adressen din?   Adressen min er Parkveien 15.
                     Hva er postnummeret ditt?   Postnummeret mitt er 6860 Sandane.

c) telephone numbers: Hva er mobilnummeret ditt?   Mobilnummeret mitt er 458 91 076.
                           Hva er telefonnummeret ditt? Telefonnummeret mitt er 22 18 72 30.

0 null	**11** elleve	**21** tjueen	**10** ti
1 en	**12** tolv	**22** tjueto	**20** tjue
2 to	**13** tretten	**23** tjuetre	**30** tretti
3 tre	**14** fjorten	**24** tjuefire	**40** førti
4 fire	**15** femten	**25** tjuefem	**50** femti
5 fem	**16** seksten	**26** tjueseks	**60** seksti
6 seks	**17** sytten	**27** tjuesju	**70** sytti
7 sju	**18** atten	**28** tjueåtte	**80** åtti
8 åtte	**19** nitten	**29** tjueni	**90** nitti
9 ni	**20** tjue	**30** tretti	**100** (ett) hundre
10 ti		**31** trettien	**1000** (ett) tusen

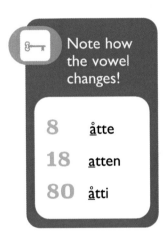

Note how the vowel changes!

8	**å**tte
18	**a**tten
80	**å**tti

øving i.
ALDER

Talk to at least eight of the students in your class. Ask how old they are and tell them how old you are.

ex.) Hvor gammel er du?   Jeg er _____ år gammel.

øving j.
ALDER

How old are the people in the pictures below?

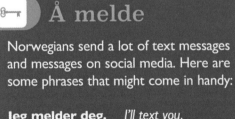

Å melde

Norwegians send a lot of text messages and messages on social media. Here are some phrases that might come in handy:

Jeg melder deg.   *I'll text you.*
Meld meg!   *Message me.*
Vi meldes!   *We will keep in touch via message.* ■

 **øving k.**
ADRESSE OG POSTNUMMER

Listen to the audio clip. Draw a line from each person's name to the correct street address and post number.

Trond Solen	Parkveien 32	7450 Trondheim
Siv Lund	Strandgata 57	6425 Molde
Benedikte Nelsson	Prinsensgata 10	9900 Kirkenes
Harald Torp	Austadveien 94	3034 Drammen

⚷ Språktips

Roads and streets (**vei** and **gate**) are often abbreviated to **v.** and **g.** ■

i Innblikk **telefonnummer**

Telephone numbers in Norway are 8 digits in length, and are often written and spoken two digits at a time.

ex.) **22 34 58 94**
(tjueto, trettifire, femtiåtte, nittifire)

Telephone numbers starting with 9 or 4 are cellphone or **mobiltelefon** numbers and frequently follow a different pattern. See example below.

ex.) **923 89 005**
(ni to tre, åttini, null null fem) ■

 **øving l.**
TELEFONNUMMER

Ask four classmates what their cell numbers are. Record them below, and then send 1-2 of your classmates a short text message in Norwegian. You'll be able to see if you had the correct number, and you'll have the contact information of 1-2 of your classmates.

ex.) Hva er mobilnummeret ditt?   Mobilnummeret mitt er _____.

1. _____   3. _____

2. _____   4. _____

øving m.
FOTOALBUM

You and another student each have part of the information needed to complete an overview of Nora's family. Ask questions that will allow you to complete the descriptions of the family members. See example questions at the top of the next page.

Dette er mora til Nora. Hun heter Marit og er 46 år gammel. Hun kommer fra Bergen, men hun bor i Stavanger nå. Hun jobber som sykepleier på et lite sykehus, og hun spiller tennis i fritida. Hun snakker flytende engelsk og tysk i tillegg til norsk.

Dette er faren til Nora. Han heter _____ og kommer fra _____. Han er _____ år gammel. Tor bor i _____ og jobber ___ en _____der. Han liker jobben veldig godt! Han spiller _____ i fritida, og han _____ også mye. Han snakker _____, _____ og litt _____.

Dette er broren og søstera til Nora. Broren heter Martin, og søstera heter Sara. Martin er 5 år gammel, og Sara er 16. De bor i Stavanger med foreldrene. Både Martin og Sara liker sport. Martin spiller fotball, og Sara spiller golf. De liker å reise med familien og snakker flytende norsk, engelsk og tysk. Sara kan også litt japansk fordi hun har en god venn som kommer fra Japan.

Dette er bestefaren og bestemora til Nora, og de heter _____ og _____. De bor i _____ nå, men Jan kommer fra _____ og Anne fra _____. De er pensjonister, men de gjør mye frivillig arbeid. De har også mange hobbyer. Jan _____ i _____ og _____ _____ i fritida, og Anne _____ i _____ og _____ på _____. Jan er _____ år gammel, og Anne er _____. De snakker litt _____, men ikke så mye. De lærer også _____ fordi de ofte reiser til Spania om vinteren.

Example Questions: Hva heter (mora / faren / broren / søstera / bestefaren / bestemora) til Nora?

Hvor gammel er... ?   Hvor kommer...fra?   Hvor bor...?   Hvor jobber...?

Hvor studerer...?   Hvilke språk snakker...?   Hva gjør...i fritida?

Dette er faren til Nora. Han heter Tor og kommer fra Trondheim. Han er 50 år gammel. Tor bor i Stavanger og jobber på en skole der. Han liker jobben veldig godt! Han spiller gitar i fritida, og han trener også mye. Han snakker engelsk, tysk og litt fransk.

Dette er mora til Nora. Hun heter _____ og er _____ år gammel. Hun kommer fra _____, men hun bor i _____ nå. Hun jobber som sykepleier på et lite _____, og hun _____ _____ i fritida. Hun snakker flytende _____ og _____ i tillegg til _____.

Dette er bestefaren og bestemora til Nora, og de heter Jan og Anne. De bor i Stavanger nå, men Jan kommer fra Trondheim og Anne fra Bergen. De er pensjonister, men de gjør mye frivillig arbeid. De har også mange hobbyer. Jan steller i hagen og spiller gitar i fritida, og Anne synger i kor og surfer på nettet. Jan er 81 år gammel, og Anne er 78. De snakker litt engelsk, men ikke så mye. De lærer også spansk fordi de ofte reiser til Spania om vinteren.

Dette er broren og søstera til Nora. Broren heter _____, og søstera heter _____. Martin er _____ år gammel, og Sara er _____. De bor i _____ med foreldrene. Både Martin og Sara liker sport. Martin spiller _____, og Sara spiller _____. De liker å reise med familien og snakker flytende _____, _____ og _____. Sara kan også litt _____ fordi hun har en god venn som kommer fra Japan.

i fokus: skriftspråk og talespråk

Norwegian Written Languages

The language situation in Norway today is both interesting and complex since there are two official languages, **norsk** and **samisk**, as well as a myriad of spoken dialects across the country. In addition, **norsk** has two written variants, **bokmål** and **nynorsk**, and **samisk** is actually a group of languages.

As equal, written variants of Norwegian since 1885, both **bokmål** and **nynorsk** are easily understandable by all Norwegians. **Bokmål** is the most common written language in Norway today, used by approximately 88% of the people. While **nynorsk** has fewer users than **bokmål**, it has a solid position within Norwegian culture and society with its own national theater and a robust literary tradition created by some of Norway's best authors. The majority of people who use **nynorsk** live in the western counties of Møre og Romsdal, Vestland, and Rogaland, as well as in the western areas of Telemark, Buskerud, and Innlandet. In 2020, 33% of municipalities used **bokmål**, 25% operated in **nynorsk**, and 42% employed both languages.

ORD OG UTTRYKK
et skriftspråk: et språk man skriver; et skriftlig språk

bokmål: en variant av norsk skriftspråk utviklet fra dansk og brukt av 85-90 % av nordmenn

nynorsk: en variant av norsk skriftspråk basert på de norske dialektene og brukt av 10-15 % av nordmenn

samisk: en språkfamilie som er brukt av ca. 25 000 samer i Norge. De tre største språkene (nordsamisk, lulesamisk, sørsamisk) har offisiell status i 13 kommuner i Trøndelag og Nord-Norge

Source: SSB, SNL, Lovdata

Samisk (sámegiella) refers to a group of Finno-Ugric languages used by the indigenous Sámi people in Norway, Sweden, Finland, and Russia. While the Sámi in Norway now live in many parts of the country, northern Norway is a center for Sámi language and culture. In 13 northern municipalities, **samisk** (nordsamisk, lulesamisk, sørsamisk) has official and equal status with **bokmål** and **nynorsk**. Since the Sámi languages are Finno-Ugric rather than Germanic, they are distantly related to Finnish but completely unrelated to the other Scandinavian languages.

i Innblikk   bokmål og nynorsk

During Norway's long union with Denmark (1380-1814), the Norwegian written language died out. As a result, the people continued to speak their Norwegian dialects, but they wrote in Danish. After the union with Denmark was dissolved and the Norwegian constitution was signed in 1814, it became increasingly important for Norway to develop a written language of its own. Many Norwegians advocated for a slow process of Norwegianizing the Danish written language by gradually changing spellings, words, and grammar forms over a long period of time. This process led to the language which is now called **bokmål** and used by the majority of Norwegians. Other Norwegians believed that a more radical solution to the language issue was necessary and wanted to create a new written language. The linguist Ivar Aasen traveled widely in Norway during the mid-1800s, collecting samples of the Norwegian spoken dialects. On the basis of these dialects and Old Norse, he created a new Norwegian written language that is now called **nynorsk**. ∎

øving n.
BOKMÅL OG NYNORSK

Read the **nynorsk** text below and then see if you can complete the translation of the text into **bokmål**. Note that these two variants of Norwegian often have different grammar forms (pronouns, verbs, nouns), different spellings (diphthongs vs. a single vowel, kv vs. hv), and sometimes completely different words. However, they also share many similarities, making both variants easy for most Norwegians to understand.

Nynorsk:

Eg heiter Geir og er 18 år. På fritida spelar eg fotball og golf. Meir om fritidsinteressene kan du finne under eigen link oppe på sida. Eg går tredje året på Ulstein vidaregåande skule, der eg går økonomi.

Elles bor eg på Dimnøya, der systra mi Siri, mamma Nina og pappa Reidar også bor. Vi bor i eit kvitt hus, ikkje så langt frå Straumane.

Bokmål:

___ _____ Geir og er 18 år. På fritida _____ __ fotball og golf. _____ om fritidsinteressene kan du finne under _____ link oppe på sida. ____ går tredje året på Ulstein videregående _____ , der ____ går økonomi.

Ellers bor ____ på Dimnøya, der _____ mi Siri, mamma Nina og pappa Reidar også bor. Vi bor i ___ _____ hus, _____ så langt _____ Straumane.

Noreg eller Norge?

One difference between bokmål and nynorsk is the way Norway is spelled in each language. Norway is written:

bokmål: **Norge**
nynorsk: **Noreg** ■

Norwegian Spoken Languages

In addition to the two official languages in Norway there are many spoken dialects that developed in the valleys, in the mountains, and along the coasts due to their geographical isolation. For the most part, people in Norway are able to understand the various dialects, but they can differ significantly from one another, especially in intonation, individual sounds, grammar forms, and vocabulary. ■

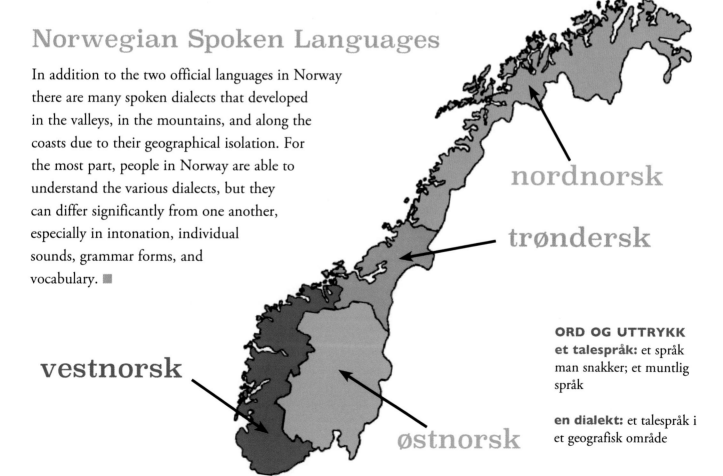

nordnorsk

trøndersk

vestnorsk

østnorsk

ORD OG UTTRYKK
et talespråk: et språk man snakker; et muntlig språk

en dialekt: et talespråk i et geografisk område

43 (førtitre)

uttale: norske konsonanter

The pronunciation of many Norwegian consonants is similar to English, so they are easier than the vowels for English speakers to learn. Several consonants in the alphabet are not typically used in Norwegian words (c, q, w, x, z), and there are three consonant sounds that are represented by combinations of letters (sj, kj, and ng).

The two consonants that most easily expose learners with an English language background are "r" and "l." Note that the Norwegian "r" is usually rolled, although in some positions the roll is reduced to a tap or becomes a retroflex sound. Most Norwegians roll the "r" behind the top teeth, but people from the southern and western part of the country roll the "r" in the back of the throat. The Norwegian "l" is usually produced with the tongue behind the top teeth and is much lighter than the English "l."

 **øving o.**
KONSONANTER
Listen to each of these words and pay special attention to the consonants that are in bold.

Consonants	Words	Examples
b	**b**or — **b**ra — **b**ok	
d	**d**ag — **d**et — stu**d**erer	
f	**f**ra — tre**ff**e — Ola**f**	
g	**g**od — Nor**g**e — Bjør**g**	
h	**h**eter — **h**ar — **H**enrik	
j	**j**eg — **j**a — **hj**emme — **gj**ør — **gi**	Pronounced like "y" in English. Spelled with *j, hj, gj, gi, gy*.
k	**k**ommer — li**k**er — fysi**kk**	
l	**l**iker — spi**ll**er — sko**l**e — fotba**ll**	Pronounced with tongue behind top teeth.
m	**m**usikk — **m**a**mm**a — du**m**	
n	**n**ei — Inter**n**ett — medisi**n**	
p	**p**olitikk — **p**a**pp**a — hjel**p**er	
r	**r**eiser — t**r**e — fi**r**e — komme**r** — e**r**	Rolled "r"(rolled behind top teeth) *or* uvular "r" (rolled in throat).
s	**s**ykler — **s**piser — tenni**s**	The *s* is always unvoiced and is never pronounced like a "z."
t	**t**o — he**t**er — god**t**	
v	**v**et — h**v**a — le**v**er — Li**v**	
sj	**skj**er — **sj**u — **ski** — **sky** — nor**s**k	Pronounced like "sh" in English. Spelled with *skj, sj, ski, sky, rs*.
kj	**kj**emi — **ki**no — **ky**lling — **tj**ue	Sounds like the "h" in "huge", but with more friction. Spelled with *kj, ki, ky, tj*.
ng	e**ng**elsk — he**ng**er — ga**ng**	Similar to the "ng" sound in "sing."

REPETISJON: ORD OG UTTRYKK

3. Språk og mennesker

Hva er morsmålet ditt?
Morsmålet mitt er _____.
(engelsk, spansk, tysk, fransk, italiensk,
polsk, russisk, norsk, svensk, dansk,
islandsk, finsk, samisk, japansk, kinesisk,
vietnamesisk, hindi, arabisk, urdu, persisk,
hebraisk, somali, amharisk, afrikaans)

Hvilke språk kan du?
Jeg snakker flytende _____.
Jeg snakker litt _____.
Jeg snakker bare _____.

Snakker du norsk?
Ja, jeg snakker norsk. | Nei, jeg snakker ikke norsk.

Hva heter de to variantene av norsk skriftspråk?
De heter bokmål og nynorsk.

Hvilket skriftspråk lærer du?
Jeg lærer bokmål.

Er det mange dialekter i Norge?
Ja, det er mange dialekter i Norge.

Hvem er det / dette?
Det / Dette er _____.
(bestefaren min, bestemora mi, barnebarnet mitt,
faren min, mora mi, mannen min, kona mi,
partneren min, samboeren min,
kjæresten min, sønnen min, dattera mi,
broren min, søstera mi, romkameraten min,
vennen min, hunden min, katta mi)

Tallene fra 0 til 25:
null, en, to, tre, fire, fem, seks, sju,
åtte, ni, ti, elleve, tolv, tretten,
fjorten, femten, seksten, sytten, atten,
nitten, tjue, tjueen, tjueto, tjuetre,
tjuefire, tjuefem

Tallene fra 10 til 100:
ti, tjue, tretti, førti, femti,
seksti, sytti, åtti, nitti, hundre

3. Language and People

What is your native language?
My native language is _____.
(English, Spanish, German, French, Italian,
Polish, Russian, Norwegian, Swedish, Danish,
Icelandic, Finnish, Sami, Japanese, Chinese,
Vietnamese, Hindu, Arabic, Urdu, Persian,
Hebrew, Somali, Amharic, Afrikaans)

Which languages do you know?
I speak fluent _____.
I speak a little _____.
I speak only _____.

Do you speak Norwegian?
Yes, I speak Norwegian. | No, I don't speak Norwegian.

What are the two variants of Norwegian written language?
They are bokmål and nynorsk.

Which written language are you learning?
I am learning bokmål.

Are there many dialects in Norway?
Yes, there are many dialects in Norway.

Who is that / this?
That / This is _____.
(my grandpa, my grandma, my grandchild,
my dad, my mom, my husband, my wife,
my partner, my domestic partner,
my girlfriend/boyfriend, my son, my daughter,
my brother, my sister, my roommate,
my friend, my dog, my cat)

Numbers from 0 to 25:
zero, one, two, three, four, five, six, seven,
eight, nine, ten, eleven, twelve, thirteen,
fourteen, fifteen, sixteen, seventeen, eighteen,
nineteen, twenty, twenty-one, twenty-two, twenty-three,
twenty-four, twenty-five

Numbers from 10 to 100:
ten, twenty, thirty, forty, fifty,
sixty, seventy, eighty, ninety, one hundred

SKOLE OG UTDANNING

schools & education

In this section, you will...

- learn about the different aspects of the educational system in Norway, including the types of schools, courses, typical schedules, and subjects

- describe life at your school, including courses, schedules, and typical activities

- understand and participate in short conversations in which you discuss language learning methods and reasons for studying Norwegian

- read informative texts describing Norwegian and North American schools

- listen to short descriptions of students and their experiences in various schools

- reflect on the ways that the educational system influences young people

	4. In the Classroom	5. Subjects and Schedules	6. Learning Norwegian
Topics	Things in a classroom, teachers and students, school supplies, typical expressions, activities	School subjects, types of courses, school schedules	Reasons for learning Norwegian, strategies for language learning, language level
Grammar	Nouns: Plural, Verbs: Modals	Prepositions: Clock, Word Order: Inversion	Verbs: Infinitive Marker, Adverbs: Sentence Adverbs
Pronunciation	Long and short vowels	Diphthongs	Top 50 most difficult words
Functions	Identifying common objects, using strategic phrases in the classroom	Expressing interest or disinterest, describing future plans	Asking for information about schools, discussing likes and dislikes
Tasks	Participating in classroom activities	Discussing school, courses, teachers, and schedules	Describing reasons for learning languages, methods, and levels
Culture	Skogfjorden Norwegian language summer camp, school supplies, Norwegian as a world language	University life, schedules, school system in Norway	Attitudes about language learning, institutions with Norwegian programs, study abroad programs

Kap. 4: I klasserommet

Mennesker

en elev

en student

en lærer / en professor

🔑 Språktips

In Norwegian, the word **elev** is used for youth in primary and secondary school, and the word **student** for people studying at the university. In English, we frequently use the word student for learners of all ages. ■

I klasserommet

en stol og en pult

et skrivebord

en datamaskin / en PC (en mac)

et lerret

ei/en tavle

ei/en klokke

et kart

et vindu

øving a.
I KLASSEROMMET

Discuss the people and the things in your classroom with another student.

a) **Er du elev?**

Ja, jeg er elev.

Nei, jeg er ikke elev.

Er du student?

Ja, jeg er student.

Nei, jeg er ikke student.

Er du lærer / professor?

Ja, jeg er lærer / professor.

Nei, jeg er ikke lærer / professor.

b) **Hva ser du i klasserommet ditt?**

Jeg ser _____ i klasserommet mitt.

c) **Hvor mange studenter / elever er det i klassen din?**

Det er _____ studenter / elever i klassen min.

Hvor mange jenter / gutter er det i klassen din?

Det er _____ jenter / gutter i klassen min.

Hvor mange pulter er det i klasserommet ditt?

Det er _____ pulter i klasserommet mitt.

Hvor mange vinduer er det i klasserommet ditt?

Det er _____ vinduer i klasserommet mitt.

øving b.
PRAKTISKE UTTRYKK

In the text below, there are strategic statements and questions that are helpful for beginning language learners. Underline these phrases.

Lærer. Hei, alle sammen!

Klasse. Hei!

Erik. Jeg har et spørsmål. Hvordan sier man «a classroom» på norsk?

Lærer. Et klasserom.

Erik. Hvordan staver man det?

Lærer. K-L-A-S-S-E-R-O-M. Hva ser du i klasserommet?

Kristin. Det er ei tavle.

Erik. Det er et vindu.

Kristin. Hvordan sier man «a desk»?

Lærer. Et skrivebord.

Kristin. Hvordan staver man det?

Lærer. S-K-R-I-V-E-B-O-R-D.

Kristin. Kan du si det en gang til?

Lærer. S-K-R-I-V-E-B-O-R-D.

Erik. Hvordan sier man «backpack» på norsk?

Lærer. Man sier ryggsekk. Hva har du i ryggsekken din?

Erik. Jeg har ei bok, en CD og et pennal med en penn og en blyant.

Kristin. Hva betyr blyant?

Lærer. Blyant betyr «pencil».

Kristin. Ok, jeg skjønner.

I ryggsekken

en ryggsekk

et ark papir

ei/en tekstbok

en ringperm

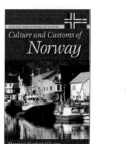

ei/en bok

en laptop / en bærbar PC

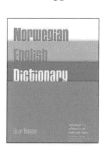

ei/en ordbok

en blyant

en penn

ei/en blokk

et studentbevis

en tusj

et lesebrett

et nettbrett

en mobil

øving c.
KLASSEROMMET

Ask a classmate about what they have and don't have in their backpack.

Hva har du i ryggsekken din?   *Jeg har....*   Hva har du ikke i ryggsekken din?   *Jeg har ikke....*

 **øving d.**
PRAKTISKE UTTRYKK

Below are practical phrases that will help you to be a better language learner. Work with another student and practice asking how to say something in Norwegian, what a word means in Norwegian, and how to spell a word in Norwegian.

Hvordan sier man...?

ex.) Hvordan sier man "backpack"? Ryggsekk.

Hva betyr...?

ex.) Hva betyr blyant?  Det betyr *pencil.*

Hvordan staver man...?

ex.) Hvordan staver man ordbok? (Man staver det) O-R-D-B-O-K.

ℹ️ Innblikk digitale klasserom

Schools and universities are integrating digital technologies into teaching and learning, and as a result the classroom and study spaces contain a mix of traditional and digital equipment. Look around your classroom, your school, or your home and identify the equipment you see using the words below as a guide. Do you think it is effective to incorporate more technology into education? ■

ei/en tavle med kritt (*chalk*) | **et whiteboard eller ei/en tusjtavle**
et smartboard eller ei/en interaktiv tavle | **en PC/Mac eller et nettbrett**
et dokumentkamera | **en flatskjerm med PC-tilkobling** | **en projektor og lerret**

Uttrykk i norsktimen

Lærer

Spørsmål:

Skjønner du? / Forstår du?

Trenger du hjelp?

Oppmuntring:

Bra!   Fint!

Flott!   Bra jobbet!

Instruks:

En gang til.

Gjenta etter meg.

Jobb sammen to og to / i grupper.

Slå opp bøkene på side 67.

Gjør øving 3 på side 52.

Les høyt.

Språktips

Skjerp deg!

Hopefully, one thing you won't hear your Norwegian instructor say to you is **Skjerp deg!** It translates directly to *sharpen yourself*, but is used when someone isn't doing something they should be. ∎

Jeg skjønner ikke bæret!

I don't get it at all!

This is a slang expression that can literally be translated as *I don't understand the berry!* ∎

Student

Spørsmål:

Hvordan sier man <u>backpack</u>?

Hva betyr <u>blyant</u>?

Hvordan staver man <u>ordbok</u>?

Hvordan uttaler man det?

Kan du gjenta det?

Hva skal vi gjøre?

Uttrykk:

Jeg forstår.

Jeg forstår ikke.

Kan du si det en gang til?

Kan du snakke litt langsommere?

Kan du snakke litt høyere?

Kan du hjelpe meg?

Kan du forklare det?

Kan du slå opp <u>kart</u> i ordboka?

Jeg har et spørsmål.

Jeg skjønner.

Jeg vet ikke.

 øving e.
PARARBEID

In the text below, there are several strategic statements and questions that students can use when working in pairs. Underline these phrases.

Vi jobber sammen i par

Sara. Hei, jeg heter Sara. Hva heter du?

Mike. Jeg heter Mike. Jeg forstår ikke. Hva skal vi gjøre nå?

Sara. Vi spør hverandre om ting vi ser i klasserommet, hva de heter og hvordan man staver ordene.

Mike. Ok. Jeg ser en pult og en stol. Hvordan staver man det?

Sara. P-U-L-T og S-T-O-L. Hvordan sier man "computer" på norsk?

Mike. Datamaskin.

Sara. Kan du si det litt langsommere?

Mike. Da-ta-ma-skin. Man staver det D-A-T-A-M-A-S-K-I-N.

Sara. Jeg skjønner.

Mike. Jeg ser en iPad. Hvordan sier man "iPad" på norsk?

Sara. Jeg vet ikke. La oss slå det opp i ordboka. [*Slår opp.*] Man sier iPad eller nettbrett.

Substantiv: Flertall [NOUNS: PLURAL]

Nouns name persons, places, things, or ideas.

In Chapter 3, you learned that Norwegian nouns have three genders: masculine, feminine, and neuter. You also learned the difference between the indefinite singular form, which is used the first time a noun is introduced, and the definite singular form, which is used when the the same noun is mentioned again or described further.

ex.) Jeg ser **en elev** *(a student)* på bildet.   **Eleven** *(the student)* er 12 år gammel.
Jeg ser **ei bok** *(a book)* på bildet.   **Boka** *(the book)* er fin.
Jeg ser **et kart** *(a map)* på bildet.   Jeg liker **kartet** *(the map)*.

Repetisjon Look back at the pages at the beginning of this chapter that show common classroom objects and school supplies. To review the singular noun forms, identify the objects you see in the pictures (indefinite form) and then make up another sentence describing the object further (definite form).

Ubestemt flertall [INDEFINITE PLURAL]

In this chapter, you are going to learn about the plural forms of the noun (see the chart on the next page). The indefinite plural form is used the first time some nouns are introduced in a conversation or in a text. In English, we add an *-s* ending to a noun to make it plural, but in Norwegian, you usually add an *-er* to the noun to make it plural.

ex.) Jeg har to **skjermer** *(monitors / screens)*. / Vi har 25 **studenter** *(students)* i klassen.

Note that nouns of all three genders (masculine, feminine, and neuter) receive the same *-er* ending in plural. The only exceptions are one-syllable neuter nouns (et-nouns), which receive no ending in indefinite plural.

ex.) Det er tre **flagg** *(flags)* på toppen av skolen. / Det er tre **kart** *(maps)* i klasserommet.

🗨 **øving f.**
SUBSTANTIV
Identify the objects you see in the pictures below. Use the correct indefinite plural form of the noun.

ex.) Jeg ser tre **blyanter** på bildet.

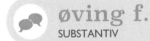

Bestemt flertall [DEFINITE PLURAL]

The definite plural form is used when discussing or describing a plural noun that has already been introduced in a conversation or a text. In English, we make definite plural by putting "the" in front of the noun and adding an -s to the noun itself. In Norwegian, however, we add the -ene ending to the noun. This same ending is used for nouns of all three genders. Note that the ending is added to the base form of the noun.

ex.) Søstera mi har to **ryggsekker** *(backpacks)*. Hun kjøpte **ryggsekkene** *(the backpacks)* i Norge.

Gender	Indefinite singular (a _____)	Definite singular (the _____)	Indefinite plural (_____s)	Definite plural (the _____s)
en *masculine*	Jeg har **en mobil**. *I have a cell phone.*	Jeg liker **mobilen**. *I like the cell phone.*	Jeg har to **mobiler**. *I have two cell phones.*	Jeg liker **mobilene**. *I like the cell phones.*
	Jeg har **en telefon**. *I have a telephone.*	Jeg liker **telefonen**. *I like the telephone.*	Jeg har to **telefoner**. *I have two telephones.*	Jeg liker **telefonene**. *I like the telephones.*
ei/en *feminine*	Jeg har **ei/en bok**. *I have a bok.*	Jeg liker **boka/boken**. *I like the bok.*	Jeg har to **bøker**. *I have two books.*	Jeg liker **bøkene**. *I like the books.*
	Jeg har **ei/en klokke**. *I have a clock.*	Jeg liker **klokka/klokken**. *I like the clock.*	Jeg har to **klokker**. *I have two clocks.*	Jeg liker **klokkene**. *I like the clocks.*
et *neuter*	Jeg har **et kart**. *I have a map.*	Jeg liker **kartet**. *I like the map.*	Jeg har to **kart**. *I have two maps.*	Jeg liker **kartene**. *I like the maps.*
	Jeg har **et vindu**. *I have a window.*	Jeg liker **vinduet**. *I like the window.*	Jeg har to **vinduer**. *I have two windows.*	Jeg liker **vinduene**. *I like the windows.*

øving g.
SUBSTANTIV
Fill in the blanks below using the indefinite or definite plural form.

1. Jon har to _____ _____. Han bruker _____ når han skriver oppgaver.

2. Brita har tre _____ _____. Hun skriver ofte med _____.

3. Markus har ni _____ _____. Han hører på _____ når han studerer.

4. Mari har fire _____ _____. Hun bruker _____ hver dag.

5. Det er to _____ _____ i klasserommet. Læreren bruker begge _____.

6. Det er fire _____ _____ i klasserommet. Studentene sitter på _____.

VERB: Infinitiv [VERBS: INFINITIVE]

The infinitive is the base form of a verb that does not have a tense or time. It is also the way you will find a verb listed in the dictionary. In Norwegian, the infinitive usually ends in a vowel, often an unstressed -e, but sometimes in a stressed vowel. It is important to note that an infinitive cannot stand alone in the sentence.

Infinitive	Examples			
Ends in an unstressed –e	spille	spise	lese	like
Ends in a stressed vowel	bo	ha	se	bety

Modal verbs

are used to express emotional nuances such as intention, desire, ability, knowledge, demands, advice, and more. Below are the modal verbs in Norwegian.

skal	**vil**	**kan**	**må**	**bør**
shall, will, am going to	want to, will	can, are able to	must, have to	ought to, should

Modal verbs are often referred to as helping verbs because they are usually accompanied by another verb in its infinitive form. See the examples in the chart below.

Subject	Modal verb + <u>infinitive</u>	Other elements
Jeg *I*	**skal <u>lese</u>** *am going to read*	i dag. *today.*
Jeg *I*	**vil <u>dra</u>** *want to go*	hjem. *home.*
Jeg *I*	**kan <u>spille</u>** *can play*	gitar. *guitar.*
Jeg *I*	**må <u>arbeide</u>** *must work*	i kveld. *tonight.*
Jeg *I*	**bør <u>sove</u>** *ought to sleep*	mer. *more.*

Språktips

modalverb

Two of the most common modal verbs are **skal** and **vil**, and they are often used incorrectly by English speakers. Please note that **skal** is the modal you should use if you are trying to say *am going to*. Although **vil** can mean *will* in some instances, it translates more often to mean *want to*. ■

øving h.
MODALVERB

Work with a partner and complete the interview below about your activities. Use the correct modal and the infinitive form of the verb in your anwers. Below are some common verbs you can use in your answers.

slappe av • sove • studere • lese • jobbe • snakke norsk • være sammen med venner • høre på musikk • se på TV • gå på fest • gå på restaurant • gå på konsert • gå på pub • surfe på Internett • sjekke e-post • spille fotball • spille golf • spille tennis • spille amerikansk fotball • spille piano • spille gitar • synge

1. Hva skal du gjøre i dag (*today*)?   Jeg skal _____, _____ og _____ i dag.
2. Hva vil du gjøre i kveld (*tonight*)?   Jeg vil _____, _____ og _____ i kveld.
3. Hva må du gjøre i morgen (*tomorrow*)?   Jeg må _____, _____ og _____ i morgen.
4. Hva kan du gjøre?   Jeg kan _____, _____ og _____.
5. Hva bør du gjøre?   Jeg bør _____, _____ og _____.

Modalverb og plassering av ikke

[MODAL VERBS AND PLACEMENT OF IKKE]

In Chapter 2, you learned that the negative adverb **ikke** (*not*) normally comes directly after the verb in the sentence. When there are two parts to the verb, then the negative adverbs come between the two parts (modal verb + ikke + infinitive).

One main verb + ikke	Modal verb + ikke + infinitive
Jeg <u>snakker</u> **ikke** norsk. *I don't speak Norwegian.*	Jeg <u>skal</u> **ikke** <u>spille</u> tennis. *I'm not going to play tennis.*
Jeg <u>kommer</u> **ikke** fra Norge. *I don't come from Norway.*	Jeg <u>vil</u> **ikke** <u>gå</u> på kino. *I don't want to go to the movies.*

øving i.
PLASSERING AV "IKKE"

Make the sentences below negative. Underline the modal verb and the infinitive, and draw an arrow where "ikke" should be placed.

1. Jon skal studere i kveld.

2. Jon skal jobbe i morgen.

3. Espen vil gå på restaurant.

4. Espen vil spille fotball.

5. Marit må synge i kveld.

6. Marit må slappe av nå.

7. Ellen kan spille gitar.

8. Ellen kan stå på slalåm.

9. Jostein bør drikke mer.

10. Jostein bør gå på konsert i kveld.

øving j.
PLASSERING AV "IKKE"

Make a list of the activities you are not going to do, don't want to do, must not do, can't do, and ought not to do.

1. Jeg skal ikke _____ i dag.

2. Jeg vil ikke _____ i kveld.

3. Jeg må ikke _____ i morgen.

4. Jeg kan ikke _____.

5. Jeg bør ikke _____.

Modalverb og bevegelsesverb

[MODAL VERBS AND VERBS OF MOTION]

When a modal verb is followed by an infinitive indicating motion, most commonly **dra** or **gå**, it is common to leave out the infinitive. It isn't wrong if you use the infinitive, but it sounds more idiomatic if you omit it. See the examples below.

ex.) Hvor skal du (dra)?   Jeg skal (dra) hjem.
Where are you going?   *I'm going to go home.*

Språktips takk for i dag! As you learned in Ch. 1, Norwegians have many different expressions for saying thank you. In a class setting, it is common for an instructor to say **Takk for i dag** at the end of the class hour and for students to respond with **Takk, i like måte** or **Takk, likeså.**

Takk for i dag! *Thanks for today!* **Takk, i like måte.** (or) **Takk, likeså.** *Thanks, likewise.* ■

 øving k.
INSTRUKS
Listen to a teacher give instructions for in-class exercises and their page numbers. Fill in the exercise letter and the page number.

1.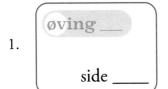
øving ____
side ____

2.
øving ____
side ____

3.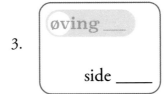
øving ____
side ____

4.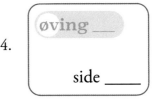
øving ____
side ____

øving l.
INSTRUKS
Listen to the two audio clips that include typical statements and questions used by students and teachers.

Hva sier studenten? Match the student's statements and questions with the sentences on the right.

1. _____   A. The teacher is speaking too fast.
2. _____   B. The student asks for clarification as to what to do.
3. _____   C. The student asks the teacher to speak louder.
4. _____   D. The student needs assistance.
5. _____   E. The student needs help with pronunciation.

Hva sier læreren? Match the teacher's statements and questions with the sentences on the right.

1. _____   A. The students are to work in groups of two.
2. _____   B. The students should repeat after the teacher.
3. _____   C. The teacher asks if the student understands or if he needs help.
4. _____   D. The teacher says the students did a good job.
5. _____   E. The teacher is not impressed with the students' work and tells them to do it again.

øving m.
PARARBEID

Choose one of the pictures below and write a dialog about what could be said in this situation.

_____
_____
_____
_____
_____
_____
_____
_____
_____
_____
_____
_____
_____
_____
_____
_____

i Innblikk eksamen

At the university level in Norway, it is common to have one large written exam and sometimes an oral exam at the end of the semester instead of several smaller exams throughout the semester. Often one's grade for a class is determined solely by the grade of this final exam.

Another difference with final exams in Norway is that the professsor of the course is not allowed to grade exams from students they have taught and student names are not on the exams. In this way, it is believed that students will be graded without any bias.

What are the pros and cons of this type of assessment? ■

i fokus: Skogfjorden

øving n.
SKOGFJORDEN

Read the description of the Norwegian summer camp, Skogfjorden, and match the questions below with the appropriate picture and caption.

___ Hva heter lederen?

___ Hvor gamle er deltakerne?

___ Kan man svømme der?

___ Hvor spiser deltakerne?

___ Hva heter aktivitetsbygningen?

___ Hva er Skogfjorden?

___ Hvor bor deltakerne?

___ Hvor ligger Skogfjorden?

___ Er det ei stavkirke der?

1. Skogfjorden er en norsk sommerleir som arrangeres av Concordia Language Villages.

2. Sommerleiren ligger i Bemidji, Minnesota, 4–5 timer nord for tvillingbyene, Minneapolis og St. Paul.

3. Det kommer over 500 deltakere i alderen 7 til 18 år for å lære norsk og oppleve norsk kultur på Skogfjorden.

4. Tove Dahl har vært lederen på Skogfjorden i over 20 år, og det er ca. 60 andre fra Norge og fra USA som jobber på Skogfjorden.

5. Skogfjorden ligger i en skog ved en fin innsjø. Det er god plass til sportsaktiviteter, og alle liker å bade i innsjøen.

6. Deltakerne bor i ni hytter som er oppkalt etter norske byer som Oslo, Bergen, Kristiansand, Trondheim, Tromsø, Bodø osv.

7. Deltakerne spiser i en stor spisesal som heter Gimle. De spiser norsk mat og lærer hva maten heter.

8. Deltakerne driver med sport og deltar i andre aktiviteter i aktivitetsbygningen, som heter Utgard.

9. Det er også ei stavkirke, et stabbur, en låve og ei rorbu på Skogfjorden.

En typisk dag på Skogfjorden

 øving o.
DAGLIGE AKTIVITETER

Below is a list of the typical activities the participants do at Skogfjorden. Read the text below and then put the activities in the correct order.

___ evening program

___ morning exercise

___ language class

___ dinner / flag lowering

___ sing-along

___ culture hour

___ organized leisure activities

___ flag raising / national anthem

___ breakfast

1. Deltakerne blir vekket om morgenen av norsk radio, og så går de ut for å gjøre morgentrim.

2. Det er flaggheising om morgenen, og alle synger nasjonalsangen, «Ja, vi elsker».

3. Deltakerne spiser frokost sammen i Gimle, og maten blir alltid presentert på norsk.

4. Allsang kommer etter frokost. Lederne spiller gitar, og alle synger norske sanger. Det er morsomt å synge på norsk, og man lærer mye!

5. Det er kretser (kulturtime) etter allsang, og deltakerne reiser i tid og rom for å oppleve norsk kultur, samfunn og historie.

6. Deltakerne har strenggrupper (norsktime) to ganger om dagen. De lærer å snakke godt norsk.

7. Deltakerne har fritid og organiserte aktiviteter etter lunsj, for eksempel fotball, svømming, bordspill, strikking, rosemaling, treskjæring osv.

8. Deltakerne spiser en god norsk middag.

9. Dagen slutter med et kveldsprogram om norsk kultur, samfunn eller historie. Det inkluderer ofte musikk, sketsjer, dans og morsomme aktiviteter.

uttale: lange og korte vokaler

Both Norwegian and English have long and short vowels. However, long and short vowels in English have distinctly different sounds, such as the long "a" in "bay" and the short "a" in "bat." In Norwegian, long and short vowels have more similar sounds and are mostly distinguished by their length, as you will hear in the examples below. The examples also reveal the spelling convention that makes it easy to determine whether vowels are long or short in Norwegian.

Vowels	Long	Short
i	fine	finne
y	hyle	hylle
e	hete	hette
ø	bøte	bøtte
a	bake	bakke
æ	være	verre [værre]
å	måte	måtte
o	bod	bodd
u	rute	rutte

Språktips Vowels

English speakers have difficulty producing the long and short vowels in Norwegian correctly. Some learners find it helpful to think of the long vowels as extra long and the short vowels as being so short that there is more emphasis on the consonants that follow. In general, you will have to move your mouth much more to pronounce the Norwegian vowels correctly, both in quality and in length. ■

 øving p.
ORDPAR   Listen to the recording and practice saying the words below.

lang i	lang y	lang e	lang ø	lang a	lang æ
line	lyne	leve	løve	bare	bære
fire	fyre	sele	søle	vare	være
siv	syv	bred	brød	klar	klær

kort i	kort y	kort e	kort ø	kort a	kort æ
sikle	sykle	skjenn	skjønn	svarte	sverte
hitte	hytte	mette	møtte		
fille	fylle	rett	rødt		

lang o	lang å	lang u	lang y
hope	håpe	lus	lys
mote	måte	lune	lyne
skole	skåle	sur	syr

kort o	kort å	kort u	kort y
sukker [sokker]	sokker [såkker]	duppe	dyppe
lukker [lokker]	lokker [låkker]	hulle	hylle
bukser [bokser]	bokser [båkser]	full	fyll

REPETISJON: ORD OG UTTRYKK

4. I klasserommet	4. In the Classroom
Hvor mange studenter er det i klassen din? Det er _____ studenter i klassen min.	***How many students are there in your class?*** *There are _____ students in my class.*
Hva ser du i klasserommet ditt? Jeg ser _____ i klasserommet mitt. (en stol, en pult, et skrivebord, en datamaskin, en PC, en Mac, et lerret, ei/en tavle, ei/en klokke, et kart, et vindu)	***What do you see in your classroom?*** *I see _____ in my classroom.* *(a chair, a student desk, a desk, a computer,* *a PC, a Mac, a video screen, a chalkboard, a clock,* *a map, a window)*
Hva har du i ryggsekken din? Jeg har _____ i ryggsekken min. (et studentbevis, en penn, en blyant, en tusj, et ark papir, ei/en blokk, en ringperm, ei/en bok, ei/en tekstbok, ei/en ordbok, en mobil, et lesebrett, et nettbrett, en laptop, en bærbar PC)	***What do you have in your backpack?*** *I have _____ in my backpack.* *(a student ID, a pen, a pencil, a marker,* *a piece of paper, a notebook, a three-ring binder,* *a book, a textbook, a dictionary, a cell phone,* *a reader, a tablet, a laptop)*
Hvordan sier man «clock» på norsk? Man sier «klokke».	***How does one say "clock" in Norwegian?*** *One says "klokke."*
Hva betyr «tavle»? Det betyr «chalkboard».	***What does "tavle" mean?*** *It means "chalkboard."*
Hvordan staver man «vindu»? V - I - N - D - U.	***How does one spell "window"?*** *W - I - N - D - O - W.*
Hvordan uttaler man det?	***How does one pronounce that?***
Skjønner du? | Forstår du? Ja, jeg skjønner. | Ja, jeg forstår. Nei, jeg skjønner ikke. | Nei, jeg forstår ikke.	***Do you understand?*** *Yes, I understand.* *No, I don't understand.*
Kan du si det en gang til? **Kan du gjenta det?**	***Can you say that one more time?*** ***Can you repeat that?***
Kan du snakke litt langsommere?	***Can you speak a little slower?***
Kan du snakke litt høyere?	***Can you speak a little louder?***
Jeg har et spørsmål.	***I have a question.***
Hva skal vi gjøre nå? Vi skal gjøre øving D på side 52. Jeg vet ikke.	***What are we supposed to do now?*** *We are supposed to do exercise D on page 52.* *I don't know.*
Hva vil du gjøre i kveld? Jeg vil _____ i kveld. (slappe av, gå på kino, lese, se på TV)	***What do you want to do tonight?*** *I want to _____ tonight.* *(relax, go to the movies, read, watch TV)*
Takk for i dag! Takk, i like måte. | Takk, likeså.	***Thanks for today!*** *Thanks, likewise. | Thanks, likewise.*

Kap. 5: Fag og timeplaner

Humaniora

dans

filosofi

historie

idéhistorie

kunst

kunsthistorie

lingvistikk

litteratur

musikk

religion

teater

språk · · · · · · · · · ·

arabisk

engelsk

fransk

japansk

kinesisk

latin

norsk

russisk

spansk

tysk

Naturfag

astronomi

biologi

fysikk

geologi

kjemi

matematikk (matte)

miljøstudier

Samfunnsfag

antropologi

internasjonale studier

kjønnsstudier

kommunikasjon

psykologi

sosiologi

statsvitenskap

Profesjonsstudier

ingeniørfag

jus

medisin

odontologi

pedagogikk

sykepleie

Administrative fag

administrasjon

informatikk / informasjonsteknologi

kommunikasjon

ledelse

markedsføring

økonomi

revisjon

regnskapsføring

 øving a.
FAG

Discuss the subjects you are studying with another student.

ex.) Hva studerer du? Jeg studerer _____.

Hva studerer romkameraten din? Romkameraten min studerer _____.

Hvilke kurs tar du dette semesteret? Jeg tar _____, _____, _____ og _____.

Hvilke kurs tar romkameraten din? Romkameraten min tar _____.

Kursene mine

Audun og Ylva er studenter i USA.

Audun. Hva synes du om sosiologi?
Ylva. Jeg synes det er kjedelig.
Audun. Hvorfor det? Jeg liker sosiologi. Det er interessant.
Ylva. Jeg synes det er veldig lett. Jeg liker kjemi.
Audun. Uff, jeg hater kjemi! Det er vanskelig.
Ylva. Synes du det? Jeg synes det er morsomt.
Audun. Liker du å studere språk?
Ylva. Ja, jeg synes fransk er supert.
Audun. Fransk er greit nok, men jeg liker tysk.
Ylva. Jeg kan bare si 'eins, zwei, drei' på tysk…
Audun. Veldig bra!
Ylva. Takk, takk. Liker du administrasjon?
Audun. Nei, jeg synes det er kjedelig.
Ylva. Ja, jeg også. Vet du hva jeg liker best?
Audun. Nei. Hva liker du best?
Ylva. Lunsj! Blir du med i kantina?
Audun. Gjerne. Jeg elsker lunsj!

Språktips

meninger

If you want to give your opinion about something, such as a course you are taking or a movie you have seen, you will use the expression:

jeg synes   *I think*

ex.) Jeg synes norsk er interessant! ∎

Other common adjectives are:

Det er **supert**. *(super)*
Det er **morsomt/gøy**. *(fun)*
Det er **interessant**. *(interesting)*
Det er **lett**. *(easy)*
Det er **greit nok**. *(okay)*
Det er **kjedelig**. *(boring)*
Det er **vanskelig**. *(difficult)*
Det er **dumt**. *(dumb)*

Likes and dislikes can also be expressed with verbs:

Jeg **elsker** tysk! *(love)*
Jeg **er glad i** tysk! *(am fond of)*
Jeg **liker** tysk! *(like)*
Jeg **liker ikke** tysk! *(don't like)*
Jeg **kan ikke fordra** tysk! *(can't stand)*
Jeg **hater** tysk! *(hate)*

øving b.
MENINGER
Read the text above and fill out the chart about the students' opinions of their courses.

Kurs	Audun	Ylva
sosiologi	_____	_____
kjemi	_____	_____
fransk	_____	_____
tysk	_____	_____
administrasjon	_____	_____
lunsj	_____	_____

øving c.
MENINGER
Give your opinions about the subject areas listed below.

A. Hva synes du om sosiologi?
B. Jeg synes sosiologi er _____. (supert, morsomt, interessant, lett, ok, greit nok, kjedelig, vanskelig, dumt)

A. Liker du kjemi?
B. _____. (Ja, jeg elsker kjemi. | Ja, jeg er glad i kjemi. | Ja, jeg liker kjemi. Kjemi er ok. | Kjemi er greit nok. Nei, jeg liker ikke kjemi. | Nei, jeg kan ikke fordra kjemi. | Nei, jeg hater kjemi.)

1. kommunikasjon
2. norsk
3. sosiologi
4. tysk
5. psykologi
6. historie
7. statsvitenskap
8. regnskapsføring
9. kunst
10. musikk
11. gym
12. engelsk
13. pedagogikk
14. religion
15. administrasjon
16. sykepleie
17. biologi
18. fransk
19. matematikk
20. internasjonale studier

En typisk dag på universitetet

øving d.
STUDENTLIVET

Look at the pictures and read the captions about typical activities at an American or Canadian university. Underline the activities, circle the places where they occur, and make sure you understand them.

Angela bor på et studenthjem, og hun spiser frokost på hybelen.

Nick drar til universitetet. Han går eller sykler, men han kjører noen ganger.

Julie har norskforelesning i språkbygningen klokka ni.

Paul er på språklaben og hører på lydklipp på nettet fra klokka ti til elleve.

Nick har biologiforelesning i naturfagsbygningen klokka elleve.

Bridget spiser lunsj i kantina på universitetet klokka tolv.

Andrew sitter og prater med en venn i studentsenteret.

Michael går i bokhandelen eller på postkontoret.

Erika har biologilab fra klokka ett til tre på tirsdag og torsdag.

Mary jobber i kantina fra klokka ett til tre på mandag og onsdag.

Nicole har korøvelse fra klokka tre til fire på tirsdag og torsdag.

Ashley trener i idrettsbygningen fra klokka fire til seks.

Sarah spiser middag sammen med vennene sine i kantina etterpå.

Kristine studerer og gjør oppgaver på biblioteket.

Erik sjekker e-post på datarommet.

Aaron og Steve går på kafé eller pub med vennene sine.

øving e.
PÅ UNIVERSITETET

Discuss your activities at school by doing the matching exercise below. Draw a line from the activity to the place.

Aktiviteter

1. Jeg bor...
2. Jeg spiser frokost...
3. Jeg har time...
4. Jeg har forelesning...
5. Jeg har lab...
6. Jeg hører på musikk...
7. Jeg melder vennene mine...
8. Jeg har korøvelse (korps, orkester)...
9. Jeg trener...
10. Jeg jobber...
11. Jeg tar en kopp kaffe...
12. Jeg kjøper bøker...
13. Jeg sender brev...
14. Jeg spiser middag...
15. Jeg leser / studerer...
16. Jeg sjekker e-post...
17. Jeg slapper av...
18. Jeg er sammen med vennene mine...
19. Jeg spiser lunsj...

Steder

a) i studentsenteret
b) i bokhandelen
c) i kantina
d) i språkbygningen
e) i musikkbygningen
f) i teaterbygningen
g) i naturfagsbygningen
h) i administrasjonsbygningen
i) i idrettsbygningen

} i

j) på datarommet
k) på biblioteket
l) på språklaben
m) på hybelen min
n) på studenthjemmet
o) på postkontoret
p) på kaféen
q) på fotballbanen / på tennisbanen / på baseballbanen
r) på mobilen / på nettet

} på

Hvordan går det?

Knut og Liv snakker sammen etter forelesningen.

Liv. Hvordan går det med studiene?

Knut. Det går greit. Jeg liker fagene mine, men ikke timeplanen min. Jeg har forelesninger hver dag fra ni til elleve og to til fire.

Liv. Ja, det er mye. Hva studerer du?

Knut. Jeg studerer norsk språk og litteratur. Og du?

Liv. Jeg studerer norsk og engelsk litteratur.

Knut. Hvordan liker du læreren vår?

Liv. Jeg liker ham godt. Gjør du?

Knut. Nei, jeg liker ham ikke. Jeg synes han er kjedelig. Hvordan trives du her ellers?

Liv. Jeg trives godt. Jeg har mange venner, og jeg spiller basket på et idrettslag. Jeg liker også hybelen min veldig godt. Hva med deg?

Knut. Jo, jeg trives også godt. Jeg spiller gitar i et band, og det er kjempegøy. Jeg trenger kanskje en jobb, men ellers kan jeg ikke klage.

Liv. Jeg jobber i en matbutikk, og det er en stilling ledig der.

Knut. Å? Hvor er det?

Liv. I sentrum. Jeg skal dit nå. Vil du bli med?

Knut. Ja, gjerne!

Klokka [THE CLOCK]

Instead of using an expression for A.M. and P.M., Norwegians have a 24-hour system of telling time for official announcements in written publications, including schedules, advertisements, and invitations. This form is rarely used conversationally, but you will hear it in the media and at airports and train stations. These times are read just as they look.

ex.) klokka 21.45 (tjueen førtifem)   klokka 16.15 (seksten femten)

In everyday conversation, however, people use the 12-hour system of telling time and depend on the context to determine whether the time is A.M. or P.M. The Norwegian system of telling time differs significantly from the American or Canadian system, so you will learn part of it now and the rest in Chapter 11.

klokka ti   klokka fem over ti   klokka ti over ti   klokka kvart over ti

klokka halv elleve   klokka kvart på elleve   klokka ti på elleve   klokka fem på elleve

The trick to telling the time is to remember the words or phrases that are associated with each **quadrant**:

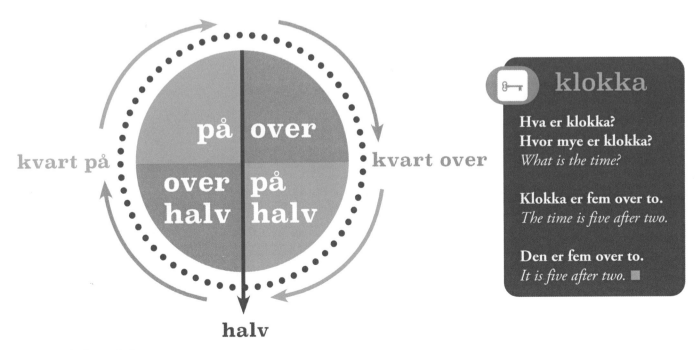

kvart på

på   over

over halv   på halv

kvart over

halv

klokka

Hva er klokka?
Hvor mye er klokka?
What is the time?

Klokka er fem over to.
The time is five after two.

Den er fem over to.
It is five after two. ■

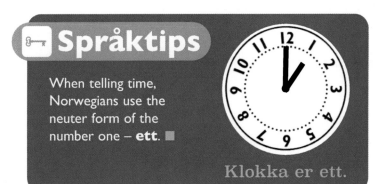

Språktips

When telling time, Norwegians use the neuter form of the number one – **ett**. ∎

Klokka er ett.

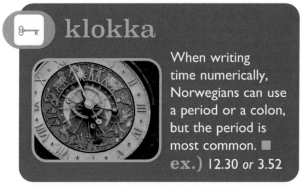

klokka

When writing time numerically, Norwegians can use a period or a colon, but the period is most common. ∎

ex.) 12.30 *or* 3.52

øving f.
HVA ER KLOKKA?

Take turns asking for the time. Use the clocks pictured below.

ex.) Hva er klokka?   Klokka (Den) er _____.

øving g.
TIMEPLAN

Ask and answer questions about the schedules of the people below using the correct times in Norwegian.

ex.) Når spiser Erik frokost?   Erik spiser frokost klokka åtte.
Når har Erik norskforelesning?   Erik har norskforelesning klokka kvart på ni.

Erik	
frokost	(kl. 8.00)
norsktime	(kl. 8.45)
jobb på biblioteket	(fra kl. 10.30 til 13.00)
lunsj	(kl. 13)
historieforelesning	(kl. 14.15)
fotballtrening	(fra kl. 15.30 til 17.30)
middag	(kl. 18)

Julie	
frokost	(kl. 7.30)
jobb i kantina	(fra kl. 8.15 til 9.30)
norskforelesning	(kl. 9.45)
biologiforelesning	(kl. 11.15)
lunsj	(kl. 12.30)
korøvelse	(fra kl. 15.15 til 16.30)
middag	(kl. 17)

Ordstilling: *Inversjon* [WORD ORDER: INVERSION]

Until this point, we have used basic word order when creating sentences. In these sentences, the subject is in the first position, the verb in the second, and any other elements at the end.

> **ex.)** Jeg spiller fotball om sommeren. *I play soccer in the summer.*

However, another common pattern in Norwegian is to start sentences with adverbials of time or place. In these sentences, the subject and the verb switch places. The adverbial is in first position, the verb in second position, the subject in third, and then any other sentence elements.

> **ex.)** Om sommeren spiller jeg fotball. *In the summer, I play soccer.*

With inverted word order, the sentence will be in this order:
1. **an element of time or place** (an adverb or adverbial phrase): *om sommeren*
2. **verb**: *spiller*
3. **subject**: *jeg*
4. **other elements** (objects, prepositions, additional verbs, etc.): *fotball*

Some people find it helpful to remember that the verb stays in its normal second position in sentences with inverted word order. It is actually the subject that moves after the verb instead of preceding it.

Inversjon etter tidsadverbial
[INVERSION AFTER ADVERBIALS OF TIME]

Normal Word Order (Subject + Verb + …)	Inverted Word Order (Adverbial of time + verb + subject + …)
<u>Jeg bader</u> ofte **om sommeren**. *I swim often in the summer.*	**Om sommeren** <u>bader jeg</u> ofte. *In the summer, I swim often.*
<u>Jeg slapper</u> av **i helgene**. *I relax during the weekends.*	**I helgene** <u>slapper jeg</u> av. *During the weekends, I relax.*
<u>Jeg skal</u> spille tennis **i dag**. *I am going to play tennis today.*	**I dag** <u>skal jeg</u> spille tennis. *Today, I am going to play tennis.*
<u>Jeg vil</u> gå på kino **nå**. *I want to go the movies now.*	**Nå** <u>vil jeg</u> gå på kino. *Now, I want to go to the movies.*

 **øving h.** AKTIVITETER — Describe the activities the students do during the day, week, or year. Put the adverbial of time at the beginning of the sentence and invert the subject and verb.

ex.) Jeg har norskforelesning klokka halv to. Klokka halv to har jeg norskforelesning.

1. Anita spiser frokost <u>klokka åtte</u>.
2. Hun har norskforelesning <u>etter frokost</u>.
3. Hun jobber <u>fra klokka ti til tolv</u>.
4. Hun trener <u>på tirsdag og torsdag</u>.
5. Hun slapper av <u>etter middag</u>.
6. Tom trener <u>hver dag</u>.
7. Han jogger <u>om morgenen</u>.
8. Han spiller fotball <u>om sommeren</u>.
9. Han går på ski <u>om vinteren</u>.
10. Han går på tur <u>i helgene</u>.

øving i.
AKTIVITETER

In these sentences, there are two parts to the verb (modal verb + infinitive). Only the first part of the verb comes before the subject.

ex.) Jeg skal spille tennis **i dag**.　　I dag **skal jeg** spille tennis.

1. Monika skal gjøre mange ting i dag.

2. Hun må jobbe fra klokka åtte til tolv.

3. Hun må lese om ettermiddagen.

4. Hun skal gå på konsert i kveld.

5. Hun vil slappe av i morgen.

6. Hun kan ikke gjøre det nå.

Inversjon etter stedsadverbial
[INVERSION AFTER ADVERBIALS OF PLACE]

Normal Word Order (Subject + Verb + ...)	Inverted Word Order (Adverbial of place + verb + subject + ...)
Jeg spiser mye brød **i Norge**. *I eat a lot of bread in Norway.*	**I Norge** spiser jeg mye brød. *In Norway, I eat a lot of bread.*
Det er mange biler **i USA**. *There are many cars in the USA.*	**I USA** er det mange biler. *In the USA, there are many cars.*
Jeg skal besøke familien min **i Oslo**. *I am going to visit my family in Oslo.*	**I Oslo** skal jeg besøke familien min. *In Oslo, I am going to visit my family.*
Jeg vil ikke snakke engelsk **i norsktimen**. *I don't want to speak English in class.*	**I norsktimen** vil jeg ikke snakke engelsk. *In class, I don't want to speak English.*

øving j.
AKTIVITETER

Complete the sentences below with activities that you do in the various places. Invert the subject and the verb after the adverbial of place.

ex.) På biblioteket **leser jeg.**

1. På studenthjemmet _____.

2. På språklaben _____.

3. I kantina _____.

4. I språkbygningen _____.

5. I idrettsbygningen _____.

6. I bokhandelen _____.

øving k.
SKRIVING

Rewrite these paragraphs and improve the writing style by starting some sentences with adverbials and connecting others with **og** or **men**.

Mathias er 23 år gammel. Han bor i Trondheim nå. Han studerer arkitektur ved NTNU. Han har forelesninger hver dag fra klokka ni til halv to. Han jobber i en matbutikk fra klokka tre til ni på mandag og onsdag. Han går ut med venner i helgene.

Helene er 20 år gammel. Hun studerer musikk og spansk ved Universitetet i Bergen. Hun har pianotime i dag fra klokka kvart over ni til kvart på elleve. Hun har spanskforelesning fra klokka tolv til ti på tre. Hun jobber på en kafé i helgene. Hun er ofte sammen med venner om kvelden.

 **øving l.**
TIMEPLAN

You and a friend want to find a time to study together three days a week. First, fill out the schedule below with your regular activities (classes, work, other activities). Then, interview one another about your schedules by using the questions on the next page as you talk. Identify three one-hour periods when you can study together.

Timeplanen min *(fill out your schedule here):*

tid	mandag	tirsdag	onsdag	torsdag	fredag
8.00					
9.00					
10.00					
11.00					
12.00					
13.00					
14.00					
15.00					
16.00					
17.00					
18.00					
19.00					
20.00					
21.00					

øving m.
STUDIENE

Once you have found a time to study, discuss your life at school, including your studies, work, leisure activities, and your university.

1. Hvordan går det med studiene? _____

2. Hvilke kurs liker du? _____

3. Hvilke liker du ikke? _____

4. Hva gjør du i fritida? _____

5. Hvordan trives du ved universitetet? _____

Har du jobb?   **Trener du? Når har du trening?**   Er du med i en forening eller klubb?

Når jobber du?   Når har du time / forelesning / lab?

Er du med i kor / korps / orkester?   Når har du øvelse?   Når har du møte?

Timeplanen til en annen student *(fill in your partner's schedule here)*:

tid	mandag	tirsdag	onsdag	torsdag	fredag
8.00					
9.00					
10.00					
11.00					
12.00					
13.00					
14.00					
15.00					
16.00					
17.00					
18.00					
19.00					
20.00					
21.00					

øving m.
STUDIENE

Once you have found a time to study, discuss your life at school, including your studies, work, leisure activities, and your university.

1. Hvordan går det med studiene? _____

2. Hvilke kurs liker du? _____

3. Hvilke liker du ikke? _____

4. Hva gjør du i fritida? _____

5. Hvordan trives du ved universitetet? _____

i fokus: det norske skolesystemet

øving n.
SKOLESYSTEMET

Discuss the collage about the Norwegian school system. What are some of the differences and similarities between the Norwegian school system and your own?

Grunnskole *1.–10. klasse*
- Grunnskolen er obligatorisk for alle barn i Norge.

Barneskole *1.–7. klasse*
- Elevene begynner på barneskole når de er 6 år.
- Elevene får ikke karakterer.
- Elevene begynner å lære engelsk i 1. eller 2. klasse.

Ungdomsskole *8.–10. klasse*
- Elevene begynner på ungdomsskole når de er 13 år.
- Elevene får karakterer i obligatoriske fag til jul og ved slutten av skoleåret.

Fagene i grunnskole:
- engelsk, fremmedspråk, KRLE (kristendom, religion, livssyn og etikk), kroppsøving, matematikk, kunst og håndverk, mat og helse, musikk, naturfag, norsk, samfunnsfag

Videregående skole *1.–3. klasse*
- Videregående skole er ikke obligatorisk.
- Elevene begynner på videregående skole når de er 16 år.
- Videregående opplæring består av 15 forskjellige utdanningsprogram: 5 studieforberedende og 10 yrkesfaglige.
- Elevene i 3. klasse kalles «russ», og det er mange russeaktiveter for å feire slutten på videregående skole i mai hvert år.

Studieforberedende utdanningsprogram
Studieforberedende opplæring kvalifiserer elevene til høyere utdanning. De går på skole i tre år og fokuserer på teoretiske fag. De kan velge mellom 5 utdanningsprogram:

1) Idrettsfag
2) Kunst, design og arkitektur
3) Medier og kommunikasjon
4) Musikk, dans og drama
5) Studiespesialisering

Source: Utdanning.no

Yrkesfaglige utdanningsprogram
Yrkesfaglig opplæring kvalifiserer elevene til arbeidsliv. De går på skole i to år og i lære i arbeidslivet i to år. De kan velge mellom 10 utdanningsprogram:

1) Bygg- og anleggsteknikk
2) Elektro og datateknologi
3) Frisør, blomster, interiør og eksponeringsdesign
4) Helse- og oppvekstfag
5) Håndverk, design og produktutvikling
6) Informasjonsteknologi og medieproduksjon
7) Naturbruk
8) Restaurant- og matfag
9) Salg, service og reiseliv
10) Teknologi- og industrifag

Høyere utdanning i Norge

øving o.
UNIVERSITETER

Below is a map with the ten universities in Norway. In recent years, many institutions of higher education have merged, forming larger entities that have several campuses. Listen to the audio clip and fill in the missing information for each university.

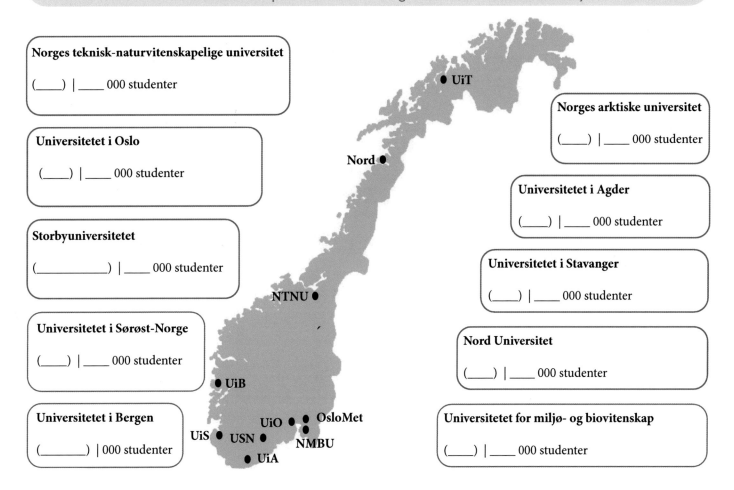

Norges teknisk-naturvitenskapelige universitet

(____) | ____ 000 studenter

Universitetet i Oslo

(____) | ____ 000 studenter

Storbyuniversitetet

(_____) | ____ 000 studenter

Universitetet i Sørøst-Norge

(____) | ____ 000 studenter

Universitetet i Bergen

(_____) | 000 studenter

Norges arktiske universitet

(____) | ____ 000 studenter

Universitetet i Agder

(____) | ____ 000 studenter

Universitetet i Stavanger

(____) | ____ 000 studenter

Nord Universitet

(____) | ____ 000 studenter

Universitetet for miljø- og biovitenskap

(____) | ____ 000 studenter

Fakta

Studenter
Det finnes over 300 000 studenter i Norge, 40 prosent menn og 60 prosent kvinner.

Universiteter og høyskoler
I Norge finnes det:
- 10 universiteter
- 9 vitenskapelige høyskoler
- 13 høyskoler

Studier
Det finnes følgende studier:
- 3-årig Bachelor
- 2-årig Master
- 3-årig Ph.d.
- Profesjonsstudier

Source: forskningsradet.no

Skolepenger og semesteravgift
Det er ikke skolepenger (tuition) på de statlige institusjonene, så studentene betaler bare en semesteravgift på 500-900 kroner per semester.

Lån og stipend
Norske studenter får lån og stipend fra staten så de kan betale for mat, bolig og andre utgifter (food, housing, and other expenses). Derfor trenger de ikke så mye økonomisk hjelp fra familien.

Internasjonale studenter
Det er over 24 000 internasjonale studenter i Norge, og mange kurs undervises på engelsk.

Studier i utlandet
Hvert år studerer ca. 22 000 norske studenter i utlandet.

uttale: norske diftonger

A **diphthong** is a sound that is produced by saying one vowel and gradually changing to another vowel. In Norwegian, there are four diphthongs. Notice that the first two diphthongs are not pronounced exactly as they are spelled.

Diphthongs	Examples
ei [æi]	hei [hæi]— nei [næi]— jeg [jæi]— meg [mæi] — regn [ræin]
au [æu]	au [æu]— sau [sæu]— tau [tæu] — Europa [æuropa]
øy	**øy** — g**øy** — h**øy** — fl**øy** — Bygd**øy**
ai	h**ai** — k**ai** — m**ai** — p**ai** — v**ai**er

øving p.
SANG   Complete the exercises below.

Pre-reading / listening:

Read or listen to the lyrics of the three songs below. You can find each of these on the *Sett i gang* web portal.

"Hun er forelska i lærer'n": A song made popular by the group "The Kids" which topped the charts in 1980 and a song that most Norwegians know by heart to this day.

"Skolesang": A very catchy song by the young Christian singer, Lisa Børud from 2003.

"Salamis Elefant": A song that teaches diphthongs to Norwegian children created for the educational website, Salaby.no.

During reading / listening:

1) After listening or reading through the lyrics one time, examine the songs in more detail. Which diphthongs do you hear / read? Write the words down that have a diphthong.

Song	ei	au	øy	ai
"Hun er forelska i lærer'n"				
"Skolesang"				
"Salamis Elefant"				

2) When examining the text of **"Hun er forelska i lærer'n,"** you will notice several words have an apostrophe at the beginning, in the middle or at the end. Why do you think this is the case? You already know the meaning of the two words below. Can you recognize the meaning of the shortened versions?

lærer'en _____   'kke _____ no' = noe (any, some)

3) When you look at the first verse of **"Salamis elefant,"** you will not see a shortened word, but when they sing it, you might hear it. Listen carefully. What two words are contracted or combined?

4) There are many examples of long and short vowels in each of these songs. Pick one of the songs and find 5 examples with long vowels and 5 with short vowels. Practice pronouncing the words making sure you differentiate between the long and the short vowel sounds. Refer back to page 60 if you need a review.

Post-reading / listening:

Because the group "The Kids" was so popular in Norway in the 1980s, they have recently made a comeback. Check out their more recent concerts on the web portal.

REPETISJON: ORD OG UTTRYKK

5. Fag og timeplaner	5. Subjects and Schedules

Hvor studerer du?
Jeg studerer ved _____.

Where are you studying?
I am studying at _____.

Hva studerer du?
Jeg studerer _____.
(biologi, kjemi, fysikk, matematikk, engelsk, tysk, fransk, spansk, norsk, historie, religion, filosofi, kunst, musikk, teater, psykologi, sosiologi, statsvitenskap, pedagogikk, kjønnsstudier, miljøstudier, internasjonale studier, administrasjon, ledelse, regnskapsføring, økonomi, markedsføring, informatikk, medisin, sykepleie, jus, ingeniørfag)

What are you studying?
I am studying _____.
(biology, chemistry, physics, mathematics, English, German, French, Spanish, Norwegian, history, religion, philosophy, art, music, theater, psychology, sociology, political science, pedagogy, gender studies, environmental studies, international studies, business, management, accounting, economics, marketing, computer science, medicine, nursing, law, engineering)

Når har du time / forelesning?
Jeg har time / forelesning _____.
(klokka ni, klokka kvart over ni, klokka halv ti, klokka kvart på ti, klokka ti)

When do you have class / lecture?
I have class / lecture at _____.
(nine o'clock, a quarter after nine, nine thirty, a quarter to ten, ten o'clock)

Hva er klokka? | Hvor mye er klokka?
Klokka er _____.

What time is it?
It is _____.

Hvem er norsklæreren din?
Norsklæreren min er _____.

Who is your Norwegian teacher?
My Norwegian teacher is _____.

Hvor har du time / forelesning?
Jeg har time / forelesning i _____.
(språkbygningen, musikkbygningen, idrettsbygningen, naturfagsbygningen)

Where do you have class / lecture?
I have class / lecture in _____.
(the language building, the music building, the athletic building, the science building)

Hvor bor du?
Jeg bor _____.
(på hybel, på studenthjem, i en leilighet, i et hus)

Where do you live?
I live _____.
(in a room, a dorm, an apartment, in a house)

Hvor studerer du?
Jeg studerer _____.
(på biblioteket, på hybelen min, på språklaben, på datarommet)

Where do you study?
I study _____.
(at the library, in my room, in the language lab, in the computer lab)

Hvor kjøper du bøker?
Jeg kjøper bøker i bokhandelen.

Where do you buy books?
I buy books in the bookstore.

Hvor spiser du?
Jeg spiser _____.
(på hybelen min, på restaurant, i kantina)

Where do you eat?
I eat _____.
(in my room, in a restaurant, in the cafeteria)

Hva heter skolene i Norge?
De heter barneskole, ungdomsskole, videregående skole, høyskole og universitet.

What are the schools named in Norway?
They are named elementary school, junior high, high school, college, and university.

Kap. 6: Å lære norsk

Hvorfor lærer du norsk?

Jeg heter Myron og er 84 år gammel. Jeg er pensjonist og bor i Wisconsin. Nå tar jeg et kveldskurs i norsk, men jeg lærer også norsk på egen hånd. Jeg lærer norsk fordi jeg er interessert i norsk kultur og fordi jeg har familie i Norge.

 **øving a.**
HVORFOR NORSK? Why are you studying Norwegian? Fill out the checklist below. Then talk to at least 2–3 other people in your class and find out why they are learning Norwegian.

Hvorfor lærer du norsk?

Jeg tar norsk fordi... / Jeg lærer norsk fordi...

Kultur/ fritidsaktiviteter

- ❏ Jeg er interessert i norsk kultur.
- ❏ Jeg vil lese norsk litteratur på norsk.
- ❏ Jeg er interessert i nordisk mytologi.
- ❏ Jeg skal reise på ferie til Norge.
- ❏ Jeg liker norsk musikk.

Slekt og venner

- ❏ Jeg har slekt (familie) i Norge.
- ❏ Jeg har en venn eller kjæreste som er norsk.
- ❏ Foreldrene mine vil at jeg skal lære norsk.
- ❏ Andre i familien min kan snakke norsk.

Studier og jobb

- ❏ Jeg er interessert i språk.
- ❏ Jeg skal reise til Norge for å studere.
- ❏ Jeg skal reise til Norge for å jobbe.
- ❏ Jeg må oppfylle språkkravet på universitetet.
- ❏ Jeg tror at norsk er lettere enn andre språk.
- ❏ Jeg har en grei (god, fantastisk) lærer.

🔑 Språktips

ord og uttrykk:

Nybegynner
Jeg er nybegynner i norsk.

Mellomnivå
Jeg er på mellomnivå i norsk.

Avansert
Jeg er på avansert nivå i norsk. ■

øving b.
AMERIKANSKE STUDENTER

Do the exercises as you watch the videos of North American students. The videos are located in the Ch. 6 Web Resources in the web portal..

Pre-listening

You are going to hear several American students describe themselves, their studies, and their reasons for taking Norwegian. What do you think they will discuss?

During listening

Fill out the chart as you watch each video (**nivå** = *level* / **hvorfor norsk** = *why Norwegian*).

Navn	Alder	Studier	Nivå	Hvorfor norsk?
BROOKE				
KNUT				
JEFF				
KRISTINA				
KARI				
STEVE				
AARON				
CAITLIN				
ANNA				
JASON				

Post-listening

What do you notice about the language that each student uses? Was it easy to tell which students have had many years of Norwegian instruction, or did some of the beginning students have good pronunciation? Which sounds identify the speaker as a non-native Norwegian?

øving c.
STRATEGIER

Below is a collage of activities students do in order to learn foreign languages.
Work with a partner and figure out the meanings of the various activities.
Put a check by the activities that you understand.

Hva gjør du for å lære et nytt språk?

går på norskforelesning   leser i tekstboka

leser mye   øver på språklaben

gjør oppgaver   deltar i samtalegruppa   leser bøker

skriver oppgaver   bruker ordboka

pugger gloser

snakker med andre studenter   med spørrekort

øver norsk   snakker med nordmenn

ser på norske filmer   skriver brev og e-post på norsk

hører på norsk radio

hører på lydklipp på nettet   ser på norsk TV

ser på videoer på nettet

øving d.
STRATEGIER

Learn about how and why other students are learning Norwegian by asking yes/no
questions based on the cues provided below. Ask one question of each person and
then move on. You can make an **X** in the box if the person answers positively and
uses correct grammar.

ex.) Studerer du på biblioteket?   Ja, jeg studerer på biblioteket. / Nei, jeg studerer ikke på biblioteket.

studerer norsk ved universitetet	tar et kveldskurs i norsk	går på sommerskole	lærer norsk på egen hånd
er interessert i norsk kultur	har familie i Norge	vil studere i Norge	har en norsk kjæreste
vil lese norsk litteratur	vil oppfylle språkkravet	liker norsk	har norske venner
studerer mye	leser norske aviser på nettet	snakker med nordmenn	skriver e-post på norsk
lytter til norske podkaster	går på norskforelesning	gjør oppgaver	pugger gloser
studerer på språklaben	ser på norsk TV på nettet	deltar i samtalegruppa	ser norske filmer

På sommerskolen i Oslo

Mikhail og Rika snakker sammen på språklaben.

Mikhail. Hei! Jeg heter Mikhail. Hva heter du?

Rika. Jeg heter Rika. Hvor kommer du fra?

Mikhail. Jeg kommer fra Russland. Og du?

Rika. Jeg kommer fra Japan. Hva er morsmålet ditt?

Mikhail. Morsmålet mitt er russisk, men jeg snakker også flytende fransk. Hvilke språk snakker du?

Rika. Jeg snakker japansk og engelsk. Kan du engelsk?

Mikhail. Ja, litt. I love you!

Rika. Hahaha! Very good! Hvor mye norsk kan du?

Mikhail. Jeg er på mellomnivå i norsk.

Rika. Jeg også.

Mikhail. Hvorfor lærer du norsk?

Rika. Jeg lærer norsk fordi jeg vil studere i Norge, og jeg må oppfylle språkkravet fra universitetet. Hva med deg?

Mikhail. Jeg er interessert i norsk litteratur, og jeg liker å lære nye språk.

Rika. Hva gjør du for å lære norsk?

Mikhail. Jeg leser bøker, ser på norsk TV på nettet og snakker med nordmenn og andre studenter. Hva gjør du?

Rika. Jeg pugger gloser, leser aviser og bruker språklaben.

Mikhail. Hva er lett og vanskelig for deg på norsk?

Rika. Det er lett å skrive, men vanskelig å uttale norsk riktig.

Mikhail. For meg er det lett å lese bøker, men vanskelig å forstå nordmenn. Spesielt dialektene er vanskelige!

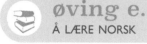
øving e.
Å LÆRE NORSK

Use the information from the dialog above to fill in the missing information in the summary below.

Mikhail er fra _____ og snakker _____ , _____ og litt engelsk.

Rika kommer fra Japan og snakker _____ og _____. Begge er på

_____ i norsk. Rika lærer norsk fordi hun _____ og fordi

hun må oppfylle språkkravet ved universitetet. Mikhail studerer norsk fordi han er _____

_____ og fordi han liker å lære språk. Mikhail _____ , _____

_____ og snakker med nordmenn og andre studenter for å lære

norsk. Rika _____ , _____ og bruker

språklaben for å lære norsk. Rika synes det er vanskelig å _____, men Mikhail synes

det er vanskelig å _____. Det er lett for Rika å _____, og det er

lett for Mikhail å _____.

Verb: Infinitiv [VERBS: INFINITIVE]

In Ch. 4, you learned that the infinitive form of the verb can be used following one of the modal verbs: skal, vil, kan, må, bør. In this section, you will learn that the infinitive can also be used after the infinitive marker **å** *(to)*. The infinitive marker and infinitive can be used after a present tense verb, after a set phrase, and after a predicate adjective. See examples below.

Use of infinitive marker and infinitive after present tense verbs

Subject	Present tense verb	Infinitive marker + inf.	Other elements
Jeg *I*	liker *like*	å snakke *to speak*	norsk. *Norwegian.*
Jeg *I*	pleier *usually*	å lese *read*	aviser på nettet. *newspapers online.*
Jeg *I*	prøver *am trying*	å forstå *to understand*	dialektene. *the dialects.*
Jeg *I*	lærer *am learning*	å skrive *to write*	på norsk. *in Norwegian.*

øving f.
Å LÆRE NORSK

Complete the sentences below by describing some of the activities you do in order to learn Norwegian. Use as many of the verbs in the box below as possible.

ex.) Jeg liker å lese norske aviser.
I like to read Norwegian papers.

1. Jeg liker å _____.
2. Jeg prøver å _____.
3. Jeg pleier å _____.
4. Jeg lærer å _____.

lære norsk • gå på norskforelesning • studere norsk
studere på språklaben • gjøre oppgaver • pugge gloser
lese • lese bøker • lese norske aviser på nettet
synge på norsk • snakke norsk • snakke med læreren
snakke med nordmenn • snakke med andre studenter
se på norsk TV på nettet • høre på norsk radio på nettet
pugge gloser med spørrekort • øve norsk

Use of infinitive marker and infinitive after set phrases

Subject	Set phrases	Inf. marker + inf.	Other elements
Jeg *I*	har lyst til *want*	å dra *to go*	hjem. *home.*
Jeg *I*	er interessert i *am interested in*	å studere *studying*	kjemi. *chemistry.*
Jeg *I*	er flink til *am good at*	å lage *making*	mat. *food.*

 **øving g.**
INTERESSER

Answer the questions about your interests.

1. Hva har du lyst til å gjøre?   Jeg har lyst til å _____.
2. Hva er du interessert i?   Jeg er interessert i å _____.
3. Hva er du flink til å gjøre?   Jeg er flink til å _____.

Use of infinitive marker and infinitive after predicate adjectives

Subject	er + adjective	Inf. marker + inf.	Other elements
Det *It*	er vanskelig *is difficult*	å <u>forstå</u> *to understand*	dialektene. *the dialects.*
Det *It*	er lett *is easy*	å <u>lese</u> *to read*	på norsk. *in Norwegian.*
Det *It*	er morsomt *is fun*	å <u>synge</u> *to sing*	norske sanger. *Norwegian songs.*
Det *It*	er kjedelig *is boring*	å <u>pugge</u> *to memorize*	gloser. *vocabulary.*

øving h.
LETT OG VANSKELIG

Complete the chart below about what you find difficult and easy in Norwegian, and then discuss it with other students in your class.

ex.) Hva er vanskelig / lett for deg på norsk?
Det er vanskelig / lett å _____ på norsk.

🔑 **Språktips**

kurs, time eller klasse?

Jeg tar et kurs i norsk.
I am taking a class / course in Norwegian.

Jeg har time / forelesning klokka ti.
I have class / lecture at ten o'clock.

Det er 10 studenter i klassen.
There are 10 students in the class. ■

	vanskelig	middels vanskelig	lett
å forstå videoklippene			
å forstå norsk TV			
å forstå norsk radio			
å forstå nordmenn			
å forstå læreren			
å forstå andre studenter			
å skrive oppgave på norsk			
å skrive e-post på norsk			
å lese norske aviser			
å lese i tekstboka			
å lese norske bøker			
å gjøre oppgaver			
å lære gloser			
å lære norsk grammatikk			
å snakke norsk			
å uttale norsk riktig			
å ha skriftlig eksamen			
å ha muntlig eksamen			

Setningsadverb [SENTENCE ADVERBS]

Below is an overview of common sentence adverbs in Norwegian that express frequency. These adverbs are placed after the verb in sentences. If there are two parts to the verb, such as a modal verb and an infinitive, then the adverb comes between the two verbs.

alltid ofte sjelden aldri

Adverbs	Verb + Adverb	Helping Verb + Adverb + Verb
alltid *always*	Jeg <u>snakker</u> **alltid** norsk. *I always speak Norwegian.*	Jeg <u>må</u> **alltid** <u>snakke</u> norsk. *I must always speak Norwegian*
ofte *often*	Jeg <u>ser</u> **ofte** på norske filmer. *I often watch Norwegian films.*	Jeg <u>kan</u> **ofte** <u>se</u> på norske filmer. *I can often watch Norwegian films.*
sjelden *seldom*	Jeg <u>pugger</u> **sjelden** gloser. *I seldom memorize words.*	Jeg <u>vil</u> **sjelden** <u>pugge</u> gloser. *I seldom want to memorize words.*
ikke *not*	Jeg <u>studerer</u> **ikke** på språklaben. *I don't go to the language lab.*	Jeg <u>skal</u> **ikke** <u>studere</u> på språklaben. *I am not going to study at the lab.*
aldri *never*	Jeg <u>går</u> **aldri** på forelesning. *I never go to class / lecture.*	Jeg <u>vil</u> **aldri** <u>gå</u> på forelesning. *I never want to go to class / lecture.*

💬 **øving i.**
STUDENTLIVET

Answer the questions below about how often you do various activities. Use the sentence adverbs that express frequency.

1. Hvor ofte studerer du på biblioteket? _____

2. Hvor ofte jobber du? _____

3. Hvor ofte spiser du i kantina? _____

4. Hvor ofte er du sammen med venner? _____

5. Hvor ofte går du på kino? _____

6. Hvor ofte hører du på musikk? _____

7. Hvor ofte spiller du piano? _____

8. Hvor ofte trener du? _____

9. Hvor ofte spiller du golf? _____

10. Hvor ofte snakker du i telefonen? _____

Adverbial: Frekvens [ADVERBIALS: FREQUENCY]

Some common adverbials also express frequency. They can be placed at the beginning or the end of the sentence. If they start the sentence, be sure to invert the subject and the verb.

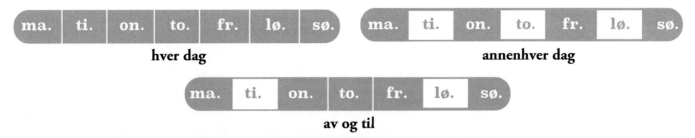

Adverbials	End of sentence	Beginning of sentence
hver dag *every day*	Jeg går på forelesning **hver dag**. *I go to class / lecture every day.*	**Hver dag** <u>går jeg</u> på forelesning. *Every day, I go to class / lecture.*
annenhver dag *every other day*	Jeg løfter vekter **annenhver dag**. *I lift weights every other day.*	**Annenhver dag** <u>løfter jeg</u> vekter. *Every other day, I lift weights.*
av og til *now and then*	Jeg studerer **av og til**. *I study now and then.*	**Av og til** <u>studerer jeg</u>. *Now and then, I study.*

øving j.
STUDIEVANER

Work with another student and identify the sentences that describe your study habits.
hver dag *every day* • **ofte** *often* • **av og til** *now and then* • **sjelden** *seldom* • **aldri** *never*

Hvor ofte studerer du norsk?	Hvor ofte snakker du norsk utenfor timen?
Jeg studerer norsk hver dag. Jeg studerer ofte norsk. Jeg studerer norsk av og til. Jeg studerer sjelden norsk. Jeg studerer aldri norsk.	Jeg snakker norsk utenfor timen hver dag. Jeg snakker ofte norsk utenfor timen. Jeg snakker norsk utenfor timen av og til. Jeg snakker sjelden norsk utenfor timen. Jeg snakker aldri norsk utenfor timen.

Hvor ofte leser du på nettet?	Hvor ofte skriver du på norsk?
Jeg leser på nettet hver dag. Jeg leser ofte på nettet. Jeg leser på nettet av og til. Jeg leser sjelden på nettet. Jeg leser aldri på nettet.	Jeg skriver på norsk hver dag. Jeg skriver ofte på norsk. Jeg skriver på norsk av og til. Jeg skriver sjelden på norsk. Jeg skriver aldri på norsk.

Hvor ofte hører du på norsk musikk?	Hvor ofte studerer du på språklaben?
Jeg hører på norsk musikk hver dag. Jeg hører ofte på norsk musikk. Jeg hører på norsk musikk av og til. Jeg hører sjelden på norsk musikk. Jeg hører aldri på norsk musikk.	Jeg studerer på språklaben hver dag. Jeg studerer ofte på språklaben. Jeg studerer på språklaben av og til. Jeg studerer sjelden på språklaben. Jeg studerer aldri på språklaben.

Studenter som lærer norsk i Nord-Amerika

i Innblikk — Norskstudier i utlandet

Courses in Norwegian Studies are offered at over 140 universities in 40 countries worldwide. Germany, the United States, and Russia have the largest concentration of programs, professors, and students in Norwegian Studies. Approximately 5,000 students are taking Norwegian courses abroad at any one time.

Source: hkdir.no

øving k.
NORSKSTUDERENDE

Work with a partner. Read the interviews with North American students taking Norwegian. Then write a list of interview questions that you would like to pose to other North Americans taking Norwegian.

Hva heter du?
Jeg heter Chris.

Hvor studerer du?
Jeg studerer ved Universitetet i Alberta - Campus Augustana.

I Edmonton?
Nei, i Camrose, en koselig by litt sør for Edmonton.

Trives du der?
Ja, veldig. Det er en liten campus, så man får god kontakt med professorene og de andre studentene.

Hvilket nivå er du på i norsk?
Jeg er på mellomnivå.

Og hvorfor tar du norsk?
Jeg er skiløper, og derfor er jeg interessert i skisporten i Norge.

Har du vært i Norge?
Nei, ikke ennå. Men jeg har lyst til å reise til Norge og de andre nordiske landene. Jeg liker at norsk er veldig likt dansk og svensk. Man kan si at norsk er nøkkelen til Norden.

Hva heter du?
Aaron.

Hvor studerer du?
Jeg studerer ved Universitetet i Wisconsin.

Hvor ligger det?
I Madison, hovedstaden i Wisconsin.

Der er det mange som kan norsk, ikke sant?
Jo, det er mange eldre folk som snakker norsk, og så er det mange unge som lærer seg norsk.

Er det mange studenter fra Norge i Madison?
Ja, det er ganske mange. Det er et godt studentmiljø i Madison.

Hvilket nivå er du på i norsk?
Jeg er på avansert nivå.

Hvorfor studerer du norsk?
Fordi jeg er interessert i språk og kultur.

Skal du til Norge for å studere?
Jeg har allerede vært i Norge.

Hvor da?
I Tromsø.

Trivdes du der?
Ja, det var fantastisk. Jeg ble fascinert av Hamsuns romaner, samenes kultur og naturen i Nord-Norge.

i Innblikk — Norskkurs i nærmiljøet

Norwegian instruction isn't limited to university level courses. If you don't need academic credit, check out the course offerings from the following programs which offer face-to-face and online courses:

- Mindekirken's Norwegian Language & Culture Program (Minneapolis, Minnesota)
- Vesterheim's Heritage and Language Program (Decorah, Iowa)
- The Scandinavian Language Institute in (Seattle, Washington)

Source: hkdir.no

Colleger og universiteter som tilbyr norskundervisning i Nord-Amerika

The colleges and universities shown on the map below offer majors, minors, or concentrations in Norwegian Studies or Scandinavian Studies. In addition, there are many more institutions that offer Norwegian courses every other year, on occasion, or as independent study courses.

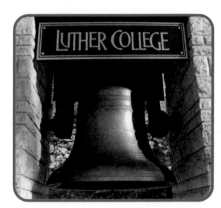

Universitetet i Alberta (Edmonton)

Universitetet i Alberta, Campus Augustana (Camrose)

Universitetet i Nord-Dakota (Grand Forks)

Universitetet i Minnesota (Minneapolis)

Minnesota Statsuniversitet (Mankato)

St. Olaf College (Northfield)

Universitetet i Washington (Seattle)

Universitetet i Wisconsin (Madison)

Brigham Young University (Provo)

Universitetet i California (Berkeley)

Universitetet i Chicago

Universitetet i California (Los Angeles)

Universitetet i Indiana

Universitetet i Colorado (Boulder)

Luther College (Decorah)

i fokus: studier i Norge

How much do you know about your options for studying in Norway? Decide whether the following statements are true or false. (Answers will vary depending on your home institution.)

T F 1. You need to be a Scandinavian Studies or Norwegian major to study in Norway.

T F 2. You can fulfill general college requirements by studying abroad at my school.

T F 3. When you are in Norway, the classes are taught in Norwegian.

T F 4. When you are studying in Norway, you live in a dorm and have a roommate.

T F 5. It costs a lot of money to study in Norway.

T F 6. You can only take classes in Norway; there are no opportunities to do an independent study or internship.

T F 7. You have to be a junior or senior to study in Norway.

T F 8. You can earn credits towards another major while studying in Norway.

øving 1.
I NORGE

Read the texts below about the two students who have studied in Norway. What similarities and differences are there between the two programs and their experiences?

Universitetet i Oslo (UiO)

Navn: Dan

Alder: 22 år

Hjemsted: Minnesota

Universitet:
Universitetet i Minnesota - Minneapolis

Hvorfor studere i Norge?
Jeg studerer i Norge fordi slektningene mine kom fra Norge og Sverige og jeg ønsket å besøke moderlandet. Dessuten studerte jeg norsk språk i to år og har skandinaviske studier som fordypningsfag ved Universitetet i Minnesota.

Kurs:
Jeg tar kurs i norsk språk, litteratur og kultur.

Bolig:
Jeg bor på Sogn studentby, som ligger ca. to kilometer nord for universitetet.

Høydepunkter:
Universitetet har et aktivt internasjonalt miljø, og jeg synes det er kjempeinteressant å møte folk fra hele verden! Jeg har venner fra Hellas, Østerrike, Tyskland, Israel og selvfølgelig Norge.

Universitetet i Sørøst-Norge (USN)

Navn: Jessica

Alder: 20 år

Hjemsted: New Mexico

Universitet:
Luther College i Decorah, Iowa

Hvorfor studere i Norge?
Jeg studerer i Norge fordi jeg har lyst til å se verden, møte andre folk og lære det norske språket.

Kurs:
Jeg tar kurs i norsk språk, filosofi, kultur og norsk emigrasjon.

Bolig:
Jeg bor på Gullbring studenthjem, og jeg liker meg veldig godt der.

Høydepunkter:
Jeg liker best landet og de norske studentene jeg har blitt kjent med.

Den internasjonale sommerskole

øving m.
SOMMERSKOLEN

Read about the program at the International Summer School in Oslo. Draw a line from each section of the text to the photo that best illustrates its meaning.

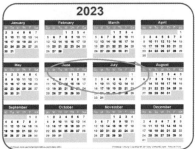

Den internasjonale sommerskole (ISS) er en del av Universitetet i Oslo.

Sommerskolen ble holdt første gang i 1947 og var rettet mot amerikanske studenter. I dag er det ca. 500 studenter fra ca 90 land som studerer ved ISS hver sommer.

Sommerskolen varer i seks uker, fra slutten av juni til begynnelsen av august.

Mange studenter får stipend for å delta i programmet.

Studentene kan ta kurs i norsk språk, litteratur, historie, kunst, internasjonal politikk, helse, fredsforskning osv. Det er kurs på engelsk og på norsk.

Mange av studentene bor sammen på studentbolig.

Studentene spiser sammen i kantina.

Det er mange sosiale og kulturelle aktiviteter på campus og i byen.

I helgene kan man reise til andre steder i Norge.

Du kan bli venner med folk fra hele verden!

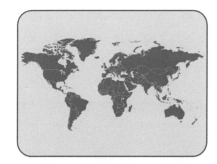

MEST UTFORDRENDE ORD FRA DETTE KAPITTELET

 øving n. Listen to the recording and read aloud the words and sentences below.
TOPP 50

Sounds	Words	Sentences
i	timen — spiller — skriftlig	**1.** Unnskyld, jeg har et spørsmål.
y	betyr — mye — lytter	
e	elev — leser — veldig	**2.** Jeg skjønner ikke. Hva betyr «lytter»?
ø	øver — prøve — spørsmål	
a	staver — hater — snakker	**3.** Jeg pleier å øve veldig mye.
æ	er [ær] — lærer — viskelær	
å	må — forstår — språk	**4.** Jeg forstår ikke læreren.
o	ord — bok — skole	
u	universitet — kurs — pugger	**5.** Jeg skal kjøpe ei bok om norsk språk.
diftonger	pleier — arbeider — høyt	
stum. kons.	klasserommet — unnskyld — vanskelig	**6.** Det er vanskelig å snakke norsk.
j	jobber — hjelper — gjør — nybegynner	
kj	kjøper — kjemi — kino	**7.** Jeg tar et norskkurs ved universitetet.
sj	skjønner — sjelden — datamaskin — forstår	
r	reiser — skriver — hører	**8.** Har vi en skriftlig prøve i morgen?
ng	ganger — engelsk — bygning	

 øving o. Listen to the dictation and fill in the missing words.
DIKTAT

Hva skal jeg _____? Jeg går til _____, _____ leksene,

_____ _____ _____ og _____ _____

hele tiden, men det _____ ikke. Jeg _____ ikke noe av det som

_____ sier, selv om hun sier det mange _____. Kanskje dette _____ er

for _____ for meg? Og i morgen har vi en _____ _____.

Det er ikke lett å _____ _____ i norsk!

REPETISJON: ORD OG UTTRYKK

6. Å lære norsk

Hvor lærer du norsk?
Jeg går på norskkurs ved et universitet.
Jeg tar et kveldskurs i norsk.
Jeg går på sommerkurs / drar på sommerleir.
Jeg tar et norskkurs på nettet.
Jeg lærer norsk på egen hånd.

Hvor mye norsk kan du?
Jeg er _____ i norsk.
(nybegynner, på mellomnivå,
på avansert nivå)

Hvorfor lærer du norsk?
Jeg lærer norsk fordi _____.
…jeg er interessert i norsk kultur.
…jeg vil lese norsk litteratur.
…jeg skal reise til Norge.
…jeg liker norsk musikk.
…jeg har slekt (familie) i Norge.
…jeg har en venn som er norsk.
…andre i familien min snakker norsk.
…jeg er interessert i språk.
…jeg vil studere eller jobbe i Norge.
…jeg må oppfylle språkkravet på universitetet.
…jeg har en god / fantastisk / hyggelig lærer.

Hva gjør du for å lære et nytt språk?
Jeg _____.
(studerer, øver, pugger gloser med spørrekort, hører
på norsk radio, øver norsk i nettportal, hører på
lydklipp i nettportal, ser på norsk TV, snakker med
nordmenn, snakker med andre studenter, leser i
tekstboka, leser aviser på nettet, skriver oppgave,
skriver e-post, gjør oppgaver, går på forelesning,
studerer på språklaben, deltar i samtalegruppa)

Hva er vanskelig og lett for deg på norsk?
Det er vanskelig å _____ og lett å _____.
(forstå videoklippene, forstå læreren,
forstå andre studenter, forstå nordmenn,
forstå norsk TV og radio, lese bøker,
lese avisa, lese tekstboka, snakke norsk,
uttale norsk riktig, lære norsk gramatikk,
ha skriftlig eksamen, ha muntlig eksamen)

6. Learning Norwegian

Where are you learning Norwegian?
I attend a Norwegian class at a university.
I am taking an evening course.
I attend a summer course / go to summer camp.
I am taking a Norwegian course on the web.
I am learning Norwegian on my own.

How much Norwegian do you know?
I am _____ in Norwegian.
(a beginner, at the intermediate level,
at the advanced level)

Why are you learning Norwegian?
I am learning Norwegian because _____.
…I am interested in Norwegian culture.
…I want to read Norwegian literature.
…I am going to travel to Norway.
…I like Norwegian music.
…I have relatives (family) in Norway.
…I have a friend who is Norwegian.
…others in my family speak Norwegian.
…I am interested in languages.
…I want to study or work in Norway.
…I have to fulfill the language requirement.
…I have a good / fantastic / nice teacher.

What do you do to learn a new language?
I _____.
*(study, practice, memorize words with flashcards, listen
to Norwegian radio, practice Norwegian on the web
portal, listen to sound clips on the web portal, watch
Norwegian TV, talk with Norwegians, talk with other
students, read the textbook, read newspapers online, write
an essay, write e-mail, do homework, attend lecture, study
at the language lab, participate in the conversation group)*

What is difficult and easy for you in Norwegian?
It is difficult to _____ and easy to _____.
*(understand the videos, understand the teacher,
understand other students, understand Norwegians,
understand Norwegian TV and radio, read books,
read the newspaper, read the textbook, speak Norwegian,
pronounce Norwegian correctly, learn Norwegian
grammar, have a written exam, have an oral exam)*

mat og
måltider

food and meals

In this section, you will...

- learn about food and meals commonly eaten in Norway
- understand and participate in conversations during meals at home and at restaurants
- understand and participate in transactions at newsstands and at fast food restaurants
- read informative texts about eating habits in Norway
- listen to short descriptions of students describing various meals, favorite foods, and cooking
- interview other students about their eating habits and write a description of your own eating habits
- reflect on the role food and meals play in social relationships in families and among friends

	7. Breakfast and lunch	8. Dinner	9. Coffee and evening meal
Topics	Breakfast foods, lunch foods, drinks, bills and coins, newsstands	Main dishes, side dishes, desserts, drinks, restaurants	Coffee, drinks, desserts, coffee bars, evening meal
Grammar	Verbs: Infinitive Form, Modal Verbs, and Present, Word Order: Coordinating and Subordinating Conjunctions	Pronouns: Subject, Object, and Formal Subject	Word Order: Questions and Short Answers, Prepositions: Location
Pronunciation	Silent consonants	Song: "Det var en god gammel bondemann"	Top 50 most difficult words
Functions	Asking for information about foods and prices, ordering food	Asking for information about foods and prices, discussing food choices, ordering a meal	Using appropriate table phrases, thanking
Tasks	Describing breakfast and lunch, using Norwegian currency, buying things at a newsstand, ordering at a fast-food restaurant	Describing dinner, eating a meal in a restaurant	Describing coffee and evening meal, interviewing others about eating habits, eating a meal in a private home
Culture	Breakfast foods and routines, currency design	Dinner times and foods, restaurant conventions	Social rituals, private and public spaces, cooking

Kap. 7: Frokost og lunsj

God morgen!

Mamma. God morgen, Thomas!

Thomas. God morgen, mamma og pappa.

Pappa. Hva vil du ha til frokost i dag?

Thomas. Jeg har lyst på ei brødskive med syltetøy. Har vi appelsinjuice?

Mamma. Nei, men vi har melk.

Thomas. OK, da tar jeg et glass melk til maten.

Marianne. God morgen, alle sammen.

Pappa. God morgen, Marianne. Har du sovet godt?

Marianne. Ja. Og nå er jeg veldig sulten.

Mamma. Bra! Vil du ha kaffe?

Marianne. Ja takk. Jeg har mye å lese i dag!

Mamma. Hva vil du spise?

Marianne. Jeg vil gjerne ha frokostblanding. Kan du sende meg melken?

Pappa. Vær så god. Vil du ha ei skive til, Thomas?

Thomas. Nei takk, jeg er mett. Hva er klokka nå?

Pappa. Klokka er halv ni. Når begynner du på skolen i dag?

Thomas. Klokka ni! Jeg må skynde meg. Takk for maten!

Mamma. Vel bekomme.

Thomas. Ha det bra!

Pappa. Ha det! Vi ses i ettermiddag!

i Innblikk brød

Bread is an important part of the Norwegian diet. The most common types are **kneippbrød** and **grovbrød**, which are coarse, contain whole grains, and are freshly baked each day. You may be surprised to hear that the 7-Eleven chain in Norway bakes fresh bread throughout the day right in the stores. If you ask Norwegians living abroad what foods they miss from home, their first answer is often "bread." ∎

ost

(en) brunost / geitost

(en) gulost

brød

et rundstykke

ei/en brødskive

(et) knekkebrød

(et) ristet brød

kjøttpålegg

(ei/en) skinke

(en) leverpostei

(en) salami

(en) kaviar

fiskepålegg

sardiner

(en) makrell i tomat

(ei/en) sild

(en) kalkun

annet

(et) smør

(en) margarin

(en) majones

(et) peanøttsmør

(et) syltetøy

(et) sjokoladepålegg

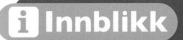

Innblikk In Norway, it is less common to eat sweet foods for breakfast. As a result, you don't see many of the common American breakfast foods represented below, such as waffles, pancakes, and doughnuts. ■

en vaffel / vafler — ei/en pannekake — en smultring

drikkevarer

(en) eplejuice — (en) appelsinjuice

(en) kaffe — (en) te

egg

et egg — et kokt egg — et speilegg — (ei/en) eggerøre — en omelett

(et) vann — (ei/en) melk

annet

(en) bacon — (ei/en) frokostblanding — (en) yoghurt — (en) havregrøt

i Norwegian has a large number of imported words from English and other languages, and the Norwegian Language Council regularly proposes new spellings for these words to make them more consistent with the Norwegian sound system. This process is called **norvagisering**. Below is a list of foods and drinks that have received new spellings over the years: **bagett, buljong, ketsjup, majones, peanøtt, popkorn, sitron, sjampanje, sjokolade, spagetti.** Other common words that have received new spellings are: **bløff, flørte, garasje, hipp, kaps, kløtsj, krasje, kul, marsj, maskin, poeng, rapp, sjampo, skåre, sykkel, teip, trøbbel, tøff.** ■ *Source: Språkrådet*

 øving a.
FROKOST
Read the three descriptions of breakfast and answer the questions. Start some of your answers with adverbials, similar to some of the sentences in the texts.

Hva pleier du å spise til frokost?

Torill: Jeg spiser frokost klokka åtte hver morgen. Jeg pleier å spise to brødskiver, ei med gulost og ei med brunost. Til maten drikker jeg et glass melk og en kopp kaffe.

Marius: Til frokost pleier jeg å spise frokostblanding eller ristet brød med syltetøy. Jeg drikker appelsinjuice og te til maten. Etter frokost drar jeg til universitetet.

Trine: Jeg spiser frokost klokka ni. Jeg pleier å spise et rundstykke med skinke eller ei brødskive med leverpostei og agurk. I helgene spiser jeg et kokt egg eller en omelett. Til maten drikker jeg kaffe.

1. Liker du best frokosten til Torill, Marius eller Trine? Hvilken frokost liker du ikke?
2. Når pleier du å spise frokost? Hvor pleier du å spise? Hva pleier du å spise? Hva pleier du å drikke til maten? Hva liker du ikke å spise eller drikke til frokost?
3. Hva liker familien din å spise til frokost (mora di, faren din, søstera di, broren din)?

Norske matpakker

ei/en matpakke

en matboks

I Norge er det vanlig å ha med matpakke til lunsj. De fleste lager matpakka om morgenen og spiser den på skolen eller på jobben. Matpakka pleier å inneholde brødskiver med pålegg. Gulost, brunost, leverpostei, syltetøy, skinke og salami er de vanligste påleggene. Mange har frukt og grønnsaker ved siden av matpakken: et eple, en appelsin, en banan eller noen gulrøtter, for eksempel. Det er vanlig å drikke melk, juice, kaffe eller te til maten. Noen lager mer avanserte matpakker, med salat, omelett eller middagsrester fra dagen før. Som du skjønner, er det billig og sunt å lage matpakke. Det er nok derfor den er så populær!

ⓘ Innblikk   brødmat

The Norwegian tradition of eating **brødmat** (bread food) for breakfast and lunch goes back to the 1930s when health officials promoted the idea that cold food was more healthy than warm food. Today, this tradition remains strong even though eating habits are changing in Norway. In schools, students have **matpakkeuka** (packed lunch week) to learn about and celebrate the **matpakke** tradition. In addition, teachers and other school officials monitor what students bring for lunch, and the presence of inappropriate food in the packed lunch may merit a note home to the parents. Below is a check list for healthy and unhealthy lunch foods according to Norwegian tradition. ■

Sjekkliste for sunn matpakke

- ☑ melk
- ☑ vann
- ☑ juice
- ☑ grovt brød
- ☑ knekkebrød
- ☑ ost
- ☑ leverpostei
- ☑ skinke
- ☑ spekepølse
- ☑ fiskepålegg
- ☑ kaviar
- ☑ frukt
- ☑ grønnsaker
- ☑ yoghurt

Sjekkliste for usunn matpakke

- ☐ saft
- ☐ brus
- ☐ sjokolademelk
- ☐ sjokoladepålegg
- ☐ loff
- ☐ boller
- ☐ kjeks
- ☐ peanøttsmør

ⓘ amerikanske matpakker

In both Norwegian and American lunches, it is common to have fruit.

et eple

en banan

en appelsin

ei/en pære

However, American lunches typically include more sweets and salty foods.

ei/en småkake

(et) potetgull

(en) sjokolade

en is

 øving b.
LUNSJ

Discuss the "packed lunch" tradition in Norway and your country. Make a list of the foods in your lunch when you were in school.

øving c.
LUNSJ

Read the three descriptions of lunch. Circle the eating places and underline the food and drink.

Hva spiser disse menneskene til lunsj?

Og hvor spiser de?

Hei! Jeg heter Ellen. Jeg spiser lunsj med vennene mine i kantina på skolen. Vanligvis har jeg med matpakke og kjøper juice eller melk. Noen ganger kjøper jeg et rundstykke eller en yoghurt i kantina. Det er dyrt der.

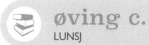

Jeg heter Kristine. Jeg pleier å spise lunsj på et bakeri. Der kjøper jeg et smørbrød med reker eller en bagett med ost og skinke. Om vinteren har jeg en kopp varm sjokolade til maten, men resten av året drikker jeg juice.

Jeg heter Jon. Jeg liker å spise lunsj på gatekjøkkenet like ved skolen min. Der kjøper jeg en hamburger eller ei pølse med lompe. Jeg drikker cola til maten.

i Innblikk smørbrød

As you can see from the photos in this chapter, sandwiches in Norway are usually open-faced. On the breakfast table or in a packed lunch, these sandwiches are called **ei brødskive**. However, in a bakery or for a festive occasion, the sandwiches are much fancier, having a lettuce leaf, parsley, tomato, egg, lemon, red pepper, or other types of garnish. This open-faced sandwich is called **et smørbrød.** ∎

 øving d.
LUNSJ

Look at the texts above again. Notice how the texts flow better when some of the sentences start with an adverbial instead of the subject. Find those sentences in the texts above, and then write a similar text about your lunch.

Verb: Infinitiv og presens

[VERBS: INFINITIVE AND PRESENT TENSE]

In previous chapters, you have learned that the infinitive form can only be used following modal verbs or the infinitive marker and that present tense verbs have only one conjugated form (-r ending) used with all the subject pronouns. Below is a brief overview of the use of the infinitive and present tense.

	Infinitive Form	Present Tense
Basic form	Ends in unstressed **-e** or stressed vowel.	Ends in -r
Examples	**lese, arbeide, ha, bo**	**leser, arbeider, har, bor** Some irregular present tense forms: være — **er** gjøre — **gjør** si — **sier** vite — **vet** spørre — **spør**
Uses	The infinitive is the dictionary form of the verb. It cannot be the finite verb of a sentence, so it must be used with **modal verbs** or with the **infinitive marker**.	Present tense is used as the finite verb of the sentence by itself.
Examples	Used after modal verbs: Jeg <u>skal</u> **spise** nå. Jeg <u>vil</u> **gå** på restaurant. Jeg <u>kan</u> **lage** norske vafler. Jeg <u>må</u> **jobbe** i kantina i dag. Jeg <u>bør</u> **drikke** mer melk. Used after the infinitive marker (å): Jeg liker <u>å</u> **drikke** vann. Jeg lærer <u>å</u> **lage** mat. Jeg har lyst til <u>å</u> **spise** middag nå.	Present tense expresses the following: Current activities: Jeg **lager** middag nå. General statements: Jeg **liker** pizza. Habitual actions: Jeg **spiser** klokka fem. Future time: Vi **går** på restaurant klokka sju.

øving e.
PRESENS

Fill in the correct form of the irregular present tense verbs.

1. Han _____ (*spørre*): «Hva vil du ha til frokost?»

2. Hva betyr grovbrød? Jeg _____ ikke (*vite*).

3. Faren min _____ (*si*): «Jeg elsker rekesmørbrød!»

4. Hva _____ du (*gjøre*)? Jeg spiser lunsj.

5. Søstera mi liker å lage mat. Hun _____ kokk (*være*).

øving f.
PARARBEID

Describe your eating habits, your studies, or your leisure activities by creating sentences with the expressions below. You will need to decide whether to use the infinitive form or present tense.

Infinitive after the infinitive marker (å):

Jeg liker å _____.   Jeg liker ikke å _____.

Jeg pleier å _____.   Jeg pleier ikke å _____.

Jeg lærer å _____.   Jeg lærer ikke å _____.

Jeg begynner å _____.   Jeg begynner ikke å _____.

Jeg har lyst til å _____.   Jeg har ikke lyst til å _____.

Infinitive after modal verbs:

Jeg skal _____.   Jeg skal ikke _____.

Jeg vil _____.   Jeg vil ikke _____.

Jeg må _____.   Jeg må ikke _____.

Jeg kan _____.   Jeg kan ikke _____.

Jeg bør _____.   Jeg bør ikke _____.

Present Tense:

Jeg _____ _____ til frokost.

Jeg _____ _____ til lunsj.

Jeg _____ på restaurant.

Jeg _____ kaffe.

Jeg _____: «Hva liker du å spise?»

Jeg _____: «Jeg vil ha frokost nå.»

Hva _____ du? Jeg _____.

Hva er det? Jeg _____ ikke.

Verbs (Food)

bestille
drikke
gå
ha
hoppe over
kjøpe
lage
spise
ta

Nouns (Food)

frokost
frukt
kaffe
lunsj
mat
pålegg
smørbrød
vafler
vann

Verbs (Studies)

forstå
gjøre
jobbe
lese
pugge
si
snakke
skrive
spørre
studere
ta
vite

Nouns (Studies)

bøker
eksamen
engelsk
gloser
grammatikk
læreren
norsk
oppgaver
spansk
studentene
uttale
videoklipp

Verbs (Activities)

gå
se
sove
spille
stå
være sammen

Nouns (Activities)

fotball
gitar
på kino
på slalåm
på TV
venner

Ordstilling: Konjunksjoner
[WORD ORDER: CONJUNCTIONS]

In both speech and writing, it is important that your sentences are connected and that the style is varied. Below you will see examples of ways to achieve greater cohesion and stylistic variation by using coordinating and subordinating conjunctions.

Sideordnende konjunksjoner [COORDINATING CONJUNCTIONS]

Coordinating conjunctions connect both individual words and clauses and do not cause any change in word order.

Coordinating conjunctions	Examples	Comma rules
og *and*	Jeg liker ost, kaviar **og** leverpostei. *I like cheese, caviar, and liver paté.* Søstera mi heter Jenny **og** er 15 år gammel. *My sister is named Jenny and is 15 years old.* Jeg lager mat, **og** broren min vasker opp. *I cook, and my brother does the dishes.*	**1.** In a list, there is a comma after each item except for the one before **og**. **2.** There is always a comma before the conjunctions **og, men, eller, for** when they connect two sentences.
men *but*	Jeg liker brunost, **men** jeg liker ikke gulost. *I like goat cheese, but I don't like yellow cheese.*	
eller *or*	Vil du ha kaffe **eller** te? *Would you like coffee or tea?* Tar du med matpakke, **eller** spiser du i kantina? *Do you bring a lunch, or do you eat in the cafeteria?*	
for *for*	Jeg spiser grovbrød, **for** det er sunt. *I eat whole-grain bread for it is healthy.*	

øving g.
KONJUNKSJONER

Combine or connect the sentences below with one of the following coordinating conjunctions: og, men, eller, for.

1. Jeg drikker melk. Jeg drikker vann. Jeg drikker kaffe.
2. Jeg heter Kristin. Jeg er 22 år gammel.
3. Jeg har ei katt. Hun heter Tussi.
4. Jeg vil spise lunsj nå. Jeg er veldig sulten.
5. I USA spiser man vafler til frokost. I Norge spiser man vafler til kaffen eller til dessert.
6. Liker du fiskepålegg? Liker du kjøttpålegg?
7. Jeg elsker brød. Jeg liker ikke frokostblanding.

Subjunksjonen «som» [SUBORDINATING CONJUNCTION "SOM"]

In Norwegian, the subordinating conjunction is **som**, which can mean *who, whom, which,* and *that.*

Rel. pron.	Examples	
som *who, whom*	Jeg har ei søster **som** heter Kjersti. *I have a sister who is named Kjersti.*	Jeg har en lærer **som** jeg liker veldig godt. *I have a teacher whom I like very much.*
som *that, which*	Jeg kjøpte en bil **som** var veldig dyr. *I bought a car that was very expensive.*	Norge er et lite land **som** ligger i Europa. *Norway is a little country that is located in Europe.*

øving h.
SUBJUNKSJONER

Describe your friends and family members using sentences with the subordinating conjunction **som**.

Jeg har...

ei søster	som heter _____.
en bror	som studerer _____.
ei datter	som er _____ år gammel.
en sønn	som jobber _____.
en kjæreste	som bor i _____.
en lærer	som kommer fra _____.
en venn	som spiller _____.
ei venninne	som liker å spise _____.
en romkamerat	som liker å _____.

Subjunksjoner [SUBORDINATING CONJUNCTIONS]

Subordinating conjunctions connect an independent clause with a dependent clause. As long as the conjunction comes in the middle of the sentence, there is no inversion of the subject and verb.

Subordinating conjunctions		Examples
at	*that*	Jeg synes **at** matematikk er interessant! *I think that math is interesting!* Jeg håper **at** mora mi skal lage pizza til middag i kveld. *I hope that my mother is going to make pizza for dinner tonight.* Læreren min sier **at** vi må snakke norsk i timen. *My teacher says that we must speak Norwegian in class.*
fordi	*because*	Jeg lærer norsk **fordi** jeg er interessert i norsk kultur. *I am learning Norwegian because I am interested in Norwegian culture.*
når	*when*	Jeg spiser eggerøre og bacon til frokost **når** jeg spiser i kantina. *I eat scrambled eggs and bacon for breakfast when I eat in the cafeteria.*
hvis	*if*	Jeg skal spise lunsj **hvis** jeg får tid. *I am going to eat lunch if I have time.*

øving i.
SUBJUNKSJONER

Complete the sentences below so that they make sense.

1. Jeg synes at _____ er veldig godt!

2. Jeg synes at _____ er en god film!

3. Jeg synes at det er morsomt å _____.

4. Jeg synes at det er vanskelig å _____.

5. Læreren min sier at _____

6. Jeg lærer norsk fordi _____.

7. Jeg liker pizza fordi _____.

8. Jeg spiser _____ når jeg er på restaurant.

9. Jeg spiser _____ når jeg er hjemme.

10. Jeg skal _____ hvis jeg får tid.

Norske penger 6-9 kroner = 1 US dollar 7-10 kroner = 1 euro

1000 kroner
en tusenlapp

500 kroner
en femhundrelapp

200 kroner
en tohundrelapp

100 kroner
en hundrelapp

50 kroner
en femtilapp

20 kroner
en tjuekroning

10 kroner
en tier

5 kroner
en femmer

1 krone
et kronestykke

 øving j.
PENGER
Figure out how much money is in each of the combinations. Write out your answer.

1. Det er _____.

2. Det er _____.

3. Det er _____.

4. Det er _____.

5. Det er _____.

6. Det er _____.

Source: Norges Bank

7. Det er _____.

i Innblikk mynter

Did you notice how some of the Norwegian coins have a hole in the middle? Today, the coins are designed this way to help people with vision problems. However, in the Middle Ages, the coins were strung on strings and used as ornaments and a sign of wealth. ■

øving k.
PRISER

Write down the prices for each of the items below as your teacher reads them.

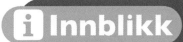 **Innblikk** In Norway, it is common to see *newsstands*, or **kiosker**, that sell a variety of items from reading material to snacks to fast foods. ■

en melkesjokolade:_____

en appelsin:_____

et eple:_____

en banan:_____

en kopp kaffe:_____

ei avis:_____

en is:_____

sigaretter:_____

ei pølse med lompe:_____

ei pølse med brød:_____

en cola:_____

en solo:_____

I kiosken

Ekspeditør. Hei! Hva kan jeg hjelpe deg med?
Kunde. Jeg vil gjerne ha ei pølse med ketsjup.
Ekspeditør. Vil du ha brød eller lompe?
Kunde. Lompe, takk.
Ekspeditør. Vær så god. Skal det være noe å drikke?
Kunde. Ja takk. Hva har dere?
Ekspeditør. Vi har vann, juice, brus og kaffe.
Kunde. Jeg tar en cola, takk.
Ekspeditør. Var det alt?
Kunde. Ja.
Ekspeditør. Det blir 29 kroner. Kort eller kontant?
Kunde. Kontant. Her er en femtilapp.
Ekspeditør. Vær så god, 21 kroner tilbake.
Kunde. Takk skal du ha.

Innblikk **Et kontantløst samfunn**

Norway now leads the world in cashless payments and is forecast to be the first cashless country in the world. In 2022, less than 2% of purchases were made with cash. ■ *Source: Merchant Machine*

øving l.
I KIOSKEN

Study the dialog in the kiosk and underline the typical phrases the clerk and the customer use. Then, do several short roleplays in the kiosk with another student. Use the prices and the items from the exercise at the top of the page.

i fokus: ost og ostehøvelen

i Innblikk

Norwegians eat approximately 41 pounds of cheese per capita every year, slightly higher than the European average but significantly lower than the other Nordic countries as well as France and Germany. ■

Source: Canadian Dairy Information Centre

Norvegia (gulost)

Jarlsberg (gulost)

Gudbrandsdalost (geitost / brunost)

kremost

cottage cheese

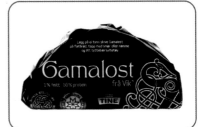

gamalost

øving m.
OST

Look over the list of the most popular sandwich toppings. Where do the cheeses rank on the list?

Barnas favorittpålegg i matpakken:

As part of a survey, Norwegian children were asked what type of bread topping they liked the best. Here are their answers.

1. Gulost/hvitost: 14 %
2. Salami: 12 %
3. Sjokoladepålegg: 10 %
4. Leverpostei: 10 %
5. Skinke: 10 %
6. Smøreost: 7 %
7. Servelat: 5 %
8. Brunost: 4 %
9. Syltetøy: 4 %
10. Kaviar: 3 %
11. Makrell i tomat: 3 %
12. Egg: 3 %

Source: Melk.no

i Innblikk

tubeost

It is common for some cheese, other toppings, and condiments to be sold in a tube: **baconost, skinkeost, rekeost, kaviar, nugatti, og majones.** ■

Hvordan bruker man en ostehøvel?

Den norske ostehøvelen:

Thor Bjørklund fant opp ostehøvelen i 1925. I årenes løp er det utviklet en rekke nye produkter som i dag markedsføres i mer enn 20 land. Produktene er kjent for høy kvalitet, moderne design og praktiske bruksegenskaper.

Thor Bjørklund & Sønner AS på Lillehammer er fortsatt landets eneste ostehøvelprodusent. I år 2000 fylte ostehøvelen 75 år og er nå inne i et nytt millennium som et klassisk symbol på norsk oppfinnelse og design.

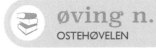 **øving n.**
OSTEHØVELEN   Do the exercise below as you read the text about Norwegian cheese slicers.

1. Pre-reading
a) Important words: **å finne opp** (fant, har funnet): *to invent*
   en oppfinnelse: *an invention*

b) What main ideas do you think will be presented in this text on Norwegian cheese slicers?

2. Reading
a) What is the significance of each of the following people, numbers, or time periods in the text?
   Thor Bjørklund: _____
   1925: _____
   20 land: _____
   2000: _____
   et nytt millennium: _____

b) List four cognates from the text that helped you understand its meaning:
_____ _____ _____ _____

uttale: stumme konsonanter

Although many Norwegian words are pronounced as they are spelled, there are several contexts when some consonants are silent. See the examples below.

Consonants	Words
1. Silent "h" before "v"	**hv**a — **hv**or — **hv**ordan — **hv**orfor — **hv**it
2. Silent "h" and "g" before "j"	**h**jemme — **h**jelpe — **h**jerte — **h**jul — **h**jørne
	gjeld — **g**jemme — **g**jenta — **g**jerne — **g**jøre
3. Silent "d" at the end of words	go**d** — gla**d** — brø**d** — kvel**d** — lan**d** — bor**d**
4. Silent "v" at the end of words that end in "lv"	hal**v** — tol**v** — søl**v**
5. Silent "g" at the end of adjectives and adverbs	hyggeli**g** — billi**g** — deili**g** — dårli**g** — veldi**g**
6. Silent "g" at the end of "og" and in "også"	o**g** — o**g**så
7. Silent "t" at the end of nouns in the definite form	huse**t** — egge**t** — brøde**t** — vanne**t** — eple**t**
8. Silent "t" in the pronoun "det"	de**t**

øving o.
UTTALE

Below are some of the texts you have studied in this chapter. With a partner, look at the texts again and underline all the consonants that you think should be silent. Then listen to the recording and check your answers.

Hva spiser du til lunsj?

Hei! Jeg heter **Ellen**. Jeg spiser lunsj med vennene mine i kantina på skolen. Vanligvis har jeg med matpakke og kjøper juice eller melk. Noen ganger kjøper jeg et rundstykke eller en yoghurt i kantina. Det er dyrt der.

Jeg heter **Kristine**. Jeg pleier å spise lunsj på et bakeri. Der kjøper jeg et smørbrød med reker eller en bagett med ost og skinke. Om vinteren har jeg en kopp varm sjokolade til maten, men resten av året drikker jeg juice.

Jeg heter **Jon**. Jeg liker å spise lunsj på gatekjøkkenet like ved skolen min. Der kjøper jeg en hamburger eller ei pølse med brød. Jeg drikker cola til maten.

I kiosken

Ekspeditør. Hei! Hva kan jeg hjelpe deg med?

Kunde. Jeg vil gjerne ha ei pølse med ketsjup.

Ekspeditør. Vil du ha brød eller lompe?

Kunde. Lompe, takk.

Ekspeditør. Vær så god. Skal det være noe å drikke?

Kunde. Ja takk. Hva har dere?

Ekspeditør. Vi har vann, juice, brus og kaffe.

Kunde. Jeg tar en cola, takk.

Ekspeditør. Var det alt?

Kunde. Ja.

Ekspeditør. Det blir 29 kroner tilsammen.

Kunde. Her er en femtilapp.

Ekspeditør. Vær så god, 21 kroner tilbake.

Kunde. Takk skal du ha.

REPETISJON: ORD OG UTTRYKK

7. Frokost og lunsj

Når pleier du å spise frokost?
Jeg pleier å spise frokost klokka _____.

Hva pleier du å spise til frokost?
Jeg pleier å spise _____.
(ei brødskive, ristet brød, et rundstykke, ost, brunost, gulost, syltetøy, peanøttsmør, salami, skinke, leverpostei, sild, makrell, sardiner, egg, et kokt egg, et speilegg, en omelett, eggerøre, bacon, skinke, pølse, pannekaker, vafler, en smultring)

Hva drikker du til maten?
Jeg drikker _____ til maten.
(melk, vann, appelsinjuice, brus, kaffe, te)

Når spiser du lunsj?
Jeg spiser lunsj klokka _____.

Hva pleier du å spise til lunsj?
Jeg pleier å spise _____.
(et smørbrød, ei brødskive, et rundstykke, en bagett, ost, brunost, gulost, syltetøy, peanøttsmør, sjokoladepålegg, salami, skinke, kalkun, kylling, pølse, leverpostei, en salat, suppe, en hamburger, en kebab, pommes frites, ei pølse med brød, ei pølse med lompe, pizza, yoghurt)

Hvor spiser du frokost og lunsj?
Jeg spiser frokost _____ og lunsj _____.
(hjemme, i kantina, i et bakeri, på en kafé, på gatekjøkken)

Vær så god! | Hva kan jeg hjelpe deg med?
Jeg vil gjerne ha ____. | Jeg tar ____, takk!

Vær så god. Er det noe annet?
Nei, takk! | Jeg tar også en cola.

Det blir ____ kroner til sammen.
Vær så god.

_____ kroner tilbake.
Takk!

Norske penger:
(en tusenlapp, en femhundrelapp, en tohundrelapp, en hundrelapp, en femtilapp, en tjuekroning, en tier, en femmer, et kronestykke)

7. Breakfast and Lunch

When do you usually eat breakfast?
I usually eat breakfast at _____.

What do you usually eat for breakfast?
I usually eat _____.
(a slice of bread, toast, a hard roll, cheese, goat cheese, yellow cheese, jam, peanut butter, salami, ham, liver paté, herring, mackerel, sardines, eggs, a poached egg, a fried egg, an omelet, scrambled eggs, bacon, ham, sausage, pancakes, waffles, a doughnut)

What do you drink with your food?
I drink _____ with my food.
(milk, water, orange juice, pop, coffee, tea)

When do you eat lunch?
I eat lunch at _____.

What do you usually eat for lunch?
I usually eat _____.
(a sandwich, a slice of bread, a hard roll, a baguette, cheese, goat cheese, yellow cheese, jam, peanut butter, chocolate spread, salami, ham, turkey, chicken, sausage, liver paté, a salad, soup, a hamburger, a kebab, French fries, a hot dog with a bun, a hot dog with a lefse, pizza, yogurt)

Where do you eat breakfast and lunch?
I eat breakfast _____ and lunch _____.
(at home, in the cafeteria, in a bakery, at a café, at a fast-food restaurant)

Can I help you? | What can I help you with?
I would like ____. | I would like ____, thanks!

Here you are. Is there anything else?
No, thank you! | Yes, I would also like a cola.

That will be ____ crowns altogether.
Here you are.

____ crowns back.
Thank you!

Norwegian money:
(a 1000-crown bill, a 500-crown bill, a 200-crown bill, a 100-crown bill, a 50-crown bill, a 20-crown coin, a 10-crown coin, a 5-crown coin, a 1-crown coin)

Kap. 8: Middag

Kjøtt

en hamburger

en biff

ei/en pølse

(ei/en) skinke

(en) karbonade

kjøttkaker / kjøttboller

ℹ Innblikk kjøtt

Other types of meat in Norway are **reinsdyr** *(reindeer)*, **elg** *(moose)*, and **hvalbiff** *(whale meat).* ■

(en) elg

(en) hvalbiff

Fisk

en ørret

en torsk

fiskekaker

en laks

Skalldyr

reker

en hummer

ei/en krabbe

Fugl

(en) kylling

(en) kalkun

Poteter, ris og grønnsaker

en potet   (ei/en) potetmos   kokte poteter   en bakt potet   (en) ris   grønnsaker

Pastaretter

(en) lasagne   (en) spagetti

Suppe, gryterett og salat

(ei/en) tomatsuppe   en salat   (en) lapskaus

Internasjonale retter

en kebab   (en) wok   (en) pizza

i Innblikk tacofredag

Tacos have become popular in Scandinavia, and many Norwegians now enjoy a taco dinner on Fridays as a fun and weekly tradition. ■

 øving a.
MIDDAG

Read the descriptions of the dinners below. Describe typical dinners for you, including the time, the place, typical foods and drinks, and restaurants.

Hva spiser du til middag?

Anne: Jeg spiser middag klokka fem hver dag. Jeg pleier å spise fisk, kjøtt eller kylling med poteter og grønnsaker til. Jeg drikker saft til maten. Etter middagen pleier jeg å drikke en kopp kaffe og spise småkaker. Hver søndag spiser jeg middag hos foreldrene mine sammen med broren min og besteforeldrene mine. Vi spiser ofte god tradisjonell norsk mat, som fårikål, lammestek eller kjøttkaker.

Kjell: Jeg pleier å spise middag klokka seks. Jeg liker å spise pasta og salater, for eksempel lasagne eller gresk salat, og jeg pleier å drikke vann til maten. Til dessert har jeg frukt eller is. Jeg går aldri på restaurant, for jeg synes det er for dyrt. I helgene pleier jeg å lage pizza sammen med kjæresten min. Det er veldig lett: pizzadeig, tomatsaus, ost og krydder. Nydelig!

Elisabeth: Jeg er glad i asiatisk mat. Jeg pleier å lage wok, curry, ris eller nudler til middag. Jeg drikker vann, eplemost eller appelsinjuice til maten. Etter middagen liker jeg å drikke en kopp te. Av og til spiser jeg middag på indisk eller kinesisk restaurant sammen med vennene mine. Etter middagen drar vi hjem til meg for å ta en kopp kaffe og litt dessert. Jeg lager ofte sjokoladekake.

Frukt og grønnsaker

🔑 Språktips — spesielle dietter

Jeg er _____.
(vegetarianer, veganer)

Jeg er allergisk mot _____.
(nøtter, melk, egg, skalldyr, gluten, hvete)

Jeg spiser glutenfritt.
Jeg spiser et laktosefritt kosthold. ■

De mest populære grønnsakene i Norge

1. en agurk

2. en løk

3. en tomat

4. ei/en gulrot

Andre grønnsaker

en mais

en paprika

bønner

(en) kål

(en) blomkål

(en) sjampinjong

De mest populære fruktene i Norge

1. et eple

2. en appelsin

3. en banan

4. ei/en pære

Andre frukter

druer

en melon

(en) ananas

(et) bær

blåbær

tyttebær

jordbær

bringebær

💬 øving b.
FRUKT & GRØNNSAKER — Answer the questions below.

1. Hva slags frukt liker du?   Hva slags frukt liker du ikke?
2. Hvilke grønnsaker liker du?   Hvilke grønnsaker liker du ikke?
3. Er du vegetarianer?   Har du familie eller venner som er vegetarianere?

ℹ️ Innblikk — multebær

Multebær or **multer** (*cloudberries*) are similar to raspberries, but they grow in bogs or on the tundra in the Arctic. They are light orange in color and very sweet. Many Norwegians love these berries and are often reluctant to share the location of their favorite berry patch, even with their friends and family. A popular dessert is **multekrem** (*cloudberries in sweetened whipped cream*) or ice cream topped with cloudberries. ■

Dessert

ei/en småkake

ei/en kake

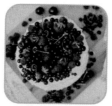
ei/en bløtkake

en is

(en) pudding

(en) riskrem

Drikkevarer

(et) vann

(ei/en) melk

(en) brus

(ei/en) saft

(en/et) øl

(en) vin

 øving c.
SPISEVANER
Read the dialog below and then interview another student in your class using the same questions that are in the dialog.

Spisevaner

Henrik. Hva spiser du til frokost?

Maria. Jeg pleier å spise to brødskiver med syltetøy, ost eller salami og drikke et glass melk.

Henrik. Når pleier du å spise frokost?

Maria. Jeg spiser frokost klokka sju hver morgen.

Henrik. I helgene også?

Maria. Nei, i helgene spiser jeg frokost senere, oftest klokka ti. Da pleier jeg å spise omelett med ost og skinke.

Henrik. Når pleier du å spise lunsj?

Maria. Omtrent klokka ett. Jeg spiser alltid i kantina på universitetet.

Henrik. Hva pleier du å spise til lunsj?

Maria. Jeg pleier å spise rundstykker, salat eller suppe.

Henrik. Hva med middag? Liker du å spise ute eller lage middag selv?

Maria. Begge deler. På restaurant liker jeg å spise kinesisk eller japansk mat, som wok og sushi. Hjemme pleier jeg å lage pasta og pizza.

Henrik. Er du glad i grønnsaker?

Maria. Ja, jeg spiser ofte brokkoli, gulrøtter og bønner, men jeg liker ikke blomkål.

Henrik. Hva med frukt?

Maria. Jeg spiser ofte et eple eller en appelsin til lunsj, og om sommeren elsker jeg å spise jordbær eller bringebær.

Henrik. Hva er favorittmaten din?

Maria. Jeg liker kylling og reker best.

Henrik. Pleier du å spise dessert?

Maria. Av og til, men bare i helgene. Jeg liker is og sjokoladekake best.

Pronomen: Objektsform [PRONOUNS: OBJECT]

You have already learned the subject form of the pronoun. As you will recall, the subject is the actor in the sentence and often comes near the beginning. The object receives the action of the verb, usually occurring towards the end of the sentence after the verb or a preposition.

Person / number	Subject pronouns	Object pronouns
1. person singular	**Jeg** spiser norsk mat. *I eat Norwegian food.*	Kunne du sende **meg** potetene? *Could you pass me the potatoes?*
2. person singular	**Du** spiser ofte taco. *You often eat tacos.*	Anne skal hjelpe **deg** med middagen. *Anne is going to help you with dinner.*
3. person singular	**Han** liker pizza. *He likes pizza.* **Hun** drikker mye kaffe. *She drinks a lot of coffee.* **Hen** lager ofte indisk mat. *They often make Indian food.*	Vi forstår **ham**. *We understand him.* Tom skal besøke **henne**. *Tom is going to visit her.* Jeg bestiller kylling til **hen**. *I am ordering chicken for them.*
1. person plural	**Vi** må handle mat i dag. *We must buy food today.*	Per skal lage frokost med **oss**. *Per is going to make breakfast with us.*
2. person plural	**Dere** serverer god mat. *You serve good food.*	Monika skal snakke med **dere**. *Monika is going to talk to you.*
3. person plural	**De** vil gå på restaurant. *They want to go to a resturant.*	Vi ringte til **dem** klokka seks. *We called them at six o'clock.*

øving d.
OBJEKTSFORM   Fill in the correct object pronoun in the sentences below.

1. Erik og jeg er gode venner. Han spiser ofte middag hos _____ (*me*).

2. Jeg jobber sammen med Erlend og Kristian. Jeg skal besøke _____ på fredag (*them*).

3. Anne og jeg går ofte ut med Marius. Han skal gå på restaurant med _____ i helga (*us*).

4. Kirstin og Kjell er søsken. Kjell skal lære _____ å lage bløtkake (*her*).

5. Du og Sara er romkamerater. Skal hun hjelpe _____ med å lage middag (*you-singular*)?

6. Andreas snakker en vanskelig dialekt. Forstår du _____ (*him*)?

7. Dere har ikke tid til å besøke Pål og Anna så ofte, men de snakker om _____ hele tida (*you-plural*).

8. Jeg jobber sammen med Annika. Om ettermiddagen drikker jeg ofte kaffe med _____ (*them*).

øving e.
SUBJEKT OG OBJEKT

Fill in the correct subject or object pronouns in the descriptions and the dialogs below.

Tekst 1

Hanne pleier å spise middag hjemme. _____ lager vanligvis suppe, salat eller en kyllingrett *(she)*.

Søstera og mora til Hanne er også glad i å lage mat, og _____ sender _____ nye oppskrifter

(they, her). Noen ganger spiser Hanne hos _____ *(me)*, og da lager _____ ofte pizza til _____

(I, us). Etterpå spiser _____ is med jordbær til dessert *(we)*.

Tekst 2

Espen, Kristian og Bjørn bor i en leilighet i Oslo sentrum. I helgene inviterer _____ ofte venner på

middag *(they)*, og alle liker å spise hos _____ *(them)*. Det er Espen som lager mesteparten av maten,

og _____ liker italiensk mat best *(he)*. Kristian og Bjørn hjelper _____ med matlagingen *(him)*,

og _____ vasker opp etterpå *(they)*.

Tekst 3

Andrea. Hei, kan _____ få snakke med Kristin *(I)*?

Kristin. Hei, du! Det er _____ *(me)*.

Andrea. Hvordan har _____ det *(you-singular)*?

Kristin. Fint, takk. Og _____ *(you-singular)*?

Andrea. Kjempefint. Kari og _____ skal på kafé i kveld *(I)*.

Vil _____ *(you-singular)* bli med _____ *(us)*?

Kristin. Når skal _____ dra *(you-plural)*?

Andrea. _____ hadde tenkt å møtes i sentrum klokka halv seks *(we)*.

Kristin. Ja, det passer fint for _____ *(me)*.

Andrea. Flott. Da ses _____ om et par timer *(we)*!

Kristin. Takk for at _____ ringte *(you-singular)*. Ha det så lenge!

Pronomen: *Subjekt og objekt*

[PRONOUNS: SUBJECT AND OBJECT]

Pronouns are words that replace nouns, and so far you have learned about the personal pronouns that are used in place of proper names and other nouns referring to people. In Ch. 1, you learned about the subject forms and on the previous page about the object forms.

Subject: <u>Erik</u> er kokk og bor i Trondheim.   **Han** er 28 år gammel.

Object: <u>Anne</u> er bestevenninna mi.   Jeg skal spise middag hos **henne** i kveld.

Just as pronouns can be used to replace proper names and other nouns referring to people, they can also be used to replace nouns referring to objects. In English, we use the pronoun "it" in the singular and "they" in the plural for this purpose. In Norwegian, however, there is more than one form of "it" because of the three genders of the noun. Study the chart below.

Person, number	Subject pronoun	Object pronoun
3. person, singular masculine	Jeg spiser <u>en banan</u>. *I am eating a banana.* **Den** er gul. *It is yellow.*	Jeg spiser <u>en banan</u>. *I am eating a banana.* Jeg liker **den** godt. *I like it much.*
3. person, singular feminine	Jeg spiser <u>ei pære</u>. *I am eating a pear.* **Den** er søt. *It is sweet.*	Jeg spiser <u>ei pære</u>. *I am eating a pear.* Jeg liker **den** godt. *I like it much.*
3. person, singular neuter	Jeg spiser <u>et eple</u>. *I am eating an apple.* **Det** er rødt. *It is red.*	Jeg spiser <u>et eple</u>. *I am eating an apple.* Jeg liker **det** godt. *I like it much.*
3. person, plural	Jeg spiser <u>appelsiner</u>. *I am eating oranges.* **De** er gode. *They are good.*	Jeg spiser <u>appelsiner</u>. *I am eating oranges.* Jeg liker **dem** godt. *I like them much.*

øving f.
SUBJEKTFORM   Underline the noun and its article in the first sentence and then fill in the correct subject pronoun in the second sentence.

1. Jeg skal kjøpe et rekesmørbrød.
   _____ ser godt ut!

2. Jeg spiser ei brødskive med brunost.
   _____ smaker veldig god!

3. Jeg ser et rundstykke med gulost.
   _____ koster 10 kroner.

4. Jeg spiser jordbær til dessert.
   _____ er veldig søte!

5. Jeg har en appelsin i matpakka.
   _____ er søt og god.

6. Jeg skal kjøpe mange bønner.
   _____ er veldig billige.

øving g.
OBJEKTFORM

Underline the noun and its article in the first sentence, and fill in the correct object pronoun in the second sentence.

1. Jeg skal kjøpe en brus.

   Jeg vil ta _____ med på turen.

2. Jeg spiser ei pølse.

   Jeg har ketsjup på _____.

3. Jeg har to brødskiver i matpakka.

   Jeg skal spise _____ etter timen.

4. Jeg lager et ostesmørbrød til lunsj.

   Jeg skal spise _____ og se på fotballkampen.

5. Jeg spiser ofte druer.

   Jeg liker _____ godt.

6. Jeg skal kjøpe en pizza.

   Vi skal spise _____ til middag.

Formelt subjekt: det   [FORMAL SUBJECT: DET]

The word **det** can also be used as a formal subject, and it is important to understand how this usage differs from the personal pronouns **den/det** that you have just learned. The key difference is that the formal subject is used as a formulaic way of starting the sentence and does not serve to replace a noun.

Uses of "det"	Examples	English
"Det" used as the subject with a verb or an adjective ("det" = it)	**Det** regner. **Det** snør. **Det** er vanskelig. **Det** er kaldt.	*It rains.* *It snows.* *It is difficult.* *It is cold.*
"Det" used as the subject to introduce a noun ("det" = it, there)	**Det er** ei bok om Norge. **Det er** en fin dag. **Det er** 10 studenter i klassen. **Det er** mange kafeer her.	*It is a book about Norway.* *It is a nice day.* *There are 10 students in class.* *There are many cafés here.*

øving h.
OBJEKT

Fill in the blanks with the formal subject **det** or with the personal pronouns **den/den, det/det, de/dem**.

1. _____ er en god pizza. Jeg kjøpte _____ i butikken. _____ kostet 100 kroner.

2. _____ er ei god kake. Mora mi laget _____. _____ har jordbær og blåbær på toppen.

3. _____ er et smørbrød med skinke. _____ koster 30 kroner. Jeg kan kjøpe _____ i bakeriet.

4. _____ er mange restauranter her. _____ ligger i sentrum. Jeg skriver en artikkel om _____.

5. _____ regner i dag, og _____ er veldig kaldt ute. Jeg drikker en kopp kaffe. _____ er god.

6. Jeg spiser i kantina. _____ er stor og fin. _____ er også en fin kafé her.

7. Jeg liker poteter, men sønnen min liker _____ ikke.

8. Det er en kiosk her. _____ er ny. _____ er også to gatekjøkken i byen.

Engelsviken Brygge
Fiskerestaurant

VÅRE KLASSIKERE

Fiskesuppe
Liten 4 dl: 155,-   Stor 8 dl: 195,-

Reker, ferske og friske
1 liter med tilbehør: 255,-   1/2 liter med tilbehør: 195,-

Kreolsk pasta - skalldyr eller skinke
Liten hovedrett 4 dl: 155,-   Stor hovedrett 8 dl: 255,-

FORRETTER

Sommersalat med reker 115,-

TIL BARNA

Pølse med pommes frites 65,-
Hamburger med pommes frites 95,-

PIZZA

Skinke og ost 135,-
Pepperoni og ananas 145,-

DESSERTER

Lun eplekake og is 105,-
Multer med hjemmelaget honning og
    kardemommeis 120,-

På restaurant

Kelner. Velkommen! Skal det være et bord for to?
Kurt. Ja takk. Har du et bord ved vinduet?
Kelner. Ja, det har jeg.

[Viser dem til bordet]

Lise. Kan vi få en meny?
Kelner. Ja.

[Henter en meny]

Kelner. Vær så god.
Lise. Takk. Hva vil du anbefale i dag?
Kelner. Fiskesuppen er veldig god. Den kommer
    med en salat og en bagett.
Kurt. Det høres godt ut. Jeg vil gjerne ha det.

Kelner. Og hva har du lyst på?
Lise. Jeg tar ferske reker, takk.
Kelner. Skal det være noe å drikke til maten?
Kurt. Jeg vil gjerne ha et glass vin.
Kelner. Rød eller hvit?
Kurt. Hvit, takk.
Lise. Og et glass hvitvin til meg.
    Kunne vi få vann ved siden av?
Kelner. Selvfølgelig.

[Kommer med maten]

Kelner. Fiskesuppe og reker, vær så god.
    Håper det smaker!
Kurt og **Lise.** Takk!

fortsetter

[Etter en stund]

Kelner. Smakte det?
Kurt. Ja, det var deilig!
Lise. Det smakte veldig godt.
Kelner. Det var hyggelig.
Skal det være noe til dessert?
Kurt. Nei takk. Jeg er mett.
Lise. Jeg orker heller ikke dessert,
men jeg vil gjerne ha en kopp kaffe.
Kurt. En kopp til meg også, takk.
Kelner. Det skal bli.

[Kommer med kaffe]

Kelner. Vær så god, to kopper kaffe.
Lise. Takk. Kan vi få regningen?
Kelner. Ja, et øyeblikk.

[Kommer med regningen]

Kelner. Vær så god.

i Innblikk ferske reker

In Norway, there are many cafés and restaurants with outdoor seating. On a beautiful summer day, there is nothing better than sitting at a café with a cold drink and a light meal. One of the most popular summer meals is fresh shrimp, which is served in the shell with French bread, mayonnaise, and lemon. ■

 **øving i.**
PÅ UTESTED

You have just started your Norwegian class at the International Summer School in Oslo. You and two other students take a trip to Fredrikstad and stop to eat at Engelsviken Brygge. Make a roleplay, including looking at the menu, ordering, making small talk, eating and commenting on the food, and paying the bill.

Getting a table	Vi vil gjerne ha et bord for _____ (to, tre, fire). Vi vil gjerne ha et bord _____. (ved vinduet, utendørs, med en parasoll)
Introducing yourself and others	Hei, jeg heter Pål Larsen. God dag, jeg heter Katrine Hauge. Dette er Erik Nystuen. Hei Erik, hyggelig (å møte deg).
Looking at the menu	Hva betyr «reker»? Det betyr «shrimp»._____. Er du sulten? Ja, jeg er sulten. | Nei, ikke så veldig Har du bestemt deg? Ja, jeg vil ha_____. Nei, jeg vet ikke hva jeg skal velge. Hva vil du ha? Jeg vil ha _____.
Talking to the waiter	Hva skal det være her? Jeg vil gjerne ha _____. | Jeg tar_____. Og hva vil du ha å drikke? Et glass hvitvin, takk. | En øl, takk. Smakte maten? Det var _____ (nydelig, deilig, veldig godt).
Getting to know each other	Hvor er du fra? | Hvor bor du? | Hvor studerer du? | Hva studerer du? Har du en jobb? | Har du stor familie? | Hva liker du å gjøre?
Asking for the bill	Vi vil gjerne betale. Kan vi få regningen?

i fokus: tradisjonell norsk mat

øving j.
TRADISJONELL MAT
Listen to the audio clip describing the traditional foods. Match the name of the food to the picture

krumkaker

spekemat

pepperkaker /
pepperkakehus

komler / raspeballer

lefse

pinnekjøtt

rømmegrøt med
flatbrød

lutefisk

smalahove

kransekaker

ribbe

fårikål

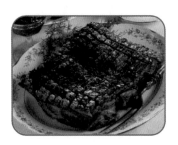

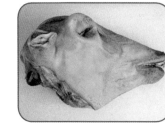

 **øving k.**
NYE MATTRADISJONER

Read the texts about new food traditions in Norway and discuss the questions below.

1. Hva slags mat liker du å spise? Norsk mat? Japansk mat? Indisk mat? Andre typer mat?
2. Hvilke retter (dishes) liker du?

Nye mattradisjoner

I dag er det også mange nye mattradisjoner i Norge.

amerikansk mat
(en hamburger, pommes frites, en pizza, en brus)

I 1970 åpnet Peppes Pizza, den første amerikanske pizzarestauranten i Norge. I 1983 kom McDonalds til Norge, og i 1988 kom Burger King. Første TGI Fridays åpnet i 1997 på Karl Johan.

italiensk mat
(spagetti, lasagne, makaroni)

Pasta er vanlig hverdagsmat i Norge. De fleste spiser pastaretter som spagetti, lasagne og makaroni til middag minst én gang i uka.

pakistansk mat / tyrkisk mat
(en kebab i pitabrød)

På 1980-tallet åpnet det mange gatekjøkkener drevet av innvandrere fra Pakistan og Tyrkia. De utviklet den norske varianten av kebaben: kebab i pitabrød.

indisk mat
(kylling karri, kylling tandoori)

Innvandrere fra India og Pakistan har lært nordmenn å like krydret mat. Det er indiske restauranter i de fleste norske byer, og karri, chili og tikka masala finnes i mange norske kjøkkener.

meksikansk mat
(taco, burrito, tortillalefser, nachos)

På 1990-tallet ble taco, burrito, tortillalefser, nachos og andre meksikanske matretter introdusert i Norge. Nå kan du finne alle ingrediensene du trenger i vanlige matbutikker.

asiatisk mat
(sushi, wok, nudler, risretter)

Mange restauranter har kinesisk, vietnamesisk og thailandsk mat i Norge, og det er vanlig å ha nudler eller risretter til middag. De siste årene har den japanske retten sushi blitt veldig populær.

uttale: Det var en god gammel bondemann

This song tells the story of a farmer who goes out for a beer and leaves his wife at home. Like many traditional Norwegian songs and stories, it has a moral, and it has many repeated lines so it is easy to learn and remember.

 ### øving 1.
SANG

Read the text of the song and see if you can find the moral of the story. Is it serious or meant just for fun?

1. Det var en god gammel bondemann
som skulle gå ut etter øl.
Det var en god gammel bondemann
som skulle gå ut etter øl,
som skulle gå ut etter øl,
som skulle gå ut etter øl,
etter øl, etter hopp-sa-sa, tra-la-lala,
som skulle gå ut etter øl.

2. Til kona kom der en ung student,
mens mannen var ut' etter øl.
Til kona kom der en ung student,
mens mannen var ut' etter øl,
mens mannen var ut' etter øl,
mens mannen var ut' etter øl,
etter øl, etter hopp-sa-sa, tra-la-lala,
mens mannen var ut' etter øl.

3. Han klappet henne på rosenkinn
og kysset henne på munn.
Han klappet henne på rosenkinn
og kysset henne på munn,
mens mannen var ut' etter øl,
mens mannen var ut' etter øl,
etter øl, etter hopp-sa-sa, tra-la-lala,
mens mannen var ut' etter øl.

4. Men mannen stod bakom døren og så
hvordan det hele gikk til.
Men mannen stod bakom døren og så
hvordan det hele gikk til.
de trodde han var ut' etter øl
de trodde han var ut' etter øl,
etter øl, etter hopp-sa-sa, tra-la-lala,
de trodde han var ut' etter øl.

5. Så tok han studenten og kjerringa med
og kastet dem begge på dør.
Så tok han studenten og kjerringa med
og kastet dem begge på dør.
og så gikk han ut etter øl
og så gikk han ut etter øl,
etter øl, etter hopp-sa-sa, tra-la-lala,
og så gikk han ut etter øl.

6. Moralen er: Ta din kone med
når du skal gå ut etter øl.
Moralen er: Ta din kone med
når du skal gå ut etter øl
når du skal gå ut etter øl
når du skal gå ut etter øl,
etter øl, etter hopp-sa-sa, tra-la-lala,
når du skal gå ut etter øl.

 ### øving m.
SANG

Go through the text and circle all the silent consonants. Listen to the recording and see if you were correct.

REPETISJON: ORD OG UTTRYKK

8. Middag	8. Dinner
Når pleier du å spise middag?	***When do you usually eat dinner?***
Jeg pleier å spise middag klokka _____ .	*I usually eat dinner at _____ .*
Hva pleier du å spise til middag?	***What do you usually eat for dinner?***
Jeg pleier å spise _____ til middag.	*I usually _____ for dinner.*
(biff, kjøttkaker, kylling, kalkun, fisk, laks, ørret, torsk, reker, krabbe, fiskekaker, skinke, pølse, fårikål, en hamburger, ei pølse, en kebab, pommes frites, taco, wok, pizza, lasagne, spagetti, ris, kokte poteter, en bakt potet, suppe, en salat, grønnsaker, bønner, mais, blomkål, brokkoli, gulrøtter)	*(steak, meatballs, chicken, turkey, fish, salmon, trout, cod, shrimp, crab, fish cakes, ham, sausage, lamb and cabbage, a hamburger, a hot dog, a kebab, french fries, a taco, stir fry, pizza, lasagna, spaghetti, rice, boiled potatoes, a baked potato, soup, a salad, vegetables, beans, corn, cauliflower, broccoli, carrots)*
Hva drikker du til maten?	***What do you drink with your food?***
Jeg drikker _____ til maten.	*I drink _____ with my food.*
(melk, vann, juice, saft, brus, vin, øl)	*(milk, water, juice, fruit drink, pop / soda, wine, beer)*
Hva liker du å spise til dessert?	***What do you like to eat for dessert?***
Jeg liker å spise _____ til dessert.	*I like to eat _____ for dessert.*
(småkaker, kake, bløtkake, is, pudding, riskrem, frukt, jordbær, bringebær, blåbær)	*(cookies, cake, fruit and whipped cream cake, ice cream, pudding, rice cream, fruit, strawberries, raspberries, blueberries)*
Velkommen. Vil dere ha et bord?	***Welcome. Would you like a table?***
Ja, vi vil ha et bord _____ . (for to | ved vinduet)	*Yes, we'd like a table _____ . (for two | by the window)*
Kan vi få menyen?	***Can we have the menu?***
Ja, vær så god.	*Yes, here you are.*
Er du sulten?	***Are you hungry?***
Ja, jeg er sulten. | Nei, jeg er ikke sulten.	*Yes, I am hungry. | No, I am not hungry.*
Er du tørst?	***Are you thirsty?***
Ja, jeg er tørst. | Nei, jeg er ikke tørst.	*Yes, I am thirsty. | No, I am not thirsty.*
Hva har du lyst på?	***What do you want?***
Jeg har lyst på _____ .	*I want _____ .*
Hva skal det være her?	***What will it be?***
Jeg vil gjerne ha _____ . | Jeg tar _____ .	*I would like to have _____ . | I'll take _____ .*
Og hva skal det være å drikke?	***And what will it be to drink?***
_____ , takk.	*_____ , thank you.*
(en cola, en Solo, et glass vann, en kopp kaffe, en kopp te, et glass vin, en øl)	*(a cola, a Solo, a glass of water, a cup of coffee, a cup of tea, a glass of wine, a beer)*
Smakte det?	***Did it taste good?***
Ja, det var deilig! | Det var veldig godt!	*Yes, it was delicious. | It was very good.*
Kan vi få regningen?	***Can we have the bill?***
Ja, vær så god.	*Yes, here you are.*

Kap. 9: Kaffe og kveldsmat

 **øving a.**
KAFFEKULTUR

Read the text about the Norwegian coffee traditions. Match the photos with the appropriate words in the text.

 Kaffe er en viktig del av norsk matkultur. Mange drikker kaffe både til frokost, i pauser på  universitetet eller jobben og etter middag. Etter middag er kaffen nesten som et måltid i seg selv, og man sitter ofte rundt stuebordet i stua. Man spiser

  gjerne søte ting som kaker, vafler, boller, muffins, kjeks, konfekt eller is  til kaffen. De som ikke liker

kaffe drikker saft eller brus, te eller varm sjokolade i stedet. Det er vanlig å invitere venner og familie på kaffe og kaker i helgene.

Kaffekultur

 øving b.
KAFFE

Read the descriptions of coffee traditions below. Underline the foods mentioned and circle the drinks.

Hva liker du å spise til kaffen?

Ragnhild

Jeg heter Ragnhild. Jeg drikker kaffe nesten hver dag. Jeg elsker å drikke kaffe med noe søtt til et par timer etter middag. Det jeg liker best er kake, for eksempel sjokoladekake eller eplekake.

Kristian

Jeg heter Kristian. Jeg drikker kaffe av og til, og da pleier jeg å spise kjeks eller småkaker til kaffen. Jeg liker også vafler eller is med bær.

Thomas

Jeg heter Thomas og er student ved universitetet. Jeg drikker kaffe hele dagen, både til måltidene og i kaffepausene. Til kaffen liker jeg søte ting som boller med sjokolade og muffins.

Norske vafler

Norske vafler ser ut som hjerter og er søtere enn amerikanske vafler. De består av egg, mel, sukker, smør, bakepulver, kardemomme og melk. I Norge spiser man vafler til kaffen og ikke til frokost. Det er vanlig å spise vafler med geitost eller med jordbærsyltetøy og rømme.

i Innblikk vafler

The origin of Norwegian heart waffles is said to be tied to Norwegian wedding traditions. In times past, a young man who wanted a young lady's hand in marriage would go and discuss the matter with the girl's family. After the family discussed the proposal with their daughter, the boy would be invited back to their house. If the answer was no, he would be served flatbread. If the answer was yes, he was to be served heart waffles. ■

Kveldsmat / aftens

I Norge spiser man ofte middag ved fire- eller femtida. Derfor er det vanlig for mange barn og voksne å spise et lite måltid noen timer etter middag, ved åtte- eller nitida. Dette måltidet kalles kveldsmat eller aftens. Mange nordmenn synes at kveldsmaten er like viktig som frokost, lunsj og middag, spesielt for barn.

Folk spiser aftens så de ikke er sultne når de legger seg. Måltidet skal ikke være så stort for da er det vanskelig å sove godt. Derfor er aftens ofte bare ei brødskive eller et knekkebrød med pålegg og et glass melk eller vann. Frukt, som et eple, en appelsin eller en banan, er også vanlig.

 **øving c.**
KAFFE OG KVELDSMAT

Review the list of foods and drinks below. Write the words in the chart, either under coffee or evening meal. Some items might fit in both categories.

varm sjokolade • et knekkebrød • en muffins • ei brødskive • en kjeks • en sjokoladekake
et eple • et glass melk • ei kake • en appelsin • ei småkake • vafler • ei pære • leverpostei • ei bolle
en kopp kaffe • konfekt • is • ost • salami • en banan • syltetøy • saft • brus

Kaffe	Kveldsmat

øving d.
KAFFE OG KVELDSMAT

Listen to the video clip about the evening meal and do the exercises below.

Pre-listening

In this clip, Liv is going to describe **kveldsmat / aftens** in her family. Write down at least three main topics you think she might discuss. Review relevant vocabulary for each topic.

a) _____

b) _____

c) _____

Listening

Listen to the clip two or three times to determine if the sentences below are **RIKTIG** (*true*) or **GALT** (*false*).

a) Liv spiser aftens hver dag nå.	RIKTIG	GALT
b) Liv pleide å spise (used to eat) brødskiver til aftens.	RIKTIG	GALT
c) Liv spiste (ate) aftens da hun var ung.	RIKTIG	GALT
d) Liv lager aftens til søstera si nå.	RIKTIG	GALT
e) Broren til Liv liker aftens veldig godt.	RIKTIG	GALT
f) Broren til Liv liker fet mat.	RIKTIG	GALT

Post-listening

Work with another student in your class and discuss the questions below about what you eat/drink in the evenings.

a) Pleier du å drikke kaffe, te eller andre varme drikker om kvelden?

b) Hvor mange kopper drikker du?

c) Lager du kaffe eller te hjemme eller går du på kaffebar?

d) Hva liker du ellers å spise om kvelden?

e) Pleier du å spise aftens som de ofte gjør i Norge, eller ikke?

Ordstilling: Spørsmål med spørreord

[WORD ORDER: QUESTIONS WITH INTERROGATIVES]

An interrogative is a word that is used to ask a question.

Below is an overview of the interrogatives you have learned so far.

Interrogatives	Questions	Answers
hva *what*	**Hva** spiser du til frokost? *What do you eat for breakfast?*	Jeg spiser brødskiver med ost. *I eat slices of bread with cheese.*
hvor *where*	**Hvor** spiser du lunsj? *Where do you eat lunch?*	Jeg spiser lunsj i kantina. *I eat lunch in the cafeteria.*
hvordan *how*	**Hvordan** smakte det? *How did it taste?*	Det var deilig! | Det var veldig godt! *It was delicious! | It was very good!*
hvem *who*	**Hvem** lager middag i familien din? *Who makes dinner in your family?*	Faren min lager vanligvis middag. *My dad usually makes dinner.*
hvorfor *why*	**Hvorfor** har du med matpakke? *Why do you bring a packed lunch?*	Fordi det er billig og sunt! *Because it is inexpensive and healthy.*
når *when*	**Når** spiser du middag? *When do you eat dinner?*	Jeg spiser middag klokka fem. *I eat dinner at five o'clock.*
hvilken *which*	**Hvilken** kopp vil du ha? *Which cup do you want?* **Hvilket** måltid liker du best? *Which meal do you like best?* **Hvilke** grønnsaker liker du best? *Which vegetables do you like best?*	Jeg vil ha den store koppen. *I want the big cup.* Jeg liker frokost best. *I like breakfast best.* Jeg liker bønner og mais best. *I like beans and corn best.*
hvor mange *how many*	**Hvor** mange måltider pleier du å spise? *How many meals do you usually eat?*	Jeg pleier å spise fire måltider. *I usually eat four meals.*
hvor gammel *how old*	**Hvor** gammel er du? *How old are you?*	Jeg er 22 år gammel. *I am 22 years old.*
hva slags *what kind*	**Hva** slags mat liker du best? *What kind of food do you like best?*	Jeg liker fisk best. *I like fish best.*

 øving e.
SPØRSMÅL

Write questions that fit with the answers provided.

1. Jeg heter Lars.

2. Jeg kommer fra Lillehammer.

3. Jeg er 21 år gammel.

4. Jeg spiser i kantina på universitetet.

5. Jeg spiser sammen med vennene mine.

6. Jeg liker middag best.

7. Jeg pleier å spise kylling eller fisk til middag.

8. Fordi jeg liker varm mat best.

9. Jeg har forelesning klokka tolv i dag.

10. Jeg spiser tre skiver brød til frokost.

Korte svar med «gjør» [SHORT ANSWERS WITH "DO"]

In both English and Norwegian, you can give a full answer to a yes/no question or you can give a short answer. In both languages, it is often more idiomatic to use the short form rather than the longer form.

Which of the following examples sounds more natural to you?

| Do you like coffee? | Yes, I like coffee. | *or* | Yes, I do. |
| Do you eat breakfast? | No, I don't eat breakfast | *or* | No, I don't. |

Note that the short answers in Norwegian have inverted word order.

Ja, det gjør jeg. *Yes, that do I.*   **Nei, det gjør jeg ikke**. *No, that do I not.*

Yes/No Questions	Long Answers	Short Answers
Liker du kaffe?	Ja, jeg **liker** kaffe. Nei, jeg **liker** ikke kaffe.	Ja, det **gjør** jeg. Nei, det **gjør** jeg ikke.
Spiser du lunsj?	Ja, jeg **spiser** lunsj. Nei, jeg **spiser** ikke lunsj.	Ja, det **gjør** jeg. Nei, det **gjør** jeg ikke.

øving f.
KORTE SVAR   Work with a partner. Answer the questions below using short answers.

1. Spiser du _____? (pizza, småkaker, tunfisk, lutefisk, hamburgere, lasagne)
2. Drikker du _____? (kaffe, te, saft, melk, vann, øl, vin)
3. Går du ofte på _____? (restaurant, gatekjøkken, kafé, kaffebar)
4. Pleier du å _____? (hoppe over frokost, lage mat, spise dessert, drikke mye vann)

Korte svar med «er» og «har»
[SHORT ANSWERS WITH "IS" AND "HAVE"]

With most verbs, the short answer will always be **Ja, det gjør jeg. | Nei, det gjør jeg ikke.** However, some verbs repeat the original verb in the short answer, as you can see in the chart below.

Yes/No Questions	Long Answers	Short Answers
Er du fra Norge?	Ja, jeg **er** fra Norge. Nei, jeg **er** ikke fra Norge.	Ja, det **er** jeg. Nei, det **er** jeg ikke.
Har du en bil?	Ja, jeg **har** en bil. Nei, jeg **har** ikke en bil.	Ja, det **har** jeg. Nei, det **har** jeg ikke.

øving g.
KORTE SVAR   Work with a partner. Answer the questions below using short answers.

1. Er du _____? (fra Norge, amerikaner, student, lærer, flink til å lage mat)
2. Har du _____? (et vaffeljern, en brødrister, en mikrobølgeovn, en kaffetrakter)

Preposisjoner [PREPOSITIONS]

Prepositions often describe the location of something or the time an event will occur.

Prepositions form phrases with nouns or pronouns, and these phrases express relationships between different parts of the sentence. Prepositions are often used to describe the location of something or the time an event will occur. They are also used in a large number of **idiomatic expressions**, i.e. phrases that usually can't be translated word for word from one language to another. Below are examples of prepositions used to describe location.

på *on*	**ved** *by, at*	**ved siden av** *beside*	**til venstre for** *to the left of*	**til høyre for** *to the right of*
Blomstene står **på** bordet.	Stolene står **ved** bordet.	Bildet henger **ved siden av** stolen.	Gaffelen ligger **til venstre for** tallerkenen.	Glasset står **til høyre for** tallerkenen.

en stol — ei plante — blomster — et vindu

en gaffel — en skje — et glass

ei lampe — et bord — et bilde — et teppe

en bolle — en kniv

en tallerken / en asjett

mellom *between*	**foran** *in front of*	**bak** *behind*	**over** *over*	**under** *under*
Kniven ligger **mellom** skjeen og tallerkenen.	Plantene står **foran** vinduet.	Vinduene er **bak** bordet.	Lampa henger **over** bordet.	Teppet ligger **under** bordet.

øving h.
PREPOSISJONER

Complete the descriptions of the tables below using prepositional phrases.

1. Stolene står _____.
2. Blomstene står _____.
3. Lysestakene står _____.
4. Vinduene er _____.
5. Teppet ligger _____.

1. Lampa henger _____.
2. Vinduene er _____.
3. Vasen står _____.
4. Stolene står _____.
5. Bordet står _____.

Andre preposisjoner [OTHER PREPOSITIONS]

Below are several other common prepositions. Some express location and time, and some describe other types of relationships in the sentence.

Prep.	Examples	Prep.	Examples
i *in*	Vi spiser **i** spisestua. *We eat in the dining room.*	**mot** *toward*	Faren min er snill **mot** meg. *My father is nice toward me.*
fra *from*	Lutefisk er en rett som er **fra** Norge. *Lutefisk is a dish that comes from Norway.*	**av** *of*	Risgrøt består **av** ris og melk. *Rice porridge consists of rice and milk.*
hos *at, by*	Vi spiser ofte **hos** bestemora mi. *We often eat at my grandmother's house.*	**om** *about*	Vi snakker **om** mat i timen. *We talk about food in class.*
med *with*	Jeg lager mat **med** faren min. *I cook with my father.*	**for** *for*	Det er godt **for** meg å spise brød. *It is good for me to eat bread.*
uten *without*	Det er vanskelig å spise **uten** bestikk. *It is difficult to eat without silverware.*	**etter** *after*	Jeg gjør lekser **etter** middag. *I do homework after dinner.*
til *to*	Jeg skal **til** butikken for å handle mat. *I am going to the store to buy food.*	**før** *before*	Jeg tar en dusj **før** frokost. *I take a shower before breakfast.*

øving i.
PREPOSISJONER

Create new sentences using the prepositions above.

Hjemme hos Hanne og Øystein

Øystein. Hei, alle sammen! Kom inn!
Dette er kona mi, Hanne, og dette er
Mary, Jon, Ahmed og Heidi.
Hanne. Velkommen til oss!
Heidi. Takk! Vi har med noe til dere.
Vær så god.
Hanne. En blomsterbukett!
Så fin den er.
Ahmed. Og her er litt konfekt!
Hanne. Så hyggelig! Tusen
takk. Bare gå inn og
sett dere. Jeg skal finne
en vase.

Hanne. Kaffen er klar! Øystein, kan du hente
vaflene?
Øystein. Her kommer de.
Har du spist vafler før, Ahmed?
Ahmed. Nei, aldri.
Så morsomt – de ser ut som hjerter!
Mary. Mm, og det lukter
veldig godt!
Øystein. Bare forsyn dere.
Vi pleier å spise
vaflene med
brunost eller
syltetøy og rømme.

Hanne. Vil du ha kaffe eller te, Mary?
Mary. Gjerne te. Hjemme i England drikker
vi alltid te, så jeg liker det best.
Hanne. Og du, Jon? Hva har du lyst på?
Jon. Kaffe, takk. Øystein, kan du sende meg
melk og sukker?
Øystein. Vær så god. Ahmed og Heidi, kaffe eller
te til dere?
Ahmed. Kaffe til
meg, takk.
Heidi. Til meg
også, takk.

Ahmed. Mm, dette var nydelig!
Kan jeg få en vaffel til?
Øystein. Selvfølgelig! Vil dere
også ha flere vafler?
Alle. Ja, gjerne!
Mary. Dette smaker veldig
godt, og minner meg
om England Der har vi 'tea and
biscuits', og her har dere 'kaffe og
vafler'!
Heidi. Ja, du har rett—samme konsept,
forskjellig innhold.

Jon. Å, nå er jeg god og mett!
Hanne. Det er flere vafler på kjøkkenet,
så det er bare å forsyne seg.
Ahmed. Takk, men jeg er forsynt.
Heidi. Jeg også. Tusen takk for maten!
Alle. Ja, takk for maten.
Øystein. Vel bekomme.

Ahmed. Jeg tror vi må gå nå. Bussen kommer
snart.
Øystein. Det var hyggelig at dere kunne komme!
Mary. Takk for invitasjonen! Det er koselig å
bli bedt hjem på norsk kaffe!
Jon. Ja. Takk for
oss!
Hanne. Takk for
besøket! Ha
det bra!
Alle. Ha det!

i Innblikk kaffe eller middag i et norsk hjem

If you have been invited to someone's home in Norway for coffee or for dinner, it is important that you are punctual and that you bring a gift. Some typical gifts are chocolates or candy, flowers, or a bottle of wine if you know that the family drinks alcohol. ■

en eske konfekt

ei/en flaske vin

blomster

øving j.
KAFFE

Do the exercises below as you read the text on the previous page.

Pre-reading

This text is about a teacher who invites four of his students to his home for coffee and waffles. As you can see, the text is divided into six main sections. What do you think the topic of each section will be? Do you think there will be any cultural differences or similarities apparent in this text?

During reading

a) As you read, underline or make a list of the phrases that would be useful to students doing a roleplay activity about a similar evening in which they have to take the role of the hosts or the guests.

b) Read the text and complete the summary below.

Mary, Jon, Ahmed og Heidi drar på besøk til Øystein og _____. De tar med seg to små gaver, en _____ og litt _____.

Øystein og Hanne har laget _____ til gjestene, og de serverer dem med _____ eller _____ og rømme. Mary drikker _____til maten, men Jon, Ahmed og Heidi drikker _____. Jon har melk og _____i kaffen.

Alle synes vaflene smaker veldig _____, og de tar gjerne _____ vafler. Mary sier at kaffe og vafler minner henne om «_____» og «_____» i England. Når alle er forsynt, sier de: «Takk _____ _____.» Øystein og Hanne sier: «Vel _____.»

Til slutt er det på tide for Mary, Jon, Ahmed og Heidi å ta _____ hjem. De synes det har vært _____ å bli bedt hjem på norsk kaffe. De sier: «Takk for _____,» og Hanne sier: «Takk for _____.»

Post-reading

In a group of four, create a roleplay of a similar evening with two students as the hosts and two students as the guests. In addition to talking about the food, have a discussion about an interesting topic while you eat.

i fokus: kaffe

 **øving k.**
KAFFE
Match the paragraphs to the pictures.

Er kaffe populært i Norge?

Kaffe er Norges nasjonaldrikk nr. 1. Over 80 prosent av den voksne befolkningen i Norge drikker kaffe, og hver person drikker ca. tre kopper kaffe hver dag. Norge er faktisk på verdenstoppen i kaffedrikking sammen med Finland.

Hvor blir kaffe produsert?

Kaffe er et jordbruksprodukt som trives best i et belte like ved ekvator, i tropiske eller subtropiske strøk. Brasil er den største produsenten av kaffe, fulgt av Vietnam og Columbia.

Når begynte folk i Norge å drikke kaffe?

Kaffe ble vanlig i Norge i 1840-årene. På den tiden ble det ulovlig å lage brennevin i Norge, og man skulle drikke kaffe istedenfor alkohol. Likevel var det mange som drakk «karsk», en blanding av kaffe og hjemmebrent.

Hvorfor drikker nordmenn kaffe?

Kaffedrikking er knyttet til sosiale ritualer. Folk liker å drikke kaffen, men de liker enda bedre å sitte og prate med familie og venner mens de gjør det. «Skal vi ta en kopp kaffe?» er et viktig uttrykk for de fleste nordmenn.

Hvor og hvordan drikker nordmenn kaffe?

I Europa har det vært vanlig å drikke kaffe på kaffehus i over 300 år, men i Norge har det vært mest typisk å drikke kaffe hjemme. I dag er det mye kaffedrikking på jobben og i kirken, og det er også populært å drikke kaffe sammen med venner på kaffebar. Kaffebarene ble etablert i USA i 1980-årene, og Norge fikk sin første kaffebar i 1994. Nå er det kaffebarer overalt.

Hva er en barista?

En barista er en person som jobber i en kaffebar og lager kaffedrikkene. Kaffedrikkene er espressobaserte, og mange er blandet med steamet melk. Latte, for eksempel, betyr melk på italiensk. Hvis du har lyst til å prøve noe annet enn "vanlig kaffe", kan du for eksempel be om drikkene i den neste øvelsen.

øving l.
KAFFEDRIKKER

Match the coffee drinks with their descriptions.

Kaffedrikkene	Beskrivelsene
a. En espresso	_____ Espresso, steamet melk og melkeskum i tre like deler.
b. Caffé latte	_____ Kaffe og melk i lik blanding. Sterk nylaget kaffe blandes med varm melk.
c. Cappuccino	_____ Kaffe som er tilberedt hurtig og under trykk. Mørk, brent kaffe med et lite skumlag på toppen, og dobbelt så sterk som vanlig kaffe.
d. Café au lait	_____ En enkel espresso som fylles på med varmt vann.
e. Americano	_____ Sjokoladesaus, espresso og steamet melk.
f. Caffé Mocca	_____ Espresso og steamet melk. Dette er den mest vanlige espresso-drikken i USA.

øving m.
KAFFEDRIKKER

Use the questions below to discuss your coffee drinking habits with another student.

Går du på kaffebar? Hva synes du om prisene på kaffedrikkene?

Hvilke kaffedrikker liker du? Hvem går du på kaffebar med?

i Innblikk Kaffedrikking i Norge.

Norwegians drink 17.4 million cups of coffee a day. 85% of Norwegian men prefer to drink **svart kaffe**, or *black coffee*. 35% of women prefer to drink **kaffe med melk**, or *coffee with milk*. ∎

Source: kaffe.no

MEST UTFORDRENDE ORD FRA DETTE KAPITTELET

Listen to the sounds, the words, and the sentences and practice saying them aloud, either as a class or with another student.

Sounds	Words	Sentences
i	spiser — is — drikker	1. Det er deilig å spise is til dessert!
y	mye — lyst — rundstykke	
e	reker — poteter — te	2. Jeg elsker å drikke kaffe.
ø	fløte — kjøtt — lunsj [lønsj]	
a	mat — kake — kaffe	3. Jeg har lyst på et rundstykke.
æ	være — pære — er [ær]	4. Vil du ha ei brødskive med ost?
å	pålegg — måltider — åtte	
o	frokost — kroner — ost	5. Jeg er veldig sulten i dag!
u	tusen — juice — sulten	
diftonger	pleier — leverpostei — syltetøy	6. Jeg skal kjøpe ei pølse i kiosken.
stum. kons.	brød — deilig — dessert	7. Jeg skal på restaurant i kveld.
j	jobb — hjemme — gjerne	
kj	kjøtt — kjeks — kiosk — kylling	8. Syltetøy er det beste pålegget!
sj	skjære — sjokolade — brødskive — skinke — tørst	
r	rundstykke — brød — spiser	
ng	restaurant [resturang] — pudding	

øving n.
DIKTAT
Listen to the recording about Knut's eating habits and fill in the missing words. Then practice reading the text aloud.

Knut _____ dagen med en god _____. Han _____tre _____, én med _____, én med _____ og én med _____. Han _____ melk og _____ og tar et eple eller en banan til slutt. Knut tar matpakke med til _____: tre skiver med _____ og _____. Han _____ _____i kantina. Noen _____ kjøper han også et wienerbrød. Knut og kona hans _____ middag sammen. Hun liker best kjøttretter, men han er veldig _____ i spaghetti og lasagne. De drikker kaffe etter middagen. Knut og kona hans _____ å spise middag hjemme, men de går også på _____ av og til.

REPETISJON: ORD OG UTTRYKK

9. Kaffe og kveldsmat | 9. Coffee and Evening Meal

Når drikker nordmenn kaffe? — *When do Norwegians drink coffee?*
De drikker kaffe til frokost, i pauser på universitetet eller på jobben og etter middag. — *They drink coffee with breakfast, during breaks at the university or at work, and after dinner.*

Hva pleier du å spise til kaffen? — *What do you eat for coffee?*
Jeg pleier å spise _____ til kaffen. (kake, småkaker, vafler, boller, muffins, is) — *I eat _____ for coffee. (cake, cookies, waffles, buns, muffins, ice cream)*

Hva drikker du hvis du ikke liker kaffe? — *What do you drink if you don't like coffee?*
Jeg drikker _____. (en kopp te, varm sjokolade, et glass juice, saft) — *I drink _____. (a cup of tea, hot chocolate, a glass of juice, fruit drink)*

Liker du sterk eller svak kaffe? — *Do you like strong or weak coffee?*
Jeg liker _____ kaffe. — *I like _____ coffee.*

Hvor pleier du å drikke kaffe? — *Where do you usually drink coffee?*
Jeg drikker kaffe _____. (i stua, på kjøkkenet, på kafé, på kaffebar, i kantina) — *I drink coffee _____. (in the living room, in the kitchen, at a café, at a coffee shop, in the cafeteria)*

Hva er kveldsmat? — *What is the evening meal?*
Kveldsmat er et måltid man spiser før man legger seg. — *The evening meal is a meal one eats before one goes to bed.*

Hva spiser du til kveldsmat? — *What do you eat for the evening meal?*
Jeg spiser _____ til kveldsmat. (ei brødskive, et rundstykke, frokostblanding) — *I eat _____ for evening meal. (a slice of bread, a hard roll, cereal)*

Velkommen til oss! — *Welcome to our home!*
Takk, det er hyggelig å bli bedt hjem på kaffe. — *Thanks, it is nice to be invited to your home for coffee.*

Vil du ha kaffe eller te? — *Would you like coffee or tea?*
Kaffe, takk. — *Coffee, thank you.*

Kan du sende meg syltetøyet? — *Can you pass the jam?*
Ja, vær så god. — *Yes, here you are.*

Vil du ha flere vafler? — *Would you like more waffles?*
Ja takk, dette var deilig! | Nei takk, jeg er forsynt. — *Yes, please. This is delicious! | No thanks, I am full.*

Takk for maten! — *Thanks for the food!*
Vel bekomme! — *You are welcome.*

Takk for i kveld. | Takk for meg. — *Thanks for tonight. | Thanks for inviting me.*
Takk for besøket. Det var hyggelig at du kunne komme. — *Thanks for the visit. It was nice that you could come.*

hverdagsliv

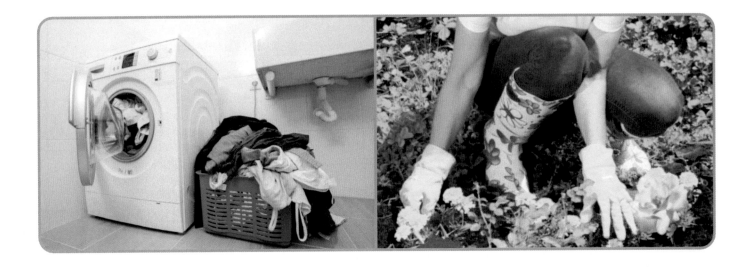

og fritid

daily life & leisure

In this section, you will...

• learn about common leisure activities in Norway, including sports, outdoor life, entertainment, media, interests, and hobbies

• understand and participate in conversations about making plans for an evening

• understand and participate in interviews about leisure activities

• read informative texts about how Norwegians spend their leisure time

• listen to short descriptions of students describing their leisure activities and their daily routines

• write descriptions of your leisure activities and your daily routine

• reflect on how culture influences the balance between work/school and leisure activities

	10. Sports and Outdoor Life	11. Entertainment and Interests	12. Daily Routine
Topics	Outdoor activities, nature, sports, and exercise	Entertainment, media, games interests, hobbies, and music	Morning and evening activities, work and school activities, chores at home, and chores in the yard
Grammar	Prepositions: Specific and General Time Expressions; Verbs: Past Tense, Strong	Prepositions: Telling Time; Verbs: Past Tense, Weak	Pronouns: Reflexive Word Order: Narration
Pronunciation	Consonants: R Song: "Jeg gikk en tur"	Consonants: L Song: "Alle synger i dusjen"	Top 50 most difficult words
Functions	Describing likes and dislikes, describing competency	Making suggestions, responding positively and negatively, describing interests	Asking for information, ordering events
Tasks	Describing outdoor and athletic activities, interviewing others about activities	Making plans for an evening, telling time, describing hobbies and interests	Describing daily routine, interviewing others about daily routine
Culture	Importance of nature in outdoor activities, sports, organization of athletic teams and activities	Popularity of types of entertainment, types of hobbies, interest organizations, Norwegian media, cell phones	Daily routine, gender roles in the home, use of time, activities during the week and on the weekends

Kap. 10: Sport og friluftsliv

92 % går på spasertur i nærområdet.

82 % går på fottur i skogen eller på fjellet.

62 % bader i salt- eller ferskvann.

42 % plukker sopp eller bær i skogen.

41 % drar på fisketur.

Norsk friluftsliv

Friluftsliv er en viktig del av norsk kulturarv. Filosofien bak friluftsliv er å komme seg opp av sofaen, bort fra byen og ut i naturen der man kan få frisk luft i lungene. Omtrent 97 % av Norges befolkning driver friluftsliv i dag.

2 % driver med rafting eller elvepadling.

Kontakt med naturen

Folk driver med friluftsliv for å nyte fred og ro ute i naturen og for å tilbringe tid sammen med venner og familie. Dessuten får man mye mosjon når man driver friluftsliv. Tidligere dominerte aktiviteter som jakt og fiske, men i dag er bading, soling, gåtur i nærområdet og fottur i skogen eller i fjellet de vanligste aktivitetene. Sykling har også blitt mer populært.

4 % går på ridetur på hest.

39 % går på ski i skogen eller på fjellet.

Ekstremsport

I media i dag hører man mye om fjellklatring, rafting, fallskjermhopping og basehopping, men det er ikke så mange mennesker som deltar i disse aktivitetene.

6 % går på bretur eller klatrer.

38 % drar på båttur (i motor- eller seilbåt).

Friluftsliv hele året

Et viktig prinsipp er at man kan drive friluftsliv hele året. Om sommeren drar man på fottur, om høsten går man på sopptur, og om vinteren går man på skitur. Helt fra barn er små, leker de ute i all slags vær. Et norsk ordtak sier at «det finnes ikke dårlig vær, bare dårlige klær!»

Source: Miljøstatus.no, SSB

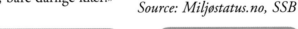

8 % går på jakt.

27 % drar på sykkeltur.

14 % går på skøyter på islagt vann eller elv.

18 % står på slalåm eller snowboard.

23 % drar på kano- eller kajakktur.

27 % overnatter ute i naturen.

ⓘ Innblikk One of the main reasons that Norwegians take part in outdoor activities is to find peace and quiet in nature. There are 40 national parks in Norway, many with marked trails and cabins for outdoor enthusiasts. People can also take day or even overnight trips in their local *wilderness areas*, or **marka**, which have been set aside near most Norwegian towns and cities. In addition, there is a law in Norway called **Allemannsretten** that gives everyone the right to free passage and camping on uncultivated land, including most of the water, beaches, marshes, forests, and mountains in Norway. ■

øving a.
FRILUFTSLIV

Do the exercises below as you read the text about outdoor life on the previous page.

Pre-Reading: This text describes Norwegian outdoor life, which has its roots in the harvesting traditions from the country and the hiking culture from the cities. Here you will find a description of different types of outdoor activities as well as the reasons people participate in outdoor life.

Reading:

1. What percentage of the population takes part in outdoor life in Norway? _____

2. What are the three main reasons people do outdoor activities?

   a) Fred og ro og kontakt med naturen.   *Peace and quiet and contact with nature*

   b) _____   _____

   c) _____   _____

3. What does the text say about the following groups of activities:

   a) jakt og fiske _____

   b) spasertur, soling, fottur og bading _____

   c) sykling _____

   d) fjellklatring, rafting, fallskjermhopping og basehopping _____

4. Match the activities with their meanings:

   a) jakt   basejumping

   b) fiske   rafting

   c) spasertur   bicycling

   d) soling   hiking

   g) fottur   walking

   h) bading   hunting

   i) sykling   fishing

   j) fjellklatring   sunbathing

   k) rafting   swimming

   l) fallskjermhopping   mountain climbing

   m) basehopping   skydiving

Idrett

Driver du med idrett?   Ja, jeg _____.| Nei, jeg driver ikke med idrett.

spiller fotball	spiller basketball	spiller volleyball	spiller håndball	spiller ishockey
spiller golf	spiller tennis	spiller amerikansk fotball	spiller baseball	spiller softball
driver friidrett	driver med bryting	trener karate / taekwondo	går på ski	står på snowboard

Trener du?   Ja, jeg _____. | Nei, jeg trener ikke.

jogger	svømmer	sykler	går tur
går på treningssenter	driver med styrketrening	trener aerobic	trener yoga

 **øving b.**
SPORT

Have a discussion about sports and exercise with another student.

1. Driver du med idrett? Trener du?   Ja, jeg... | Nei, det gjør jeg ikke.
2. Hva er du flink til å gjøre?   Jeg er flink til å _____. | Jeg er ikke flink til å _____.
3. Følger du med på sport?   Ja, jeg følger med på _____. | Nei, det gjør jeg ikke.
4. Hvilket idrettslag liker du best?   Jeg liker _____ best.
5. Hvilken idrettsutøver liker du best?   Jeg liker _____ best.

øving c.
SPORT

Read the texts aloud with another student. Underline the sports activities that the students do or follow.

Intervju med Anne.

Lærer. Driver du med sport?

Anne. Ja, jeg jogger tjue minutter hver dag. Om vinteren går jeg på ski.

Lærer. Liker du å se på sport på TV?

Anne. Ja, jeg ser på håndball og ski-idrett på TV.

Lærer. Hvilken skisport liker du best?

Anne. Jeg liker best å se på langrenn og slalåm.

Intervju med Bjørn.

Lærer. Liker du friluftsliv?

Bjørn. Ja, jeg elsker å være ute i naturen.

Lærer. Hvilke idretter driver du med?

Bjørn. Jeg driver med orientering og svømming.

Lærer. Følger du med på sport?

Bjørn. Ja, jeg følger med på basketball.

Lærer. Hvilket lag heier du på?

Bjørn. Lakers er best!

Intervju med Jenny.

Lærer. Driver du med sport?

Jenny. Ja jeg spiller golf hver søndag.

Lærer. Liker du å se på sport på TV?

Jenny. Ja, men bare tennis. Jeg liker Wimbledon og US Open best.

Lærer. Hvilken idrettsutøver liker du best?

Jenny. Andre Agassi er min favoritt.

Intervju med Tom.

Lærer. Liker du friluftsliv?

Tom. Nei, jeg hater å være ute.

Lærer. Driver du med sport?

Tom. Nei, men jeg ser på fotball på TV.

Lærer. Hvilket lag heier du på?

Tom. Jeg er fra Oslo øst, så jeg heier på Vålerenga. Heia Vål'enga!

øving d.
SPORT

The activities in the bar graph are in the past participle form of the verb. Identify the present tense form for each activity and read the statistics aloud with a partner. Then discuss activities in your home area. Are they similar or different?.

ex.) 76 prosent av voksne (adults) i Norge går raske turer.

Personer som har deltatt på ulike treningsaktiviteter i 2019

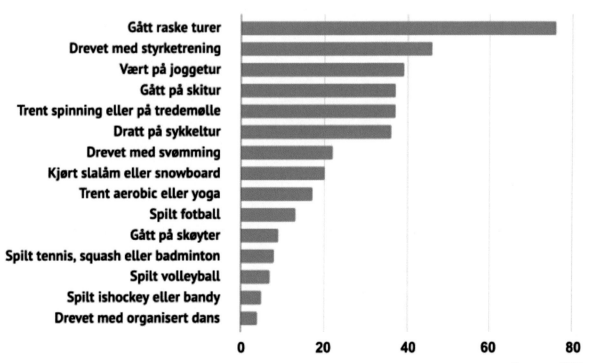

Source: SSB

Preposisjoner: Tidsuttrykk

General periods of time

We use expressions for general periods of time to describe when we usually do things. Note that these expressions are usually formed with the preposition **om** and the noun in the definite form (**om sommeren**). See the examples in the chart below.

	General periods of time	English
Seasons	Jeg drar på fisketur **om sommeren**. Jeg plukker sopp **om høsten**. Jeg går på ski **om vinteren**. Jeg steller i hagen **om våren**.	*I go fishing during the summer.* *I gather mushrooms during the fall.* *I go skiing during the winter.* *I work in the yard during the spring.*
Times of the day	Jeg jobber **om dagen**. Jeg jogger **om morgenen**. Jeg har forelesning **om formiddagen**. Jeg trener **om ettermiddagen**. Jeg studerer **om kvelden**. Jeg sover **om natta**. Jeg slapper av **i helgene**.	*I work during the day.* *I jog during the morning.* *I have lecture during the forenoon.* *I work out in the afternoon.* *I study during the evening.* *I sleep during the night.* *I relax on the weekends.*
Leisure, holidays, and vacations	Jeg er sammen med venner **i fritida**. Vi er sammen med familien **i jula**. Vi drar på fjellet **i påsken**. Vi reiser til Spania **i ferien**.	*I am with friends in my freetime.* *We are with family during Christmas.* *We go to the mountains during Easter.* *We travel to Spain during vacation.*

øving e.
TIDSUTTRYKK

Describe what you usually do during the time periods listed. Note that the sentence starts with an adverbial so you need to invert the subject and verb.

1. Om morgenen _____

2. Om formiddagen _____

3. Om ettermiddagen _____

4. Om kvelden _____

5. I helgene _____

6. I ferien _____

7. Om sommeren _____

8. Om vinteren _____

Specific periods of time

We use expressions for specific time periods to describe what we do on a particular day. Note that the specific time expressions are formed using **i** plus the indefinite form of the noun (**i sommer**). See the examples below.

	Specific periods of time	English
Seasons	Jeg må finne en jobb **i sommer**. Jeg skal gå på jakt **i høst**. Jeg skal trene **i vinter**. Jeg skal få en jobb **i vår**.	*I have to find a job this summer.* *I am going to go hunting this fall.* *I am going to work out this winter.* *I am going to get a job this spring.*
Times of the day	Jeg slappet av **i går**. Jeg må studere **i dag**. Jeg jogget **i morges** / **i dag tidlig**. Jeg skal jobbe **i formiddag**. Jeg har korøvelse **i ettermiddag**. Jeg skal gå ut **i kveld**. Jeg skal overnatte på hotell **i natt**. Jeg skal gå på fottur **i morgen**. Jeg skal dra hjem **i helga**.	*I relaxed yesterday.* *I have to study today.* *I jogged this morning.* *I am going to work this forenoon.* *I have choir practice this afternoon.* *I am going to go out this evening.* *I am going to stay at a hotel tonight.* *I am going to go hiking tomorrow.* *I am going to go home this weekend.*

øving f.
TIDSUTTRYKK

Today is Thursday. Describe what Chris is going to do today and later this week. Describe what your plans are for today and this week.

tid	mandag	tirsdag	onsdag	torsdag	fredag	lørdag	søndag
8.00	styrketrening	jogge	styrketrening	jogge		yoga	
9.00	historie		historie		historie		
10.00		norsk		norsk		jobbe	jobbe
11.00	psykologi	norsk	psykologi	norsk	psykologi		
12.00		lunsj		lunsj			
13.00							
14.00	jobbe		jobbe		gå på fottur		
15.00		fotball	jobbe	fotball	gå på fottur		
16.00		fotball		fotball			
17.00							
18.00							
19.00				gå på kino			
20.00				gå på kino			

Hva skal Chris gjøre?

1. Hva skal Chris gjøre i formiddag?
2. Hva skal han gjøre i ettermiddag?
3. Hva skal han gjøre i kveld?
4. Hva skal han gjøre i morgen?
5. Hva skal han gjøre i helga?

Hva skal du gjøre?

1. Hva skal du gjøre i dag?
2. Hva skal du gjøre i formiddag?
3. Hva skal du gjøre i ettermiddag?
4. Hva skal du gjøre i kveld?
5. Hva skal du gjøre i morgen?
6. Hva skal du gjøre i helga?

Verb: *Preteritum, sterke verb*

[VERBS: PAST TENSE, STRONG VERBS]

Past tense – *preteritum* – describes actions done at a specific time in the past.

Just like English, Norwegian has strong verbs and weak verbs. The past tense of strong verbs is formed by changing the vowel in the stem. Since there are few clear patterns to these vowel changes, these past tense forms have to be memorized.

ex.) skrive — **skrev** — har skrevet   *write — **wrote** — have written*
         drikke — **drakk** — har drukket   *drink — **drank** — have drunk*

In contrast, past tense of weak verbs is formed by adding regular endings to the verbs. In English, there is only one such ending — -ed — but in Norwegian, there are four.

ex.) snakke — **snakket** — har snakket   *talk — **talked** — have talked*
         like — **likte** — har likt   *like — **liked** — have liked*
         prøve — **prøvde** — har prøvd   *try — **tried** — have tried*
         bo — **bodde** — har bodd   *live — **lived** — have lived*

In the chart below, you see the most common strong verbs in all of their forms.

Infinitive	Present Tense	Past Tense	Present perfect
	-r ending	Vowel change	"har" + vowel change
bli (*become*)	Jeg **blir** syk.	Jeg **ble** syk.	Jeg **har blitt** syk.
dra (*go, leave*)	Jeg **drar** hjem.	Jeg **dro** hjem.	Jeg **har dratt** hjem.
drive (*do*)	Jeg **driver** med idrett.	Jeg **drev** med idrett.	Jeg **har drevet** med idrett.
drikke (*drink*)	Jeg **drikker** kaffe.	Jeg **drakk** kaffe.	Jeg **har drukket** kaffe.
forstå (*understand*)	Jeg **forstår** ham.	Jeg **forsto** ham.	Jeg **har forstått** ham.
få (*get*)	Jeg **får** et brev.	Jeg **fikk** et brev.	Jeg **har fått** et brev.
gi (*give*)	Jeg **gir** ham penger.	Jeg **ga** ham penger.	Jeg **har gitt** ham penger.
gjøre (*do*)	Jeg **gjør*** oppgaver.	Jeg **gjorde** oppgaver.	Jeg **har gjort** oppgaver.
gå (*go*)	Jeg **går** på kino.	Jeg **gikk** på kino.	Jeg **har gått** på kino.
komme (*come*)	Jeg **kommer** hjem.	Jeg **kom** hjem.	Jeg **har kommet** hjem.
se (*see*)	Jeg **ser** på TV.	Jeg **så** på TV.	Jeg **har sett** på TV.
si (*say*)	Jeg **sier*** det.	Jeg **sa** det.	Jeg **har sagt** det.
skrive (*write*)	Jeg **skriver** et brev.	Jeg **skrev** et brev.	Jeg **har skrevet** et brev.
sove (*sleep*)	Jeg **sover** lenge.	Jeg **sov** lenge.	Jeg **har sovet** lenge.
stå (*stand*)	Jeg **står** på ski.	Jeg **sto** på ski.	Jeg **har stått** på ski.
synge (*sing*)	Jeg **synger** i kor.	Jeg **sang** i kor.	Jeg **har sunget** i kor.
ta (*take*)	Jeg **tar** en tur.	Jeg **tok** en tur.	Jeg **har tatt** en tur.
treffe (*meet*)	Jeg **treffer** venner.	Jeg **traff** venner.	Jeg **har truffet** venner.
være (*be*)	Jeg **er*** student.	Jeg **var** student.	Jeg **har vært** student.

øving g.
STERKE VERB

Complete the descriptions of what the students did during these specific time periods. Use past tense.

1. Marit _____ (drikke*) kaffe og _____ (skrive*) et brev i går kveld.

2. Erik _____ (bli*) hjemme og _____ (gjøre*) oppgaver i går.

3. Kristian _____ (stå*) opp klokka seks i morges og _____ (dra*) på fisketur.

4. Janne _____ (gå*) på ski og _____ (stå*) på snowboard i vinter.

5. Ola _____ (drive*) friidrett i vår og _____ (få*) mange nye venner.

6. Mari _____ (ta*) et tyskkurs i sommer, men hun _____ (forstå*) ikke læreren.

7. Henrik _____ (komme*) hjem klokka ni i går kveld, og vi _____ (se*) på TV sammen.

8. Marius _____ (være*) veldig trøtt så han _____ (sove*) mye i helga.

9. Kjell _____ (si*) at han _____ (være*) veldig sulten.

10. Kjersti _____ (gå*) på fottur hver dag i sommer, og hun _____ (dra*) ofte på fisketur.

øving h.
COCKTAIL

Find out what the other students in the class did yesterday or over the weekend. Ask one question of each person. If he/she answers yes and uses the correct short answer form, you can cross out the square.

ex.) Gikk du på kino i går eller i helga?   Ja, det gjorde jeg. / Nei, det gjorde jeg ikke.

dro på båttur	gikk på ski	skrev e-post	gjorde oppgaver	traff venner
gikk på kino	så på TV	var hjemme	drakk kaffe	gikk tur
sto på slalåm	så en video / film	dro på fisketur	fikk e-post	drakk vin
dro hjem	sov til klokka 10	skrev en oppgave	sto opp klokka 6	sang
gikk på forelesning	drev med styrketrening	gikk på jakt	drev med rafting	dro på kanotur

På fottur over Besseggen

Yngve. Hei! Går det bra?

Åse. Ja, det går bra. Og med deg?

Yngve. Det går fint. Hadde du en bra helg?

Åse. Ja, veldig. Jeg dro på fjellet med familien min.

Yngve. Hvor dro dere?

Åse. Vi dro til Jotunheimen. Vi har ei hytte der.

Yngve. Hva gjorde dere?

Åse. Vi kom opp fredag kveld og la oss tidlig.
På lørdag gikk vi på fottur over Besseggen.
Det er en lang tur, men jeg likte den godt. Har du vært der?

Yngve. Ja, jeg har vært der.
Utsikten fra toppen av Besseggen er fantastisk!

Åse. Ja, det er veldig vakkert der. Vi tok mange bilder fra toppen.
På søndag dro vi på fisketur. Det var bra vær, så vi badet også.

Yngve. Det hørtes deilig ut. Fikk dere fisk?

Åse. Ja, vi fikk tre ørreter. Vi spiste dem til middag med poteter
og fløtesaus. Det var veldig godt! Hva gjorde du i helga?

Yngve. Etter forelesning på fredag gikk jeg på kino.
På lørdag møtte jeg noen venner og drev med styrketrening.
Om kvelden gikk vi ut og spiste. På søndag dro jeg på sykkeltur
i marka med kjæresten min og laget middag hjemme.

Åse. Så gøy da!

Yngve. Ja, det var det.

Åse. Vi skal dra på hytta neste helg også. Vil du være med?

Yngve. Ja, gjerne! Så hyggelig. Takk for invitasjonen.
Jeg gleder meg til å fiske!

ℹ️ Innblikk Jotunheimen

Jotunheimen is a large, mountainous area and national park in south-central Norway that is home to Norway's highest peaks, including Galdhøpiggen and Glittertind. Inspired by Norse mythology, the name Jotunheimen means "Home of the Giants."

Jotunheimen is one of the most visited mountain areas in Norway, and you will find a multitude of trails for hikes and camping trips. One of the most popular hikes goes from Gjendesheim to Memurubu over the Besseggen mountain ridge, where hikers enjoy a stunning, panoramic view of Jotunheimen, including the beautiful lakes of Gjende and Bessvatnet. Gjende is sparkling green in color because of its glacial waters, while Bessvatnet has the clear blue color of most mountain lakes. ■

i Innblikk — varder

When hiking in the mountains in Norway, you will see piles of stones along the trail at regular intervals. These are called **varder**, or *cairns* in English, and they help people navigate safely through the mountains. Cairns have been used as navigational aids in the mountains and along the shores of Norway for hundreds of years, but in modern times, it is **Den norske turistforeningen** or the *Norwegian Tourist Association* that is responsible for creating and maintaining these trail markers. On the cairns, they often mark one of the stones with a red T for better visibility, as shown in the photo below.

The Norwegian Tourist Association also rents out hundreds of small cabins in popular hiking areas in the mountains of Norway. As a result, a common vacation type for Norwegians is to **gå fra hytte til hytte** or *to hike from cabin to cabin* in the mountains. ■

 øving i.
PÅ FOTTUR

Do the reading exercises below as you read the dialog "På fottur over Besseggen" on the previous page.

Pre-reading:
Read the cultural note about Jotunheimen and look at the photos on the page before starting to read. What do you think this dialog will be about?

During reading:
Underline the activities that each student did during the weekend as you read. Afterwards, give a short summary of what the students did.

Post-reading:
Write a dialog about what you did over the weekend. Include an appropriate opening, questions about your activities, and an appropriate closing. Be sure to look at the dialog on the previous page for ideas. Be prepared to present your dialog to the class.

🔑 Språktips — å være helt på bærtur

The idiom **å være helt på bærtur** can be translated literally as *to be out on a berry-picking trip*. However, the real meaning is that someone has misunderstood something and has therefore missed the point completely. Note that this idiom should only be used with a good friend who appreciates a sarcastic sense of humor, since it is a relatively impolite phrase. For example, if you are studying Norwegian with a friend, and your friend is explaining a point of Norwegian grammar or vocabulary incorrectly, you can sarcastically say: **«Er du helt på bærtur, eller?»** ■

🔍 i fokus: **fotball**

Hva gjør spillerne under fotballkampen?

De dribler.

De nikker / header.

De slår pasninger.

De scorer mål.

Hva sier spillerne under fotballkampen?

Hva sier man under fotballkampen?	**Hva sier man om stillingen?**	**Hva sier man om resultatet?**
Kom igjen!	Norge leder.	Norge vant! | Norge tapte!
Skjerp deg! | Skjerp dere!	Stillingen er 2-1 til Norge.	Det ble hjemmeseier.
Heia!	Det er uavgjort.	Det ble borteseier.
	Danmark ligger etter.	Det ble uavgjort.

Fotball i Norge
Fotball er Norges mest populære idrett. Hver 3. nordmann følger med på fotball, og mange går på kamper eller ser på fotball på TV. Dessuten spiller over 400 000 nordmenn fotball på lokale idrettslag, profesjonelle lag og de norske landslagene.

Landslagene
Norge har et herrelandslag og et kvinnelandslag i fotball som deltar i internasjonale mesterskap som Europamesterskapet (EM), Verdensmesterskapet (VM) og OL-mesterskapet (OL). Det beste resultatet for herrelandslaget kom i 1998 da landslaget tok seg til åttedelsfinale, men kvinnelandslaget vant EM i 1987 og 1993, VM i 1995 og OL i 2000.

Profesjonell fotball
Den øverste divisjonen i profesjonell fotball i Norge heter Eliteserien for menn og Toppserien for kvinner. Eliteserien har 16 lag, og Toppserien har 10 lag. Engelsk fotball er også veldig populært i Norge, og det er mange nordmenn som spiller profesjonelt i England.

Norway Cup

øving j.
NORWAY CUP

Read the text below about the Norway Cup tournament. Match the paragraphs in the text with the questions on the left.

_____ Hvem arrangerer Norway Cup?

_____ Hva er Norway Cup, og hvor blir den holdt?

_____ Hva er det fargerike fellesskapet?

_____ Hvilken betydning har Norway Cup hatt for kvinnefotball i Norge?

_____ Hvilke priser har Norway Cup fått, og hvorfor fikk de disse prisene?

_____ Hvem deltar i Norway Cup? Hvor mange deltakere er det?

_____ Hva skjer på åpningsshowet og på festivalkvelden på Norway Cup?

_____ Når ble Norway Cup holdt for første gang?

_____ Er Norway Cup bare en fotballturnering?

1) Norway Cup er verdens største fotballturnering for barn og ungdom. Turneringen varer i to uker og blir holdt på Ekebergsletta i Oslo.

2) Barn og ungdom fra hele verden deltar i Norway Cup. I 2023 deltar 1852 lag med jenter og gutter fra 45 forskjellige land.

3) Turneringen starter alltid med et flott åpningsshow med popmusikk og fyrverkeri. Under turneringen spiller deltakerne selvfølgelig mye fotball, men de har også tid til å bli kjent med andre, spille spill, dra på sightseeing i Oslo og delta i mange andre aktiviteter. I tillegg er det også en festivalkveld med kamp mellom to internasjonale topplag.

4) Bækkelagets sportsklubb i Oslo arrangerer Norway Cup i samarbeid med diverse sponsorer og organisasjoner.

5) Første Norway Cup ble holdt i 1972.

6) Norway Cup handler ikke bare om fotball, men også om humanitært arbeid. I samarbeid med andre organisasjoner har Norway Cup engasjert seg i mange bistandsprosjekter i Afrika, Midtøsten og Asia.

7) Det fargerike fellesskapet er et godt eksempel på Norway Cups humanitære arbeid. Hvert år inviterer Norway Cup mellom 20 og 30 lag fra utviklingsland som er rammet av fattigdom og nød. Lagene får gratis opphold og reise til Norge.

8) Norway Cup har fått flere ærespriser for arbeidet med Det fargerike felleskapet og andre bistandsprosjekter, blant annet Ungdommens Fredspris i 1993, UNICEFs ærespris i 1995 og LOs kulturpris i 2007.

9) Norway Cup har også bidratt til den sterke posisjonen som kvinnefotball har i Norge. Kvinnefotball har vært en del av turneringen helt fra begynnelsen av, og det var litt uvanlig da turneringen startet i 1972.

uttale: r-lyden

The Norwegian "r" is usually rolled. Many Norwegians roll the "r" behind their top teeth *(rulle-r)*, but people in parts of southern and western Norway roll the "r" in the back of their throat *(skarre-r)*. The pronunciation sections in this curriculum are read by speakers from Eastern Norway, but you will have many chances to hear the "r" sound as it is pronounced by speakers from other parts of the country.

In some positions, the "r" sound is just a tap behind the top teeth, and in still others, the "r" combines with the consonants d, l, n, and t to form retroflex sounds. For these retroflex "r" sounds, the tongue curls back slightly and taps the roof of the mouth. It is very important to avoid the American "r" sound since this sound doesn't occur in Norwegian. If you have trouble rolling the "r," practice words that have a consonant + r combination (**tre, bre, dra, grill, fra, drikke, trives**).

R-sound	Examples
initial r	**r**eise — **r**undt — **r**øyke — **r**utetabell
consonant + r	t**r**ikk — t**r**ansport — d**r**osje — b**r**etur
vowel + r + vowel	kjø**r**e — fe**r**ie — galle**r**i — dy**r**epark
r + consonant	fa**r**ge — ki**r**ke — mø**r**ketida — No**r**ge
final r	gå**r** — tu**r** — e**r** — de**r**
final r	komme**r** — koste**r** — pleie**r** — bestille**r**
rs	spø**rs**mål — no**rs**k — fø**rs**te — ma**rs**
retroflex rd	fo**rd**i — fe**rd**ig — lø**rd**ag
retroflex rl	då**rl**ig — sæ**rl**ig — fa**rl**ig — he**rl**ig
retroflex rn	je**rn**bane — mo**r**en— ba**rn** — somme**ren**
retroflex rt	bo**rt**e — konse**rt** — ko**rt** — ka**rt**

 øving k.
SANG

Listen to the recording and circle all the R's in this song. How would you pronounce each of the words with an R? Practice singing with the recording.

Sang: Jeg gikk en tur på stien

1. Jeg gikk en tur på stien
og søkte skogens ro.
Da hørte jeg fra lien
en gjøk som sang koko.
Koko, koko, kokokokokoko
Koko, koko, kokokokokoko

2. Jeg spurte den hvor mange,
hvor mange år ennu.
Den svarte meg med lange
og klagende koko.
Koko, koko, kokokokokoko
Koko, koko, kokokokokoko

3. Jeg spurte om dens make
og om dens eget bo.
Den satt der oppå grenen
og kikket ned og lo.
Koko, koko, kokokokokoko
Koko, koko, kokokokokoko

4. «Vi bygger ikke rede,
vi har ei hjem, vi to.
Fru Spurv er mor til barna
vi galer kun koko.»
Koko, koko, kokokokokoko
Koko, koko, kokokokokoko

i Innblikk

This song is a traditional Norwegian folk song, and it is likely that most Norwegians would be able to sing at least a couple of stanzas from this song by heart. Because of the popularity of traditional folk songs, some groups have been remaking the songs, taking the lyrics and mixing them with a modern beat. Listen to a traditional version of this song and compare it to the modern version by Lars Lillo Stenberg. ∎

 **øving l.**
SANG

Stanzas 1-3 are in past tense. Circle all the past tense verbs.

REPETISJON: ORD OG UTTRYKK

10. Sport og friluftsliv

Driver du med friluftsliv?
Ja, jeg _____. | Nei, det gjør jeg ikke.
(bader, drar på båttur, drar på fisketur,
drar på kajakktur, drar på kanotur, går på fottur,
går på bretur, går på jakt, går på ski,
går på ridetur, går på skøyter, går på spasertur,
klatrer i fjellet, overnatter ute,
plukker bær, plukker sopp, soler seg,
står på slalåm, sykler i naturen, rafter)

Driver du med idrett?
Ja, jeg spiller _____. | Nei, det gjør jeg ikke.
(basketball, volleyball, fotball, amerikansk fotball,
håndball, golf, tennis, baseball, softball)

Driver du med idrett?
Ja, jeg driver med _____. | Nei, det gjør jeg ikke.
(bryting, friidrett, karate, taekwondo)

Trener du?
Ja, jeg _____. | Nei, det gjør jeg ikke.
(svømmer, sykler, jogger, trener yoga, trener aerobic,
driver med styrketrening, går på helsestudio)

Hva er du flink til å gjøre?
Jeg er flink til å _____.

Hva er du ikke flink til å gjøre?
Jeg er ikke flink til å _____.

Følger du med på sport?
Ja, jeg følger med på _____. |
Nei, jeg er ikke interessert i sport.

Hvilket idrettslag liker du best?
Jeg liker New York Yankees.

Hvilken idrettsutøver liker du best?
Jeg liker Erling Haaland.

Hva gjorde du i helga?
Jeg _____.
(dro på kajakktur, dro på kanotur,
drev med styrketrening, drev med bryting,
drev med friidrett, gikk på spasertur, gikk på ski,
gikk på jakt, gikk på skøyter, gikk på bretur)

10. Sports and Outdoor Life

Do you participate in outdoor life?
Yes, I _____. | No, I don't.
(swim, go on boat trips, go on fishing trips
go on kayak trips, go on canoe trips, go hiking,
go glacier hiking, go hunting, go skiing,
go horseback riding, go skating, go on walks, climb in
the mountains, sleep outside,
pick berries, pick mushrooms, lay in the sun,
go downhill skiing, bicycle in nature, go rafting)

Do you do sports?
Yes, I play _____. | No, I don't.
(basketball, volleyball, soccer, American football,
handball, golf, tennis, baseball, softball)

Do you do sports?
Yes, I participate in _____. | No, I don't.
(wrestling, track, karate, taekwondo)

Do you work out?
Yes, I _____. | No, I don't.
(swim, bike, jog, do yoga, do aerobics,
do strength training, go to a health club)

What are you good at doing?
I am good at _____.

What are you not good at doing?
I am not good at _____.

Do you follow sports?
Yes, I follow _____. |
No, I'm not interested in sports.

Which sports team do you like best?
I like the New York Yankees.

Which athlete do you like the best?
I like Erling Haaland

What did you do this weekend?
I _____.
(went on a kayak trip, went on a canoe trip,
did strength training, took part in wrestling,
did track, went on a walk, went cross-country skiing,
went hunting, went ice skating, went on a glacier hike)

Kap. 11: Underholdning og interesser

øving a.
UNDERHOLDNING

Discuss the activities you like and dislike using questions 1 and 2. Then fill out the chart as you discuss how often you do these activities.

1. Hvilke aktiviteter liker du?
2. Hvilke aktiviteter liker du ikke?
3. Hvor ofte går du på kino?

Jeg liker å _____.
Jeg liker ikke å _____.
Jeg går på kino **hver dag**. | Jeg går **ofte** på kino.
Jeg går på kino **én gang i uka**. | Jeg går på kino **én gang i måneden**.
Jeg går **én gang i året**. | Jeg går **aldri** på kino.

AKTIVITET	hver dag	ofte	én gang i uka	én gang i måneden	én gang i året	aldri
gå på kino	❑	❑	❑	❑	❑	❑
gå på teater	❑	❑	❑	❑	❑	❑
gå på konsert	❑	❑	❑	❑	❑	❑
gå på restaurant eller kafé	❑	❑	❑	❑	❑	❑
gå på bar eller pub	❑	❑	❑	❑	❑	❑
gå på kunstutstilling	❑	❑	❑	❑	❑	❑
gå på museum	❑	❑	❑	❑	❑	❑
gå på bibliotek	❑	❑	❑	❑	❑	❑
gå på idrettsarrangement	❑	❑	❑	❑	❑	❑
gå på fest	❑	❑	❑	❑	❑	❑
shoppe	❑	❑	❑	❑	❑	❑
se på TV	❑	❑	❑	❑	❑	❑
høre på radio	❑	❑	❑	❑	❑	❑
lese avisa	❑	❑	❑	❑	❑	❑
lese ei bok	❑	❑	❑	❑	❑	❑
surfe på Internett	❑	❑	❑	❑	❑	❑
sjekke e-post	❑	❑	❑	❑	❑	❑
spille spill eller kort	❑	❑	❑	❑	❑	❑
spille dataspill eller TV-spill	❑	❑	❑	❑	❑	❑
snakke i telefonen	❑	❑	❑	❑	❑	❑
synge i kor	❑	❑	❑	❑	❑	❑
spille i korps eller orkester	❑	❑	❑	❑	❑	❑
spille piano eller gitar	❑	❑	❑	❑	❑	❑
sy	❑	❑	❑	❑	❑	❑
strikke	❑	❑	❑	❑	❑	❑
male	❑	❑	❑	❑	❑	❑
tegne	❑	❑	❑	❑	❑	❑
lage keramikk	❑	❑	❑	❑	❑	❑
stelle i hagen	❑	❑	❑	❑	❑	❑
lage mat	❑	❑	❑	❑	❑	❑
snekre	❑	❑	❑	❑	❑	❑
mekke på biler	❑	❑	❑	❑	❑	❑

FOLK PÅ GATA: I helgene

øving b.
I HELGA

Read the texts about typical weekend activities below. Underline the present tense verbs that describe their activities.

Josephine
Jeg pleier å møte vennene mine i helgene. Vi liker å shoppe og gå på kafé. Om kvelden pleier vi å gå ut og danse.

May
Jeg jobber hele uka, så i helgene liker jeg å ta det med ro hjemme. Jeg lager pizza og ser på TV eller leier en film.

Anders
Jeg pleier å jobbe på en restaurant fredag og lørdag kveld. Hver søndag drar jeg hjem til foreldrene mine på familiemiddag.

Marte
Jeg drar på hyttetur med venner eller familie nesten hver helg. Vi pleier å gå på fottur, fiske og bade. Jeg liker å dra på sykkeltur hvis jeg ikke drar på fjellet.

Ivar
Hver helg drar jeg på fotballkamp. Jeg er fra Bergen, så jeg heier på Brann. Etter kampen pleier jeg å gå på bar med vennene mine.

øving c.
I HELGA

Listen to the audio clips describing what three people did over the weekend. List the verbs in past tense in the chart.

Navn	Fredag	Lørdag	Søndag
Bjørn			
Anne Catherine			
Siv			

Skal vi gå på kino?

Pål. Har du planer i kveld?

Trine. Nei, jeg har ingen planer.

Pål. Skal vi gå på kino?

Trine. Ja, gjerne! Hva har du lyst til å se?

Pål. Jeg har lyst til å se *Babylon*. Har du?

Trine. Nei, den har jeg ikke så veldig lyst til å se. Hva med den nye Black Panther-filmen? Har du lyst til å se den?

Pål. Ja, den vil jeg gjerne se. Når går den?

Trine. Jeg vet ikke. Vi kan sjekke på nettet.
[finner kinoprogrammet]
Det går én klokka halv seks og én klokka åtte. Hvilken foretrekker du?

Pål. Jeg foretrekker åtte-forestillingen. Er det OK for deg?

Trine. Ja. Hvor og når skal vi møtes?

Pål. Hva med klokka halv åtte utenfor kinoen?

Trine. Det passer bra.
Har du lyst til å gjøre noe etter filmen?

Pål. Ja, gjerne.
Vi kan ta en kopp kaffe på en kafé.

Trine. Supert! Vi ses klokka åtte.

Film og sjanger	Aldersgrense	Land	Tid
Munch *biografi, drama*	12 år	Norge	Seniorkino: 11.30 |14.30 | 16.30
Babylon *drama*	15 år	USA	Seniorkino: 12.00 |15.30 | 19.30
Gulliver er tilbake *eventyr, fantasy*	6 år	USA	11.45 | 15.15
A Man Called Otto *komedie, drama*	12 år	USA	Babykino: 11.00 |18.30 | 21.30
The Banshees of Inisherin *drama*	15 år	Irland	20.30
Min vakre stjerne *drama*	9 år	Korea	Babykino: 12.00 |16.45
Folk og røvere i Kardemomme by *musikal, barn*	Alle	Norge	11.15 | 13.30
Avatar *action, eventyr, fantasy*	12 år	USA	Seniorkino: 12.00 |16.45 | 21.00
Black Panther: Wakanda Forever *action, sci-fi*	12 år	USA	17.30 | 20.00
Kampen om Narvik *krig, drama*	12 år	Norge	18.00 | 20.45

øving d.
I KVELD

Make plans to see a movie with another student. Use the phrases below and the movie ads from the previous page. Note that the times are given using the 24-hour clock, which you have to change to the 12-hour clock.

A. Hva skal du gjøre i kveld?

B. Jeg vet ikke.

A. Vil du bli med på kino? | Har du lyst til å gå på kino? | Skal vi gå på kino?

B. Ja, gjerne. | God idé.

A. Hvilken film vil du se? | Hvilken film har du lyst til å se?

B. Jeg vil se _____. | Jeg har lyst til å se _____.

A. Hvilken forestilling vil du gå på?

B. Jeg vil gå på den som begynner klokka _____.

i Innblikk norske og internasjonale filmer

Watching movies is a popular activity in Norway. In 2019, 75 percent of Norwegians went to the movies, and the average number of visits was twice a year. In addition, it is common to watch movies at home via the various streaming services. As you can see from the film program on the previous page, Norwegian theaters show a mix of Norwegian and international films. Most of the international films are shown in the original language with sub-titles, but animated films usually have a Norwegian audio track. Since the mid-1990s, films produced in Norway have increased in both quality and popularity. Below is a list of some of the best Norwegian films. ■

Flåklypa Grand Prix (1975)	*Heftig og begeistret* (2001)	*Reprise* (2006)
Veiviseren (1987)	*Elling* (2001)	*Max Manus* (2008)
Døden på Oslo S (1990)	*Salmer fra kjøkkenet* (2003)	*Kautokeino-opprøret* (2018)
Insomnia (1997)	*Buddy* (2003)	*De uskyldige* (2021)

øving e.
I KVELD

Make plans to to do something with another student, but use the phrases below to negotiate until you are both satisfied with your plans.

A. Hva skal du gjøre _____? (i kveld, i morgen kveld, på fredag, på lørdag)

B. Jeg vet ikke.

A. Har du lyst til å _____? | Skal vi _____? | Vil du bli med på _____?
(gå på kafe, gå på kaffebar, gå på restaurant, gå på uterestaurant, gå på fest, gå på konsert, gå på teater, gå på basketkamp, gå på fotballkamp, gå på tenniskamp)

B. _____.
(Ja, gjerne! | Ja, det vil jeg gjerne! | God idé! | Jeg vet ikke. | Kanskje. | Vi får se.
Nei, jeg kan dessverre ikke. Jeg må _____.
Nei, jeg har ikke lyst. Kan vi _____ i stedet?)

A. Ja, det er greit. _____?
(Hvilken film vil du se? | Hvilken konsert vil du gå på? | Hvilken restaurant vil du gå på?)

B. Jeg vil se _____. | Jeg vil gå på _____.

A. Hvor og når skal vi møtes?

B. _____.
(I studentsenteret klokka åtte | Hos meg klokka sju | Jeg henter deg klokka ni)

12-timers klokke [12-HOUR CLOCK]

As you learned in Chapter 5, Norwegians typically use the 12-hour system for telling time when they are talking to someone. In that chapter, you learned the basic parts of the 12-hour clock, and now you will learn all of the times.

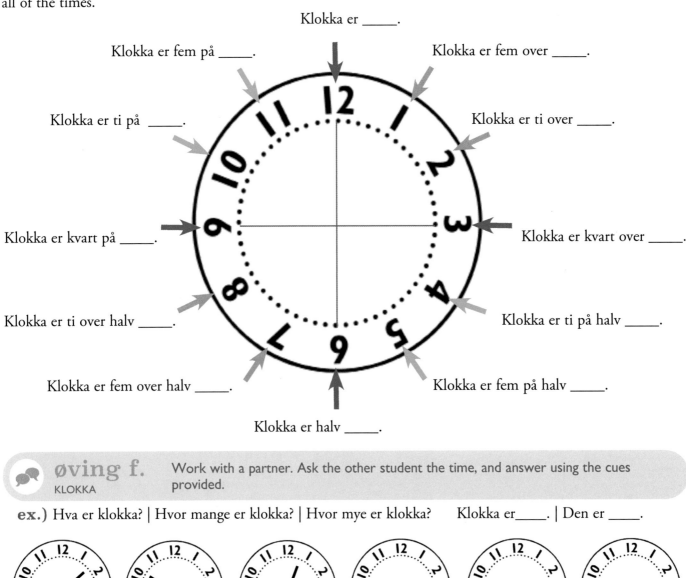

Klokka er _____.

Klokka er fem på _____.

Klokka er fem over _____.

Klokka er ti på _____.

Klokka er ti over _____.

Klokka er kvart på _____.

Klokka er kvart over _____.

Klokka er ti over halv _____.

Klokka er ti på halv _____.

Klokka er fem over halv _____.

Klokka er fem på halv _____.

Klokka er halv _____.

🗨 **øving f.**
KLOKKA

Work with a partner. Ask the other student the time, and answer using the cues provided.

ex.) Hva er klokka? | Hvor mange er klokka? | Hvor mye er klokka?   Klokka er_____. | Den er _____.

24-timers klokke [24-HOUR CLOCK]

In Chapter 5, you learned that Norwegians use a 24-hour system of telling time for official announcements, including schedules, advertisements, and invitations. These numbers are rarely read aloud, but you do hear them at the train station when the train departures are being announced and on television when the program announcer is introducing the programs. The numbers are read just as they look (16.25 = seksten tjuefem).

ex.) On television: «Nyhetene begynner klokka 17.30 [sytten tretti].»

 **øving g.**
KLOKKA
Look over the excerpts of television programming from four Norwegian channels. What would you want to watch? What time is the show you want to watch? Use the 24-hour clock.

NRK 1	
16.20:	Debatten
18.00:	Kveldsnytt
17.55:	20 spørsmål

TV2	
16.40:	The Voice - Norges beste stemme
17.30:	Været
17.35:	Sportsnyhetene

NRK 2	
20.05:	Side om side
21.00:	NRK nyheter
21.03:	Oddasat - Nyheter på samisk

TV Norge	
17.50:	Erlend og Steinar hjelper deg
18.15:	Alle mot alle
20.10:	Thomas Giertsen: Helt perfekt

 **øving h.**
KLOKKA
Ask your partner when the various shows begin, and have your partner answer using the 12-hour clock.

Look at the television guides again. Often, people would use the 12-hour clock since the context would help determine when the program was going to take place. Go through the guide above and write in the equivalent time in the 12-hour clock (16.25 = 4.25). Then, take turns asking one another when the various shows begin and have your partner answer using the 12-hour clock.

ex.) Når begynner «Debatten»?
Den begynner klokka ti på halv fem (16.20).

Verb: Preteritum, svake verb
[VERBS: PAST TENSE, WEAK VERBS]

In the previous section, you learned about the strong verbs, which have irregular past tense forms and must be memorized. In this section, you will learn about the weak verbs, which form past tense by adding regular endings to the verbs. Rather than having to memorize each individual verb, you can learn the characteristics and endings of the four classes of weak verbs. Note that classes 1 and 2 have many verbs, but the last two classes have relatively few.

Infinitive	Present Tense	Past Tense	Present Perfect
Class 1: Stem ends in two consonants vas<u>k</u>-e sna<u>kk</u>-e sy<u>kl</u>-e teg<u>n</u>-e	**-r ending** Jeg **vasker** båten. Jeg **snakker** norsk. Jeg **sykler** hjem. Jeg **tegner** et fjell.	**-et ending** Jeg **vask<u>et</u>** båten. Jeg **snakk<u>et</u>** norsk. Jeg **sykl<u>et</u>** hjem. Jeg **tegn<u>et</u>** et fjell.	**har + -et ending** Jeg **har** vask<u>et</u> båten. Jeg **har** snakk<u>et</u> norsk. Jeg **har** sykl<u>et</u> hjem. Jeg **har** tegn<u>et</u> et fjell.
Class 2: Stem ends in one consonant or ll, mm, nn, nd, ng li<u>k</u>-e le<u>s</u>-e hø<u>r</u>-e spi<u>ll</u>-e svø<u>mm</u>-e kje<u>nn</u>-e	**-r ending** Jeg **liker** håndball. Jeg **leser** om sport. Jeg **hører** musikken. Jeg **spiller** fotball. Jeg **svømmer** i dag. Jeg **kjenner** ham.	**-te ending** Jeg **lik<u>te</u>** håndball. Jeg **les<u>te</u>** om sport. Jeg **hør<u>te</u>** musikken. Jeg **spil<u>te</u>** fotball. Jeg **svøm<u>te</u>** i dag. Jeg **kjen<u>te</u>** ham.	**har + -t ending** Jeg **har** lik<u>t</u> håndball. Jeg **har** les<u>t</u> om sport. Jeg **har** hør<u>t</u> musikken. Jeg **har** spil<u>t</u> fotball. Jeg **har** svøm<u>t</u> i dag. Jeg **har** kjen<u>t</u> ham.
Class 3: Stem ends in -ei, -øy, -v or -g pl<u>ei</u>-e prø<u>v</u>-e	**-r ending** Jeg **pleier** å trene. Jeg **prøver** å sykle.	**-de ending** Jeg **plei<u>de</u>** å trene. Jeg **prøv<u>de</u>** å sykle.	**har + -d ending** Jeg **har** plei<u>d</u> å trene. Jeg **har** prøv<u>d</u> å sykle.
Class 4: Stem ends in a stressed vowel b<u>o</u> h<u>a</u>	**-r ending** Jeg **bor** i Oslo. Jeg **har** en seilbåt.	**-dde ending** Jeg **bo<u>dde</u>** i Oslo. Jeg **ha<u>dde</u>** en seilbåt.	**har + -dd ending** Jeg **har** bo<u>dd</u> i Oslo. Jeg **har** ha<u>tt</u> en seilbåt.*

øving i.
SVAKE VERB

Below is a list of verbs that you have seen in this chapter and others. Do they belong in class 1, 2, 3, or 4? What is the past tense form of each verb?

strikke	høre	sparke	stelle	slappe	like	svømme
sy	leie	bety	vaske	spille	pleie	sykle
jogge	spise	kjøre	tegne	fotografere	bo	ha

Class 1		Class 2		Class 3		Class 4	

øving j.
SVAKE VERB

Complete the descriptions by filling in the weak verb in the past tense form.

1. I helga ble jeg hjemme. Jeg _____ *(strikke)* og _____ *(spille)* kort

   med barna mine. Vi _____ *(ha)* det hyggelig sammen.

2. I 2002 _____ *(bo)* jeg i Norge og _____ *(studere)* ved Universitetet i

   Bergen. Jeg _____ *(like)* meg godt der.

3. Da jeg var i Norge, _____ *(pleie)* jeg å gå på tur to ganger i uka. Jeg _____ *(sykle)*

   også i skogen og _____ *(svømme)* i svømmehallen.

øving k.
STERKE OG SVAKE VERB

Fill in the past tense forms of the weak and strong verbs.

Espen. Hva _____ *(gjøre*)* du i helga?

Erik. På fredag _____ *(jobbe)* jeg nesten hele kvelden, men jeg _____ *(gå*)*

   på bar med noen venner etterpå. Det _____ *(være*)* morsomt.

Espen. _____ *(spille)* du fotball på lørdag?

Erik. Nei, jeg _____ *(jogge)* om formiddagen og _____ *(lese)* om ettermiddagen.

   Men på søndag _____ *(dra*)* jeg på fotballkamp!

Interesser

 øving 1.
INTERESSER

Discuss your interests and hobbies using the questions and words below.

1. Forstår du alle interessene på lista? Hvis ikke, kan du stille spørsmålet, «Hva betyr ___?»

2. Hva er du interessert i? Hva er du ikke interessert i?

3. Hva er familien din og vennene dine interessert i?

Fag

politikk

historie

språk

filosofi

religion

samfunn

psykologi

litteratur

Transport

biler

motorsykler

snøscootere

motorbåter

seilbåter

sykler

kanoer

kajakker

Kunst

tegning

maling

keramikk

skriving

musikk

dans

fotografering

skulptur

arkitektur

Håndverk / Forming

strikking

snekring

lappetepper

hekling

veving

modellbygging

treskjæring

rosemaling

hardangersøm

Spill

kort

brettspill

dataspill

TV-spill

Hus og hjem

dyr

hagestell

matlaging

interiørdesign

barn

Musikk

kor

korps

orkester

band

øving m.
INTERESSER

Discuss one or two of your interests in more detail by using the interview below. Note that some of the questions are in past tense and some are in present.

Hva?   Hva er du interessert i?

Jeg er interessert i <u>dans</u>.
Jeg er interessert i <u>å danse</u>.

Når?   Når begynte du med <u>dans</u>?

Jeg begynte med <u>dans</u> da jeg var <u>12</u> år gammel.
Jeg begynte <u>å danse</u> da jeg var <u>12</u> år gammel.

Hvordan?   Hvordan lærte du <u>å danse</u>?

Jeg gikk på kurs.
<u>Mora mi</u> lærte meg <u>å danse</u>.

Med hvem?   Hvem <u>danser</u> du sammen med?

Jeg <u>danser</u> sammen med <u>søstera mi</u>.

Hvorfor?   Hvorfor er du interessert i <u>dans</u>?

Fordi jeg liker <u>musikk og rytme</u>.

øving n.
INTERESSER

Read the descriptions of the people and their interests below. Note that the texts contain a mixture of verbs in present and past tense. Underline the present tense verbs and circle the past tense verbs. Choose one of the descriptions and write an interview with the person using the information found in the text.

OLA:
Jeg begynte å spille piano da jeg var åtte år. Jeg hadde en veldig flink lærer som jeg besøkte én gang i uka i ti år. Nå har jeg ikke piano hjemme lenger, men jeg sparer penger til det. Jeg spiller både klassisk og jazz. Jeg liker å spille piano fordi det får meg til å slappe av og glemme tid og sted.

MARIT:
Min favoritthobby er strikking. Jeg lærte å strikke for tre år siden. Nå har jeg med meg strikketøyet overalt. Det er gøy å strikke fordi jeg får noe konkret ut av det: votter, luer, skjerf og gensere. Når du strikker, har du alltid en fin gave å gi bort, enten det er bursdag eller jul.

RUNE:
Da jeg var fem år gammel, fikk jeg en fotball til bursdagen min. Jeg spilte fotball hele tiden med barna i nabolaget mitt. Da jeg begynte på skolen, pleide vi å spille fotball i hvert friminutt, og da jeg var sju år gammel, ble jeg med på fotballaget i byen vår. Jeg liker fremdeles fotball veldig godt og pleier å spille i en park sammen med vennene mine hver søndag formiddag.

i fokus: norsk musikk

Musikksjangere

Country
- Bendik Brænne
- Bjøro Håland
- Hellbillies
- Ida Jenshus

Danseband
- Ole Ivars
- Pegasus
- PK og Dansefolket
- Scandinavia

Elektronika
- Bel Canto
- Lindstrøm
- Røyksopp
- Salvatore

Folkemusikk
- Anbjørg Lien
- Herborg Kråkevik
- Nils Økland
- Odd Nordstoga

Hiphop og rap
- Emire og Lillebror
- Equicez
- Karpe Diem
- Klovner i kamp
- Tungtvann

Jazz
- Atomic
- Frida Ånnevik
- Jan Garbarek
- Solveig Slettahjell
- Terje Rypdal

Klassisk
- Arve Tellefsen
- Det norske kammerorkester
- Leif Ove Andsnes
- Oslo-filharmonien

Metal
- Darkthrone
- Dimmu Borgir
- Mayhem
- TNT
- Ulver

Pop
- A-ha
- DeLillos
- Lena Marlin
- Maria Mena
- Sissel Kyrkjebø
- Sondre Lerche

Rock
- Anne Grete Preus
- DumDum Boys
- Kaizers Orchestra
- Madrugada
- Motorpsycho
- The Kids

Samisk musikk
- Frode Fjellheim
- ISÁK
- Kevin Boine
- Mari Boine
- SlinCraze
- Niko Valkeapää

Viser
- Alf Prøysen
- Erik Bye
- Jan Eggum
- Lillebjørn Nilsen
- Odd Børretzen
- Ole Paus

> **i Innblikk** **Spellemannsprisen** is the most prestigious music award in Norway. With awards in 28 categories ranging from rock to classical, it is presented to artists, composers, writers, and producers who have demonstrated outstanding achievement and contributed to the overall musical scene in Norway. The prizes are presented at a televised awards ceremony in the spring each year. ■

 øving o.
MUSIKK

Study the music genres with the Norwegian examples above. Then interview a classmate using the questions below.

1. Hva slags musikk liker du? Jeg liker _____.
   (country, danseband, elektronika, folkemusikk, hiphop
   jazz, klassisk, metal, pop, rock, samisk musikk, viser)

2. Hvem er yndlingsartisten din? Hva er yndlingsbandet ditt?

3. Hva er favorittsangen din eller favorittlåta di? Hva er favorittalbumet ditt eller favorittplata di?

4. Hvilket instrument spiller du? Jeg spiller _____.
   (piano, trekkspill, gitar, fiolin, hardingfele, cello, fløyte, trompet, saksofon, klarinett, trommer)

øving p.
MUSIKK

Listen to the audio clip about the musicians below. Fill in three pieces of information on each band or artist.

Jan Garbarek

«I Took Up the Runes»

_____

_____

_____

Karpe Diem

«Ruter»

_____

_____

_____

Mari Boine

«Gula Gula»

_____

_____

_____

A-Ha

«Take On Me»

_____

_____

_____

Dimmu Borgir

«The Progenies of the Great Apocalypse»

_____

_____

_____

Odd Nordstoga

«Kveldsong for deg og meg»

_____

_____

_____

ℹ️ Innblikk

The Hardanger fiddle or **hardingfela** is a traditional instrument, often considered the national instrument of Norway. A variant of the violin, the _Hardanger fiddle_ has eight strings, four on the top and four or five underneath that resonate with the upper strings. Originating in south-central and western Norway, it is often beautifully decorated with carvings, mother of pearl inlay and black ink decorations. The Hardanger fiddle is played primarily for folk dancing and bridal processions and is part of the rich cultural traditions in rural areas such as Hallingdal, Telemark, Valdres, Setesdal, and parts of Sogn og Fjordane. ■

uttale: l-lyden

Norwegian	English
liker	like
fly	fly
klippe	clip
sjokolade	chocolate
skole	school
full	full

The Norwegian "l" is pronounced with the tongue behind the top teeth. This sound is not difficult for English speakers to produce, yet it is often a sound that is pronounced incorrectly. Practice saying the Norwegian and English words at right and note the difference in the tongue position and the "l" sound.

 øving q.
TALE

Listen to the recording and practice pronouncing the words below. Remember to say the "l" sound with your tongue just behind your top teeth, except when pronouncing the examples for "sl" and retroflex "rl."

L-sound	Examples
initial l	liker — leser — liten — lyst
consonant + l	fly — planlegge — flott
vowel + l + vowel	sole — seile — sjokolade — hyggelig
vowel + ll + vowel	galleri — stelle — billett — tralle
final l	hel — bil — til — reisemål
final ll	spill — nøtteskall — hotell — fjell
sl	slektning — slappe — slik — slutte
retroflex rl	dårlig — særlig — farlig — herlig

Sang: Alle synger i dusjen

 **øving r.**
SANG

Listen to the song and see if you can figure out the significance of the title. Then find all the words with the letters "l" and "r" and underline them. Practice pronouncing the words individually and as you sing the song. What is your secret talent?!

Refreng
Alle synger i dusjen
Og alle har en hemmelig drøm
Alle bærer et skjult talent
som de ikke tør å vise frem.

1. Du står og ser deg i speilet
    Og drømmer om en stjernes hell
    Men før noen andre kan tro på deg
    så må du tør' å tro på deg selv.

Refreng

2. Noen spiller Hamlet av Shakespeare
    Noen spiller Wilhelm Tell
    Men rollen som deg spiller ingen
    bedre enn du gjør det selv.

Refreng

3. Noen mener drømmer er livsløgn
    Men Ibsen hadde en fin idé
    Store drømmer og fantasi
    er no' vi treng' å leve med.

Refreng (2 ganger)
… ikke tør å vise frem (å nei)
ikke tør å vise frem.

hemmelig: secret
skjult: hidden
tør: dare
å vise frem: to show
å tro på: to believe in
livsløgn: life lie
trenge: need

REPETISJON: ORD OG UTTRYKK

11. Underholdning og interesser	**11. Entertainment and Interests**
Hva liker du å gjøre når du går ut?	***What do you like to do when you go out?***
Jeg liker å _____	*I like to _____.*
(shoppe, gå på kafé, gå på kaffebar,	*(go shopping, go to a café, go to a coffee bar,*
gå på restaurant, gå på bar, gå på pub,	*go to a restaurant, go to a bar, go to a pub,*
gå på konsert, gå på kino, gå på teater,	*go to a concert, go to the movies, go to the theater,*
gå på museum, gå på bibliotek, gå på kunstgalleri,	*go to a museum, go to the library, go to an art gallery,*
gå på basketballkamp, gå på fotballkamp,	*go to a basketball game, go to a soccer game,*
gå på tenniskamp)	*go to a tennis match)*
Hva liker du å gjøre når du er hjemme?	***What do you like to do when you are at home?***
Jeg liker å _____	*I like to _____*
(se på TV, høre på radio, lese avisa,	*(watch TV, listen to the radio, read the paper,*
lese ei bok, surfe på nettet, sjekke e-post,	*read a book, surf the net, check e-mail,*
spille spill, spille kort, spille TV-spill,	*play games, play cards, play video games,*
spille dataspill, tegne, male, synge i kor,	*play computer games, draw, paint, sing in choir,*
spille i korps, spille i orkester, lage mat, sy, strikke,	*play in band, play in orchestra, cook, sew, knit,*
stelle i hagen, mekke på bilen,	*work in the garden / yard, work on the car,*
snekre, slappe av)	*do woodworking, relax)*
Hva skal du gjøre i kveld?	***What are you going to do tonight?***
Jeg _____.	*I _____.*
(Jeg vet ikke. | Jeg skal ut med venner.	*(I don't know. | I'm going out with friends.*
Jeg skal være hjemme.)	*I am going to be at home.)*
Skal vi gå på kino? _____.	***Shall we go to the movies?*** _____.
Har du lyst til å gå på kino? _____.	***Would you like to go to the movies?*** _____.
(Ja, gjerne. | Ja, det vil jeg gjerne.	*(Yes, gladly. | Yes, I would like to do that.*
God idé! | Jeg vet ikke. | Kanskje. | Vi får se.	*Good idea. | I don't know. | Perhaps. | We'll see.*
Nei, jeg kan dessverre ikke. Jeg må jobbe.	*No, I can't unfortunately. I have to work.*
Nei, jeg har ikke lyst. Kan vi gå på konsert i stedet?)	*No, I don't want to. Can we go to a concert instead?)*
Hvilken film vil du se?	***Which movie do you want to see?***
Jeg vil se _____.	*I want to see _____.*
Hvor og når skal vi møtes? _____.	***When and where shall we meet?*** _____.
(På studenthjemmet klokka sju.	*(At the dormitory at seven o'clock.*
Hos meg klokka ni.	*At my place at nine o'clock.*
Jeg henter deg klokka ti.	*I'll pick you up at ten.*
Utenfor kinoen klokka halv åtte.)	*Outside the theater at seven thirty.)*
Hva er du interessert i?	***What are you interested in?***
Jeg er interessert i _____.	*I am interested in _____.*
(film, musikk, kunst, litteratur, språk, historie,	*(film, music, art, literature, languages, history,*
politikk, data, idrett, friluftsliv,	*politics, computers, sports, outdoor life,*
biler, motorsykler, snekring, hagearbeid,	*cars, motorcycles, woodworking, gardening,*
strikking, matlaging, shopping)	*knitting, cooking, shopping)*

Kap 12: Hverdagsliv

stå opp

ta en dusj

ta et bad

vaske seg

barbere seg

vaske håret

føne håret

krølle håret

gre håret

børste håret

sminke seg

pusse tennene

øving a.
EN TYPISK DAG

Read the texts and underline each of the activities mentioned. Find the pictures that correspond to each activity.

EN TYPISK DAG: FAR

Jeg står opp klokka sju hver morgen. Jeg tar en dusj, barberer meg, kler på meg og spiser frokost. Jeg drar på jobb kvart på åtte. På jobben er jeg i møter og skriver rapporter. Jeg tar kaffepause klokka ti og spiser lunsj klokka halv ett. Jeg drar hjem fra jobb klokka halv fem.

Om ettermiddagen lager jeg middag, handler, ser på TV og leser avisa. Én gang i uka klipper jeg plenen. Om kvelden ser jeg på TV, vasker meg og pusser tennene. Jeg legger meg klokka tolv.

EN TYPISK DAG: MOR

Jeg står opp klokka halv åtte. Jeg vasker håret, spiser frokost og pusser tennene om morgenen. Jeg drar på jobb klokka halv ni. På jobben skriver jeg brev, snakker i telefonen og går på møter. Jeg er ferdig på jobb klokka fem.

gå på do / toalettet

kle på seg

Når jeg kommer hjem, lager jeg middag, vasker klær og hører på radio. Etter middag liker jeg å lese bøker, melde venner eller ta et langt bad. Jeg legger meg mellom klokka elleve og halv tolv.

spise frokost

lage / smøre matpakke

dra på jobben

jobbe / arbeide

gå på møte

ta en kaffepause

skrive e-post

| snakke i telefonen | spise lunsj | melde / chatte | ta en røyk | dra til universitetet |

| gå på forelesning | studere / lese | gjøre oppgaver | skrive oppgave | dra hjem |

EN TYPISK DAG: DATTER

Jeg pleier å stå opp klokka kvart på åtte. Jeg tar en dusj, føner håret, sminker meg og spiser frokost. Klokka ni drar jeg til universitetet. På universitetet går jeg på forelesninger og er på lesesalen. Jeg spiser lunsj med venner klokka tolv og drar hjem klokka fire.

Mandager og onsdager jobber jeg om ettermiddagen og om kvelden. De andre dagene pleier jeg å trene, lese, lage middag og vaske opp. Om kvelden chatter jeg på sosiale medier. Jeg pleier å legge meg klokka halv tolv.

spise middag

EN TYPISK DAG: SØNN

Jeg står opp kvart over sju. Jeg pleier å gå på do, ta en dusj og spise frokost om morgenen. Jeg drar til skolen kvart på åtte. På skolen har jeg timer hele dagen. Jeg drar hjem klokka tre på mandager, tirsdager og torsdager og halv fire på onsdager og fredager.

kle av seg

Om ettermiddagen gjør jeg lekser, spiller TV-spill, surfer på Internett og spiser middag. Hver torsdag pleier jeg å støvsuge og vaske huset. Om kvelden spiller jeg gitar eller går ut med venner. Jeg legger meg klokka kvart på elleve.

stille vekkerklokka

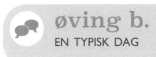 **øving b.**
EN TYPISK DAG

Look back at the text about daily life. Take turns acting out the activities for each text and see how many activities your partner can guess.

legge seg

 **øving c.**
DAGEN MIN

Discuss your daily routine with another student.

1. Når står du opp om morgenen?
2. Når spiser du frokost? Hva spiser du?
3. Hva gjør du om formiddagen?
4. Når spiser du lunsj? Hva spiser du?
5. Hva gjør du om ettermiddagen?

6. Når spiser du middag? Hvor? Hva spiser du?
7. Hva pleier du å gjøre om kvelden?
8. Hvor ofte er du på sosiale medier?
9. Ser du på TV om kvelden?
10. Når legger du deg?

øving d.
PARARBEID

Edit the header row of the chart below so that each person in your immediate family is represented. Identify who is responsible for each of the chores listed. Discuss with a partner by using questions such as: Hvem i familien din rydder opp? Hvem vasker huset? Hvem støvsuger?

arbeidsoppgaver	jeg	mora mi	faren min	søstera mi	broren min	andre:
rydde opp						
vaske huset						
støvsuge						
lage mat						
vaske opp						
vaske klær						
passe på barn						
betale regningene						
handle mat						
stelle i hagen						
klippe gresset						
rake løv						
måke snø						
mekke på bilen						

øving e.
ARBEID I HUSET

Using the chart on the previous page and the key phrases below, describe the division of labor in your household.

Arbeidsoppgaver i hjemmet

ex.) Faren min   <u>jobber</u>   heltid / deltid.

Mora mi   <u>gjør</u>   alt husarbeidet / alt utearbeidet.

Mannen min   <u>gjør mesteparten av</u>   husarbeidet / utearbeidet / barnestellet.

Kona mi   <u>hjelper til med</u>   husarbeidet / utearbeidet / barnestellet.

Vi   <u>deler på</u>   husarbeidet / utearbeidet / barnestellet.

øving f.
ARBEID I HUSET

Read the descriptions of household chores. Circle the chores the people like and underline the chores they don't like.

FOLK PÅ GATA: Arbeidsoppgaver i hjemmet

Hvilke arbeidsoppgaver i hjemmet liker du å gjøre? Hvilke liker du ikke å gjøre?

Morten Eilertsen (30 år): Jeg liker å handle mat. Dattera mi er fire år gammel, og hun pleier å bli med meg. Vi går og småprater mens vi finner varene vi trenger. Når vi kommer hjem, pleier vi å lage noe godt å spise—småkaker, kake, brød eller boller. Det jeg ikke er så glad i, er oppvask.

Jørn Rud (45 år): Jeg er glad i å måke snø og rake løv. Jeg liker godt å være ute i frisk luft og bevege meg litt. Det er stille og rolig, og man kan la tankene vandre fritt. Derimot liker jeg ikke å klippe gresset—for mye bråk!

Elisabeth Andersen (27 år): Jeg er glad i biler. Faren min var bilmekaniker, så han lærte meg å mekke på biler. Jeg gjør det ikke så ofte nå, men jeg vasker bilene våre og holder dem i stand. Jeg liker også å lage mat. Derfor inviterer vi ofte venner på middag eller på kaffe. Men mannen min gjør rent i huset, for det liker jeg ikke.

Refleksive pronomen [REFLEXIVE PRONOUNS]

In previous chapters, you have learned the subject and object pronouns in Norwegian, and you see those forms listed in the chart below. In this section, you are learning about reflexive pronouns. These pronouns occur after the verb (or a preposition), and refer back to the subject of the sentence. In other words, the subject and the reflexive pronoun refer to the same person.

ex.) Jeg vasker meg. *(I wash myself.)*   Du barberer deg. *(You shave yourself.)*

As you can see in the chart, reflexive pronouns are the same as the object form, except in 3. person when **seg** is used. Depending on how it is used, **seg** can mean oneself, himself, or herself.

In a dictionary, reflexive verbs are listed with the pronoun **seg** after them. Below is a list of common reflexive verbs in Norwegian. Note that some of these are also reflexive in English, but not all of them.

å vaske seg	*to wash oneself*	**å barbere seg**	*to shave*
å sminke seg	*to put on makeup*	**å kle på seg**	*to get dressed*
å kle av seg	*to undress*	**å skynde seg**	*to hurry*
å kose seg	*to enjoy oneself*	**å legge seg**	*to go to bed*

Person, number	Subject pronoun	Object pronoun	Reflexive pronoun
1. person, singular	**Jeg** heter Erik. *I am named Erik.*	Morten liker **meg**. *Morten likes me.*	Jeg kler på **meg**. *I dress myself.*
2. person, singular	**Du** bor i Bergen. *You live in Bergen.*	Anne hjelper **deg**. *Anne helps you.*	Du koser **deg**. *You enjoy yourself.*
3. person, singular	**Han** liker fotball. *He likes soccer.*	Vi forstår **ham**. *We understand him.*	Han barberer **seg**. *He shaves himself.*
	Hun liker golf. *She likes golf.*	Vi besøker **henne**. *We visit her.*	Hun sminker **seg**. *She puts makeup on herself.*
	Hen er trøtt. *They are tired.*	Vi lager mat til **hen**. *We cook for them.*	Hen legger **seg**. *They go to bed.*
1. person, plural	**Vi** snakker norsk. *We speak Norwegian.*	Han skriver til **oss**. *He writes to us.*	Vi skynder **oss**. *We hurry ourselves.*
2. person, plural	**Dere** er fra USA. *You are from the USA.*	Hun snakker med **dere**. *She talks with you.*	Dere vasker **dere**. *You wash yourselves.*
3. person, plural	**De** spiller tennis. *They play tennis.*	Jeg jogger med **dem**. *I jog with them.*	De koser **seg**. *They enjoy themselves.*

øving g.
REFLEKSIVE PRONOMEN

Complete the descriptions of the students' routines. Use the correct reflexive pronouns.

1. Morten står opp klokka seks. Han tar en dusj og barberer _____. Han må alltid skynde _____.

2. Marit og jeg står opp klokka åtte. Vi vasker _____. Jeg barberer _____, og Marit sminker _____.

3. Du og Per står opp klokka fem. Dere vasker _____ og kler på _____. Du må skynde _____, men Per pleier å ha god tid.

4. Marit og Ole er trøtte. De vasker _____, kler av _____ og legger _____.

Negative setninger [NEGATIVE SENTENCES]

In negative sentences, note that **ikke** comes after the verb and the reflexive pronoun.

Jeg barberer **meg**.	Jeg barberer **meg** <u>ikke</u>.
Jeg sminker **meg**.	Jeg sminker **meg** <u>ikke</u>.

Invertert ordstilling [INVERTED WORD ORDER]

In sentences that start with adverbials, the subject and the verb are inverted as usual. However, note that the sentence will look strange at first glance since the subject and the reflexive pronoun are next to each other.

Jeg legger **meg** klokka ti.	Klokka ti <u>legger jeg</u> **meg**.
Jeg vasker **meg** om morgenen.	Om morgenen <u>vasker jeg</u> **meg**.

øving h.
REFLEKSIVE PRONOMEN

Use the reflexive pronouns below to describe some of your daily activities. Create some negative sentences and some sentences with inverted word order.

å vaske seg • å barbere seg • å sminke seg • å kle på seg
å skynde seg • å kose seg • å kle av seg • å legge seg

øving i.
PRONOMEN

Complete the descriptions of daily routines by filling in the correct subject, object, or reflexive pronouns.

1. _____ *(I)* pleier å stå opp ved seks-tiden. _____ *(I)* tar en dusj og vasker håret.

Så kler _____ *(I)* på _____ *(myself)* og sminker _____ *(myself)* litt.

_____ *(I)* vekker mannen min, og etter en rask dusj går _____ *(he)* på kjøkkenet

for å hjelpe _____ *(me)* med å lage frokost. Så sitter _____ *(we)* ved bordet og spiser og leser avisen.

_____ *(we)* har god tid, så vi trenger ikke å skynde _____ *(ourselves)*.

2. Sønnen vår står opp ved sju-tiden. Han dusjer og barberer _____ *(himself)*, og så vekker _____

(he) søstera si. _____ *(she)* dusjer også og bruker lang tid på badet for å børste håret og sminke _____

(herself). Mens _____ *(they)* spiser frokost, smører _____ *(I)* matpakker til _____ *(them)*.

Ordstilling: *Inversjon* [WORD ORDER: INVERSION]

In Chapter 5, you learned that sentences which start with adverbials have inversion of the subject and verb. When describing daily routines, you will often use the following adverbials.

Times	klokka seks	*at six o'clock*	**Klokka seks** står jeg opp.
	klokka halv sju	*at six-thirty*	**Klokka halv sju** spiser jeg frokost.
	fra kl. sju til ni	*from seven to nine*	**Fra klokka sju til ni** leser jeg.
	ved titida	*around ten o'clock*	**Ved titida** drar jeg på jobb.
Frequency	noen ganger	*sometimes*	**Noen ganger** går jeg på kafé.
	av og til	*now and then*	**Av og til** spiser jeg i kantina.
Then / Afterwards	så	*then*	**Så** har jeg forelesning.
	etterpå	*afterwards*	**Etterpå** drikker jeg kaffe.
	etter lunsj	*after lunch*	**Etter lunsj** jobber jeg.
	etter forelesning	*after lecture / class*	**Etter forelesning** har jeg trening.
	etter trening	*after practice*	**Etter trening** spiser jeg middag.
General Times	om morgenen	*during the morning*	**Om morgenen** jobber jeg.
	om formiddagen	*during the forenoon*	**Om formiddagen** leser jeg.
	om ettermiddagen	*during the afternoon*	**Om ettermiddagen** trener jeg.
	om kvelden	*during the evening*	**Om kvelden** slapper jeg av.

øving j.
DAGEN TIL JON

Below is an overview of Jon's daily routine. Read it aloud, putting the adverbial first and inverting the subject and the verb.

ex.) Jon pleier å stå opp klokka sju.   **Klokka sju** pleier Jon å stå opp.

1. Han spiser frokost i kantina klokka åtte.   Klokka åtte _____.

2. Han går på forelesning etter frokost.   Etter frokost _____.

3. Han jobber fra klokka ti til halv tolv.   Fra klokka ti til halv tolv _____.

4. Han spiser lunsj klokka tolv.   Klokka tolv _____.

5. Han leser etterpå.   Etterpå _____.

6. Han spiller basketball klokka tre.   Klokka tre _____.

7. Han jogger noen ganger også.   Noen ganger _____.

8. Han spiser middag ved femtiden.   Ved femtiden _____.

9. Han er sammen med venner om kvelden.   Om kvelden _____.

10. Han legger seg klokka tolv.   Klokka tolv _____.

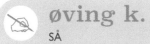

øving k.
SÅ

When narrating, we often use the adverb **så** (*then*) to connect our statements Combine the statements below with **og så...** (*and then...*). Invert the subject and the verb after *then*.

ex.) Jeg tar en dusj. | Jeg barberer meg.   *Jeg tar en dusj, og så barberer jeg meg.*

1. Jeg tar et bad. | Jeg sminker meg.   _____

2. Jeg leser avisa. | Jeg går på forelesning.   _____

3. Jeg spiser lunsj. | Jeg drar på jobben.   _____

4. Jeg spiller håndball. | Jeg jogger.   _____

5. Jeg spiser middag. | Jeg ser på TV.   _____

6. Jeg studerer. | Jeg går på fest.   _____

7. Jeg pusser tennene. | Jeg kler av meg.   _____

8. Jeg stiller vekkerklokka. | Jeg legger meg.   _____

øving l.
TIMEPLAN

Write a description of a student's daily routine based on the sentences provided below. Write a coherent paragraph by using adverbials at the beginning of some sentences and combining sentences with conjunctions and **som**. When you are finished, compare your paragraph to another student's.

Jeg heter Martin.   _____

Jeg er 19 år gammel.   _____

Jeg går på Universitetet i Washington.   _____

Jeg studerer norsk og historie.   _____

Jeg jobber på biblioteket tre dager i uka.   _____

Jeg spiller fotball og synger i kor i fritida.   _____

Jeg trives godt her.   _____

Jeg står opp klokka sju.   _____

Jeg jogger.   _____

Jeg tar en dusj.   _____

Jeg spiser frokost.   _____

Jeg leser avisa.   _____

Jeg har norskforelesning klokka ti.   _____

Jeg har biologiforelesning klokka elleve.   _____

Jeg spiser lunsj klokka tolv.   _____

Jeg slapper av.   _____

Jeg jobber på biblioteket fra klokka ett til tre.   _____

Jeg har trening klokka fem.   _____

Jeg spiser middag klokka halv sju.   _____

Jeg er sammen med vennene mine.   _____

Jeg leser fra klokka ti til tolv.   _____

Jeg pusser tennene.   _____

Jeg legger meg klokka ett.   _____

øving m.
EN TYPISK DAG

Read the text below and decide which pictures match the text and which do not. Circle the words in the text that describe the picture and draw a line connecting the matching text to its corresponding picture.

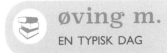

Hei! Jeg heter Emma og kommer fra Oslo. Dette er en typisk dag for meg.

Jeg står opp klokka sju. Jeg pusser tenner og kler på meg. Klokka halv åtte spiser jeg frokost med familien min, og så går jeg til skolen. Man kan ikke kjøpe mat på skolen min, så jeg tar med meg matpakke.

Det er 25 elever i klassen min, og læreren vår heter Marianne. Jeg har engelsk, matte, gym, KRLE*, norsk og forming. Timene varer i førtifem minutter.

På vei hjem fra skolen møter jeg en hund som heter Tiko. Han er kjempesøt. Når jeg kommer hjem, liker jeg å spise kjeks. Det er deilig å slappe av litt etter skolen, så jeg ser på TV og hører på radio. Jeg gjør også lekser. Hver dag får jeg fire lekser. Jeg spiller tennis på fredager.

Det er en lang dag. Jeg er alltid trøtt når jeg legger meg klokka ni.

* Kristendom, religion, livssyn og etikk

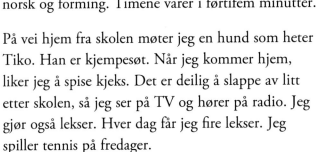
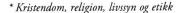
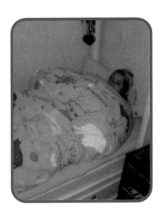

øving n.
BILDESERIE

Examine the two series of photos. Write a sentence for each picture that captures what is happening and then combine your sentences into a paragraph. Vary your word order and add extra details to the description. Be creative!

øving o.
BILDESERIE

Listen to the description of a student's daily routine and fill in the missing information.

Time Expressions	Activities
	står opp, lager kaffe og tar en rask dusj
Etter dusjen	
	drar til universitetet
	jobber i bokhandelen
Så	
	har forelesning
Etterpå	
	drar hjem
	lager middag hjemme
Av og til	
	drar til kjæresten min, ser på film eller en TV-serie
Når det er fint vær	
	går på helsestudio
Ved titida	
	legger meg

i fokus: Mediebruk i Norge

I løpet av de siste 30 årene har det skjedd store endringer i befolkningens mediebruk. Tidligere var papiraviser, TV og radio de dominerende mediene i Norge, men nå har de digitale mediene tatt over.

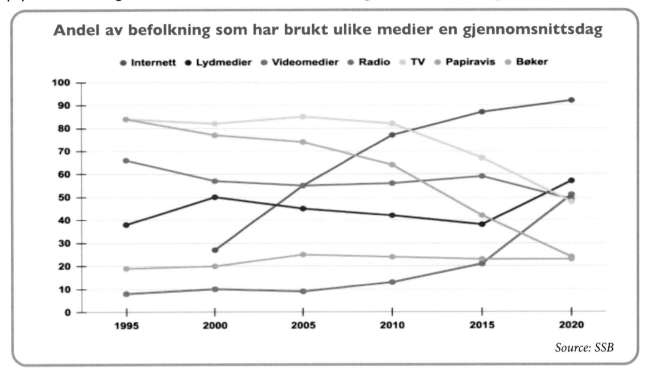

Andel av befolkning som har brukt ulike medier en gjennomsnittsdag

● Internett ● Lydmedier ● Videomedier ● Radio ● TV ● Papiravis ● Bøker

Source: SSB

øving p.
MEDIER

Study the content on p. 174-5 and match the words below with the descriptions:
(bøker • Internett • lydmedier • papiraviser • radio • TV • videomedier)

1. Ca. 90 prosent av nordmenn bruker _____ en gjennomsnittsdag.

2. Andelen av befolkningen som leser _____ holder seg stabil.

3. Ca. 46 prosent av nordmenn ser på vanlig og direkte-sendt _____.

4. Andelen av befolkningen som leser _____ har sunket fra 84 % til 22 %.

5. Ca. 47 prosent av nordmenn lytter til _____.

6. Tre av fire bruker en betalt strømmetjeneste for å se på _____.

7. Podkaster og lydbøker er eksempler på _____.

ℹ️ Innblikk

Norwegians add new words to their language by changing the spelling of loan words to fit the sound system **(norvagisering)** or by creating new words **(fornorskning).** What do the words below mean? What process was used to add them to Norwegian?

e-post • en flatskjerm • en hjemme-pc • en influenser • Internett • et lesebrett • ei lydbok • en mobiltelefon en nettavis • et nettbrett • en podkast • sosiale medier • strømmet • en strømmetjeneste • ei tekstmelding ■

Ulike typer medier og plattformer

INTERNETT	• 98 prosent av befolkningen har tilgang til Internett, 92 prosent til PC / MAC, 68 prosent til nettbrett, 50 prosent til TV-spill og 14 prosent til lesebrett. • Nordmenn bruker i gjennomsnitt 3 timer og 38 minutter på internett daglig. • De bruker internett til kommunikasjon, informasjonssøk, arbeid, utdanning, nettbank, nyheter, bestilling av varer og tjenester, sosiale medier, spill osv.
TELEFON	• 99 prosent av befolkningen mellom 9-79 år har sin egen mobiltelefon. • 82 prosent bruker mobilen til tekstmeldinger, 81 prosent til private samtaler, 73 prosent til sosiale medier, 61 prosent til nettavis, 61 prosent til e-post, 50 prosent til musikk og 42 prosent til video en gjennomsnittsdag. • Nordmenn bruker også mobilen til nettbank, bestilling av varer og tjenester, spill, digitale billetter og digitale bevis (digitalt studentbevis, førerkort osv.)
TV	• 94 prosent av befolkningen har TV-apparat hjemme. • 46 prosent ser på vanlig TV og direktesendt nett-TV en gjennomsnittsdag. • 60 prosent av TV-seere ser på nyheter, 23 prosent på sport, 10 prosent på filmer, 9 prosent på debatter og 8 prosent på TV-serier og realityprogrammer.
VIDEOMEDIER	• 52 prosent ser på video- og filmmedier en gjennomsnittsdag. • 48 prosent ser på strømmet video og 7 prosent på nedlastet video. • 3 av 4 har tilgang til abonnement på minst en betalt strømmetjeneste. • Unge menn ser mest på video- og filmmedier.
RADIO	• 47 prosent av befolkningen lytter til radio en gjennomsnittsdag. • 10 prosent hører på nettradio. • Andelen ungdommer og unge voksne som hører på radio fortsetter å falle. • Populærmusikk og nyheter er mest lyttet til.
LYDMEDIER	• 58 prosent av befolkningen lytter til lydmedier en gjennomsnittsdag. • 47 prosent hører på strømmet musikk, 13 prosent på podkast, 13 prosent på nedlastet musikk og 5 prosent på lydbok. • Lydmedier er mest populært i aldersgruppen 16-24 år.
AVISER	• 76 prosent av nordmenn leser aviser en gjennomsnittsdag. • 54 prosent leser nettaviser og 22 prosent leser papiraviser. • 56 prosent har tilgang til betalt abonnement på papir- eller nettavis. • De mest populære nettavisene er vg.no, nrk.no og dagbladet.no.
BØKER	• 21 prosent av nordmenn leser papirbøker i fritida en gjennomsnittsdag. • 3 prosent leser e-bøker i fritida en gjennomsnittsdag. • Færre barn, og spesielt gutter, leser papirbøker enn tidligere. • De fleste boklesere foretrekker romaner eller noveller. *Source: SSB, 2021*

øving q.
MEDIER

Use the text above as a point of departure for discussing your media habits with a classmate. Make statements about your media habits and ask one another questions

MEST UTFORDRENDE ORD FRA DETTE KAPITTELET

Listen to the sounds, words, and sentences and then practice saying them aloud.

Sounds	Words	Sentences
i	driver — spiller — strikker	1. I fritida liker jeg å gå tur og seile.
y	dyr — sykler — styrketrening	
e	fele — telefon — tennene	2. Jeg spiller fotball, håndball og golf.
ø	møte — besøker — svømmer	
a	bader — maler — slapper	3. Jeg liker å tegne, strikke og spille jazz.
æ	bær — populær — treskjæring	
å	båt — står — håndarbeid	4. I helgene går jeg på kino eller på konsert.
o	kor — skogen — mosjon	
u	tur — kunst — pusse	5. Jeg står på slalåm og går på ski på fjellet.
diftonger	seiler — tegner — røyk	
stum. kons.	hvilken — fjellet — halv	6. Jeg spiller piano og synger i kor.
j	jazz — hjemme — gjerne — gikk	
kj	kjører — kjenner — kino	7. Jeg sjekker e-post og surfer på Internettet.
sj	sjekker — ski — skynder — børster	
r	raker — idrett — naturen	8. Jeg står opp seint og skynder meg på jobb.
ng	synger — rosemaling — tekstmelding	

🎧 **øving r.**
UTTALE

Listen to the text about Marit's leisure activities and fill in the words that are missing. Then practice reading the text aloud.

I _____ _____ jeg å drive med _____.

Om vinteren går jeg på _____, og om sommeren _____

jeg. Jeg liker også å gå på _____ i _____.

Det er fint å _____ ute i _____, synes jeg.

Jeg er også glad i _____ og _____. Både

samboeren min og jeg _____ gitar, og vi liker å _____

viser sammen. I helgene _____ vi ofte venner.

Da _____ vi å gå på _____, på konsert eller

på _____.

REPETISJON: ORD OG UTTRYKK

12. Hverdagsliv

Når står du opp om morgenen?
Jeg står opp klokka _____.
(seks, kvart over seks, halv sju, kvart på sju, sju)

Hva gjør du om morgenen?
Jeg _____ om morgenen.
(tar en dusj, tar et bad, vasker meg,
barberer meg, vasker håret, føner håret,
krøller håret, grer håret, børster håret,
sminker meg, pusser tennene,
går på toalettet / do, kler på meg, spiser frokost)

Når drar du på jobben eller til universitetet om morgenen?
Jeg drar på jobben eller til universitetet klokka _____.

Hva gjør du på jobben?
Jeg _____.
(jobber, går på møter, snakker i telefonen,
tar en kaffepause, spiser lunsj)

Hva gjør du på universitetet?
Jeg _____.
(går på forelesning, studerer, leser, gjør oppgaver,
skriver oppgaver)

Når drar du hjem om ettermiddagen?
Jeg drar hjem klokka _____.

Hva gjør du om ettermiddagen?
Jeg _____ om ettermiddagen.
(slapper av, sover, trener, jogger, er sammen med
vennene mine, rydder opp, vasker huset, støvsuger,
vasker klær, lager middag, spiser middag, vasker opp,
steller i hagen, klipper plenen, raker løv,
måker snø, mekker på bilen)

Hva gjør du om kvelden?
Jeg _____ om kvelden.
(er sammen med familien min, ser på TV,
er sammen med vennene mine, jobber, leser,
gjør oppgaver, melder eller chatter, sjekker e-post,
surfer på nettet, spiller TV-spill, spiller dataspill,
kler av meg, pusser tennene, vasker meg)

Når legger du deg?
Jeg legger meg klokka _____.

12. Daily Routine

When do you get up in the morning?
I get up at _____.
(six, quarter after six, six thirty, quarter to seven, seven)

What do you do in the morning?
I _____ in the morning.
*(take a shower, take a bath, wash myself,
shave, wash my hair, style my hair,
curl my hair, comb my hair, brush my hair,
put on makeup, brush my teeth,
go to the bathroom, get dressed, eat breakfast)*

When do you go to work or to the university in the morning?
I go to work or to the university at _____.

What do you do at work?
I _____.
*(work, go to meetings, talk on the telephone,
take a coffee break, eat lunch)*

What do you do at the university?
I _____.
*(go to lectures, study, read, do homework,
write essays)*

When do you go home in the afternoon?
I go home at _____.

What do you do in the afternoon?
(I _____ in the afternoon.)
*(relax, sleep, work out, jog, am with
my friends, tidy up, clean the house, vacuum,
wash clothes, make dinner, eat dinner, wash the dishes,
work in the yard, cut the grass, rake leaves,
shovel snow, work on the car)*

What do you do in the evening?
I _____ in the evening.
*(am with my family, watch TV,
am with my friends, work, read / study,
do homework, text or chat, check my e-mail,
surf the web, play video games, play computer games,
get undressed, brush teeth, wash myself)*

When do you go to bed?
I go to bed at _____.

KLIMA &
KLÆR

climate & clothing

In this section, you will:

- learn about the seasons in Norway, including typical weather conditions, temperatures, seasonal activities, clothing, and holidays

- understand and participate in conversations about the weather

- understand and participate in interviews about seasonal activities

- read informative texts about the midnight sun, winter darkness, and holidays

- listen to short descriptions of seasons and holiday traditions

- write descriptions of your favorite and least favorite seasons, including information about the weather, seasonal activities, clothing, and holidays

- reflect on how climate is related to everyday behavior, life perspectives, leisure activities, religion, clothing, and holidays

	13. Climate and Weather	14. Seasons and Holidays	15. Clothing and Fashion
Topics	Seasons, weather conditions, temperatures, holidays	Seasonal activities	Men's and women's clothing, summer and winter clothing
Grammar	Adjectives: Ordinal Numbers Adjectives: Indefinite	Determinatives: Possessives Verbs: Review of Tenses	Adjectives: Indefinite Determinatives: Demonstratives
Pronunciation	Sj, kj, j	Song: "Kua"	Top 50 most difficult words
Functions	Describing weather conditions, giving the temperature in Celsius, complaining	Describing seasonal activities, expressing wishes, listing the holidays	Describing clothing, discussing likes and dislikes, giving compliments
Tasks	Describing or discussing seasons	Interviewing others about seasonal activities, describing Christmas and Easter traditions	Discussing what clothing to wear in different situations, purchasing clothing
Culture	Effects of seasons and weather on everyday life, Norwegian and Sami flag days	Effects of the climate on activities, holidays	Fashion and clothing, national costumes, 17th of May

Kap. 13: Klima og vær

Årstider

🔑 Språktips

In Norwegian, the names of the months and the days of the week all begin with lower case letters ■

vår

sommer

høst

vinter

Måneder

januar

februar

mars

april

mai

juni

juli

august

september

oktober

november

desember

💬 **øving a.**
KALENDER

Practice the words for seasons, months, days of the week, and holidays by doing the exercises below.

1. Hva heter de fire årstidene?

2. Hvor mange årstider er det der du bor?

3. Hvilken årstid liker du best?

4. Hva heter de tolv månedene?

5. Hvilke måneder har du fri fra skolen?

6. Når har du fødselsdag? Hvilken måned?

7. Når har andre i familien din bursdag?

8. Hvilken måned liker du best?

9. Hva heter de sju ukedagene?

10. Hvilken ukedag liker du best?

Norsk kalender 2024

24 timer = en dag 7 dager = ei uke 4 uker = en måned 12 måneder = et år

JANUAR							
Uke	Ma	Ti	On	To	Fr	Lø	Sø
1	1	2	3	4	5	6	7
2	8	9	10	11	12	13	14
3	15	16	17	18	19	20	21
4	22	23	24	25	26	27	28
5	29	30	31				

FEBRUAR							
Uke	Ma	Ti	On	To	Fr	Lø	Sø
5				1	2	3	4
6	5	6	7	8	9	10	11
7	12	13	14	15	16	17	18
8	19	20	21	22	23	24	25
9	26	27	28				

MARS							
Uke	Ma	Ti	On	To	Fr	Lø	Sø
9					1	2	3	4
10	5	6	7	8	9	10	11
11	12	13	14	15	16	17	18
12	19	20	21	22	23	24	25
13	26	27	28	29	30	31	

APRIL							
Uke	Ma	Ti	On	To	Fr	Lø	Sø
13							1
14	2	3	4	5	6	7	8
15	9	10	11	12	13	14	15
16	16	17	18	19	20	21	22
17	23	24	25	26	27	28	29
18	30						

MAI							
Uke	Ma	Ti	On	To	Fr	Lø	Sø
18		1	2	3	4	5	6
19	7	8	9	10	11	12	13
20	14	15	16	17	18	19	20
21	21	22	23	24	25	26	27
22	28	29	30	31			

JUNI							
Uke	Ma	Ti	On	To	Fr	Lø	Sø
22						1	2	3
23	4	5	6	7	8	9	10
24	11	12	13	14	15	16	17
25	18	19	20	21	22	23	24
26	25	26	27	28	29	30	

JULI							
Uke	Ma	Ti	On	To	Fr	Lø	Sø
26							1
27	2	3	4	5	6	7	8
28	9	10	11	12	13	14	15
29	16	17	18	19	20	21	22
30	23	24	25	26	27	28	29
31	30	31					

AUGUST							
Uke	Ma	Ti	On	To	Fr	Lø	Sø
31			1	2	3	4	5
32	6	7	8	9	10	11	12
33	13	14	15	16	17	18	19
34	20	21	22	23	24	25	26
35	27	28	29	30	31		

SEPTEMBER							
Uke	Ma	Ti	On	To	Fr	Lø	Sø
35						1	2
36	3	4	5	6	7	8	9
37	10	11	12	13	14	15	16
38	17	18	19	20	21	22	23
39	24	25	26	27	28	29	30

OKTOBER							
Uke	Ma	Ti	On	To	Fr	Lø	Sø
40	1	2	3	4	5	6	7
41	8	9	10	11	12	13	14
42	15	16	17	18	19	20	21
43	22	23	24	25	26	27	28
44	29	30	31				

NOVEMBER							
Uke	Ma	Ti	On	To	Fr	Lø	Sø
44				1	2	3	4
45	5	6	7	8	9	10	11
46	12	13	14	15	16	17	18
47	19	20	21	22	23	24	25
48	26	27	28	29	30		

DESEMBER							
Uke	Ma	Ti	On	To	Fr	Lø	Sø
48						1	2
49	3	4	5	6	7	8	9
50	10	11	12	13	14	15	16
51	17	18	19	20	21	22	23
52	24	25	26	27	28	29	30
1	31						

ℹ Innblikk — navnedager

In addition to celebrating birthdays, some people celebrate *name days* or **navnedager** in Norway. Every day of the year is a name day for a male and female version of the same name. For example, Bjørg and Bjørge have their name day on June 11, and Eirik, Erik, and Erika have name day on May 18. The tradition began in Greece, and many other European countries also celebrate name days. ■

ℹ Innblikk — uke 1

In Norway, it is common to use week numbers as a way to schedule events and keep track of the time during the year. Instead of saying the second week in July, people say *during week 28* or **i uke 28**. Week 1 is, of course, during the first week of January. If you look on the left side of each month on the calendar, you will see the week numbers listed. ■

Hva er temperaturen?

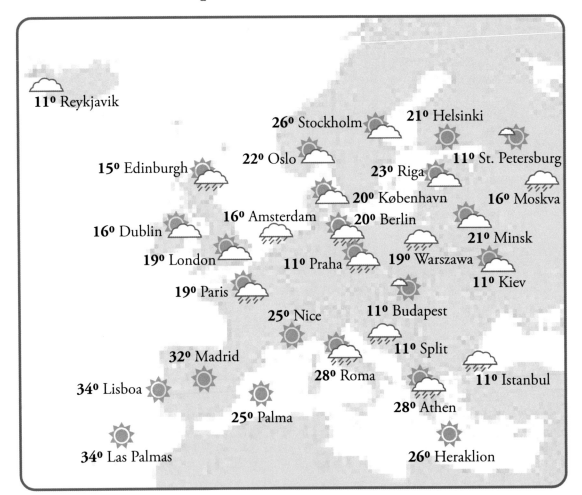

°C	°F
40°	104°
30°	86°
20°	68°
10°	50°
0°	32°
-10°	14°
-20°	-4°
-30°	-22°
-40°	-40°

11° Reykjavik

26° Stockholm   21° Helsinki

15° Edinburgh   22° Oslo   23° Riga   11° St. Petersburg

20° København   16° Moskva

16° Amsterdam   20° Berlin

16° Dublin   21° Minsk

19° London   11° Praha   19° Warszawa

19° Paris   11° Kiev

25° Nice   11° Budapest

32° Madrid   11° Split

34° Lisboa   28° Roma   11° Istanbul

25° Palma   28° Athen

34° Las Palmas   26° Heraklion

øving b.
TEMPERATUREN

Using the map above, identify the temperatures in the cities. Use **varmegrader** or **plussgrader** for *degrees above* zero and **kuldegrader** or **minusgrader** for *degrees below* zero.

ex.) Hva er temperaturen i Paris?   Temperaturen er 19 varmegrader.

øving c.
TEMPERATUREN

Identify the city or town where you are, describe whether it is warm or cold, and say whether you are sweating or freezing. See examples phrases below.

ex.) Jeg er på ferie i Madrid.   Det er varmt, og jeg svetter.

Det er fuktig • Det er varmt. • Det er kjølig. • Det er surt. • Det er kaldt.
Jeg svetter! • Jeg fryser!

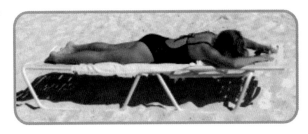

Hvordan er været?

Sola skinner.
Det er mye sol.

Det er delvis skyet.
Det er perioder med sol.

Det er overskyet.

Det blåser.
Det er mye vind.

Det regner.
Det er mye regn.

Det lyner og tordner.
Det er tordenvær.

Det er tåkete.
Det er mye tåke.

Det snør.
Det er mye snø.

 øving d.
VÆRET
Using the map on the previous page, describe the weather in the major cities in Europe. Use the phrases above.

ex.) Hvordan er været i Tromsø i dag?   Det regner.

Årstidene i Norge

 øving e.
ÅRSTIDENE
Read the dialogues about the seasons and write in the name of the season above each text.

ÅRSTID: _____

Pål. Så fint vær det er i dag!

Tina. Ja, snøen er vakker. Det snødde mye i natt.

Pål. Det er deilig med bedre vær etter at det var så overskyet og tåkete i går.
Har du lyst til å dra på skitur?

Tina. Det har jeg veldig lyst til.

ÅRSTID: _____

Pål. Uff, så surt det er ute!
Det regner og blåser.

Tina. Ja, det er en ekte storm ute.

Pål. Hvor mange grader er det nå?

Tina. I dag er det bare 10 varmegrader.
Det har blitt mye kaldere denne uka.

ÅRSTID: _____

Tina. Det er deilig vær i dag.

Pål. Ja, det er nesten for varmt!

Tina. Skal vi dra på stranda?

Pål. Ja, gjerne. Jeg trenger å kjøle meg ned.

ÅRSTID: _____

Tina. Å, så deilig og varmt det er i sola!

Pål. Ja, det er bra at det er litt varmere.

Tina. Snøen har begynt å smelte i hagen vår.

Pål. Hos meg har de første påskeliljene kommet.

Ordenstall   [ADJECTIVES: ORDINAL NUMBERS]

An ordinal is a number that expresses degree, quality, or position in a series.

Note that the ordinal numbers 1st–6th and 11th–12th are irregular, while the rest follow a pattern.

1–10		11–20		21–30		31–40	
1st	første	11th	ellevte	21st	tjueførste	31st	trettiførste
2nd	andre	12th	tolvte	22nd	tjueandre	32nd	trettiandre
3rd	tredje	13th	trettende	23rd	tjuetredje	33rd	trettitredje
4th	fjerde	14th	fjortende	24th	tjuefjerde	34th	trettifjerde
5th	femte	15th	femtende	25th	tjuefemte	35th	trettifemte
6th	sjette	16th	sekstende	26th	tjuesjette	36th	trettisjette
7th	sjuende	17th	syttende	27th	tjuesjuende	37th	trettisjuende
8th	åttende	18th	attende	28th	tjueåttende	38th	trettiåttende
9th	niende	19th	nittende	29th	tjueniende	39th	trettiniende
10th	tiende	20th	tjuende	30th	trettiende	40th	førtiende

øving f.
FLAGGDAGER

Listen to the description of official Norwegian flag days. Match the date with the event that takes place that day.

1. januar	• Olsok
21. januar	• H.K.H. Prinsesse Ingrid Alexandras fødselsdag
6. februar	• 1. juledag
21. februar	• H.K.H. Kronprinsesse Mette-Marits fødselsdag
1. mai	• H.K.H. Kronprins Haakons fødselsdag
8. mai	• Arbeidernes dag
17. mai	• Grunnlovsdagen
7. juni	• Frigjøringsdagen 1945
4. juli	• H.M. Dronning Sonjas fødselsdag
20. juli	• Unionsoppløsning
29. juli	• 1. nyttårsdag
19. august	• Samefolkets dag
25. desember	• H.M. Kong Harald Vs fødselsdag

NB: 1. påskedag, 1. pinsedag og dagen for Stortingsvalg er også offisielle norske flaggdager, selv om de ikke har en fast dato.

 **i Innblikk**

flaggdager

There are 16 official flag days in Norway, marking historical events, holidays, and the birthdays of the royal family. On flag days, it is required to display the flag on government buildings, and many families choose to put up a flag at their homes as well. It is also common for families to put out their flags for birthdays, graduations, weddings, and other special events. ■

Datoer [DATES]

There are several things to keep in mind about dates in Norwegian.

- The date in Norwegian is an ordinal number (first, second, third) just as it is in English.

- However, notice that the date comes before the month in Norwegian, which is the opposite of the way dates are written in American English.

- Dates can be read in two different ways:
    a) tjuetredje november *or* b) tjuetredje i ellevte

- The year is often read as two groups of two cardinal numbers just as it is in English. However, note the differences in examples d-f.
a) 1814 (attenfjorten)	b) 1972 (nittensyttito)	c) 2016 (tjueseksten)
d) 1803 (attennulltre)	e) 1905 (nittennullfem)	f) 2007 (totusenogsju)

Written dates in English	Written dates in Norwegian	Spoken dates in Norwegian
September 24, 1972 9/24/1972 or 9-24-1972	**24. september 1972** 24.09.1972 or 24.9.1972	tjuefjerde september nittensyttito tjuefjerde i niende nittensyttito
January 8, 2003 1/8/2003 or 1-8-2003	**8. januar 2003** 08.01.2003 or 8.1.2003	åttende januar totusenogtre åttende i første totusenogtre
April 10, 2016 4/10/2016 or 4-10-2016	**10. april 2016** 10.04.2016 or 10.4.2016	tiende april tjueseksten tiende i fjerde totusenogseksten

øving g.
DATOER
Read aloud the birthdays of the Norwegian family below in two different ways.

1. Fødselsdagen min er 10. oktober 1962.

2. Mannen min er født 15. april 1963.

3. Sønnen min er født 3. mai 1987.

4. Dattera mi er født 21. desember 1994.

5. Oldefaren min er født 08.02.1893.

6. Det eldste barnebarnet mitt er født 12.09.2002.

7. Det yngste barnebarnet mitt er født 04.01.2015.

8. Niesa mi er født 17.07.2011.

øving h.
FLAGGDAGER
The Sami people also have their own official flag days. Listen to the clip and fill in the missing dates.

_____ • Samenes nasjonaldag

_____ • Sametinget i Finland ble åpnet i 1996

_____ • Marimesse—Marias bebudelsesdag

_____ • Midtsommer—St. Hans

_____ • FNs internasjonale urfolksdag

_____ • Samerådet ble opprettet

_____ • Flaggets godkjenningsdato og Isak Sabas fødselsdag

_____ • Sametinget i Sverige ble opprettet i 1993

_____ • Sametinget i Norge ble åpnet i 1989

_____ • Sameparlamentet i Finland ble opprettet i 1973

Adjektiv: Ubestemt form

[ADJECTIVES: INDEFINITE FORM]

An adjective is a word that describes or modifies a noun or a pronoun.

In Norwegian, adjectives must be in the same form as the nouns they describe. The base form of the adjective is used for masculine and feminine, and endings are added for neuter and plural.

Indefinite adjectives can occur as attributives (before the noun) or as predicatives (after the verb).

- **Attributives** (before the noun):

    a) The adjective is preceded by an indefinite article (en, ei, et) and followed by a noun.
      ex.) Jeg har en **fin** bil.

    b) The adjective stands alone before a noun without the indefinite article.
      ex.) Det er **fint** vær i dag!

- **Predicatives** (after the verb)

    a) The adjective comes after verbs such as **er** and **blir**, modifying the subject of the sentence.
      ex.) Bilen er **fin**! | Været er **fint**!

    b) Note that adjectives following **Det er...** receive the neuter -t ending.
      ex.) Det er **fint**! | Det er **varmt**! | Det er **kaldt**! | Det er **dumt**! | Det er **pent**!

	Adjective ending	Attributive *(adj. before the noun)*	Predicative *(adj. after the verb)*	
en nouns	—	Jeg har en **fin** bil.	*Jeg har en bil.*	Bilen er **fin**.
				Den er **fin**.
ei nouns	—	Jeg har ei/en **fin** seng.	*Jeg har ei/en seng.*	Senga / Sengen er **fin**.
				Den er **fin**.
et nouns	-t	Jeg har et **fint** hus.	*Jeg har et hus.*	Huset er **fint**.
				Det er **fint**.
plural nouns	-e	Jeg har **fine** penner.	*Jeg har to penner.*	Pennene er **fine**.
				De er **fine**.

✎ **øving i.**
ADJEKTIVER

Below are some common adjectives in Norwegian. Match them to their meanings by drawing a line. The adjectives below follow the main rules for adjectives. In Chapter 15, you will learn about the adjectives that are exceptions to the main rules.

varm	kald	god	fin	pen	mørk	lys	lang	mild

fine/nice	dark	long	warm	mild	attractive/nice	good	cold	light

øving j.
ATTRIBUTIV

Use adjectives in the indefinite form (attributive) to describe the days, weather, and seasons in Norway.

1. Det er en _____ vinter i Norge *(lang)*.

2. 2002 var et _____ år i Norge *(mild)*.

3. Det var en _____ dag i går *(fin)*.

4. Vi hadde mange _____ uker i sommer *(varm)*.

5. Det var ei _____ uke *(kald)*.

6. Det er _____ vær i dag *(pen)*.

7. Vi hadde en _____ kveld sammen *(god)*.

8. Jeg jobbet i ti _____ dager *(lang)*.

9. Det var en _____ sommer *(varm)*.

10. Jeg har et _____ kart over Norge *(fin)*.

 øving k.
PREDIKATIV

Use adjectives in the indefinite form (predicative) to describe the days, weather, and seasons in Norway.

1. Sommeren er _____ i Norge *(lys)*.

2. Vinteren er _____ i Norge *(mørk)*.

3. Været var _____ i går *(pen)*.

4. Dagene var _____ *(fin)*.

5. Uka var _____ *(lang)*.

6. Kveldene var _____ *(varm)*.

7. Ettermiddagen var ikke så _____ *(fin)*.

8. Kalenderen var _____ *(pen)*.

9. Fotturene var _____ *(lang)*.

10. Kartet var _____ *(fin)*.

 øving l.
PREDIKATIV

When the subject is "det," then you must use the neuter form of the indefinite adjective. The phrases below are very common.

1. Det var _____ *(fin)*.

2. Det var _____ *(pen)*.

3. Det var _____ *(lys)*.

4. Det var _____ *(kald)*.

5. Det var _____ *(varm)*.

6. Det var _____ *(lang)*.

7. Det var _____ *(god)*.

8. Det var _____ *(dum)*.

9. Det var _____ *(morsom)*.

10. Det var _____ *(mild)*.

øving m.
PÅ FERIE

Below is an info gap activity with two students, Student A and Student B. Student B is on vacation and is going to call Student A and discuss the trip, weather, and activities. Before you start, go through the practice conversation and identify the telephone phrases.

Maria.	Familien Hansen.	Pål.	Dette er Pål. Kan jeg få snakke med Maria?
Maria.	Hei, det er meg.	Pål.	Hei!
Maria.	Hvordan har du det?	Pål.	Bare bra, takk. Og du?
Maria.	Fint! Hvor er du nå?	Pål.	Jeg er i India.
Maria.	Så fint! Hvordan er været der?	Pål.	Det er veldig varmt og fuktig, og sola skinner.
Maria.	Hva er temperaturen?	Pål.	Temperaturen er 35 grader! Kjempevarmt. Hvordan er været hjemme?
Maria.	Det er kjølig og litt overskyet. Hva skal du gjøre i dag?		
Maria.	Jeg skal trene litt, og så skal jeg på kafé.	Pål.	Jeg skal på fottur! Hva skal du gjøre?
Maria.	Takk for at du ringte!	Pål.	Fint. Men du, nå må jeg legge på.
Maria.	Morn da!	Pål.	Ha det! Hei.

STUDENT A *(Say these lines)*

Familien Larsen.

Hei, Erik! Det er meg.

Hvordan har du det?

Bare bra. Hvor er du nå?

Hvordan er været?

Er det varmt?

Det regner og regner. Hva skal du gjøre i dag?

Jeg skal jobbe.

Takk for at du ringte!

Ha det!

STUDENT A *(Record your partner's answers)*

Dette er Erik. Kan jeg få snakke med Grete?

Hei!

_____. Hvordan har du det?

Jeg er i _____.

Det _____.

Ja, temperaturen er ___. Hvordan er været der?

Jeg skal _____. Hva med deg?

OK, du. Nå må jeg legge på.

Ha det bra. Hei.

Familien Strand.

Hei, Kristian! Det er meg.

Hvordan har du det?

Ikke så bra. Jeg er syk. Hvor er du nå?

Hvordan er været?

Er det kaldt?

Det er overskyet. Hva skal du gjøre i dag?

Jeg skal gå på kino.

Takk for at du ringte!

Ha det!

Dette er Kristian. Kan jeg få snakke med Stine?

Hei!

_____. Hvordan har du det?

Jeg er i _____.

Det _____.

Ja, temperaturen er ___. Hvordan er været der?

Jeg skal _____. Hva med deg?

OK, du. Nå må jeg legge på.

Ha det godt. Hei.

i Innblikk — Nordmenn på ferie

Travel is a popular activity for Norwegians. In 2022, they took a record 29 million vacation trips, 22 million in Norway and 7 million abroad. When traveling in their own country, Norwegians often travel by car and stay in more inexpensive accommodations, such as campgrounds, cabins, and small hotels. The most popular areas for these trips are Western Norway, Northern Norway, and Eastern Norway. When going abroad, Norwegians usually travel by plane and stay in large hotels. The most popular countries for Norwegian tourists are Spain, Sweden, Great Britain, Denmark, Germany, and France. Popular destinations for charter travel are the Canary Islands, Mallorca, the Greek islands (Crete, Rhodes, Samos), and Thailand. ■

Source: SSB and NHO Reiseliv

STUDENT B *(Record your partner's answers)*

Familien Larsen.
Hei, Erik! Det er meg.
Hvordan har du det?
_____. Hvor er du nå?
Hvordan er været?
Er det varmt?
_____ Hva skal du gjøre i dag?
_____.
Takk for at du ringte!
Ha det!

Familien Strand.
Hei, Kristian! Det er meg.
Hvordan har du det?
_____ Hvor er du nå?
Hvordan er været?
Er det kaldt?
_____. Hva skal du gjøre i dag?
_____.
Takk for at du ringte!
Ha det!

STUDENT B *(Say these lines)*

Dette er Erik. Kan jeg få snakke med Grete?
Hei!
Fantastisk! Hvordan har du det?
Jeg er i Spania.
Det er veldig pent. Sola skinner.
Temperaturen er 35 grader. Hvordan er været der?
Jeg skal bade og sole meg. Hva med deg?
OK, du. Nå må jeg legge på.
Ha det bra. Hei.

Dette er Kristian. Kan jeg få snakke med Stine?
Hei!
Fint, takk! Hvordan har du det?
Jeg er i Tyskland.
Det snør, og det blåser litt.
Ja, temperaturen er -15. Hvordan er været der?
Jeg skal stå på snowboard. Hva med deg?
OK, du. Nå må jeg legge på.
Ha det! Hei.

🔍 i fokus: mørketid og midnattssol

Mennesker opplever mørketiden på forskjellige måter. Noen synes det er en tung tid, mens andre gleder seg over koselige stunder både ute og innendørs, juleforberedelser og samvær med familie eller venner.

Om mørketiden og mennesker

Kun 8–9 prosent av befolkningen sier at de ikke reagerer på mørketiden. Dette vil si at over 90 prosent har en motsatt reaksjon. Man antar at 5–10 prosent av befolkningen har en eller annen form for «vinterdepresjon». Det kan derfor være 400 000 mennesker i Norge med vinterdepresjoner, og nær 800 000 som har lettere symptomer av samme karakter.

Vinterdepresjon og mørketidsplager, eller S.A.D. (Seasonal Affective Disorder) som det betegnende heter på engelsk, kan vise seg på mange forskjellige måter. Alle dyr reagerer på forandringer i årstidene, noe som spesielt ses hos de dyreartene som går i hi om vinteren. Mennesket er intet unntak, og mange av oss får til dels veldig hemmende og alvorlige plager i mørketiden.

Symptomene kan variere fra de helt lette, som tretthet og manglende tiltakslyst, til dypere depresjoner og lammende håpløshetsfølelse. Hos noen melder symptomene seg allerede tidlig på høsten, hos andre når vinteren er på sitt mørkeste. En undersøkelse viser at Norge har verdens høyeste forekomst av vinterdepresjoner (Overlege A. R. Føreland, Gaustad sykehus).

Vinterens positive sider

Men vinteren er ikke bare «mørk»! Det finnes mange som faktisk gleder seg til vinteren—den kommer jo uansett! Senhøsten er tradisjonelt en tid med mange kulturelle aktiviteter, som teater, revy, konserter og ustillinger. Vinterens første snøfall får det til å krible i beina for vintersportsentusiaster. Ikke minst barna synes at snøen bringer flere muligheter for utendørs atspredelse.

Midt i mørketiden kommer jula—advent med sine forberedelser og forventninger, julehøytiden, og selvfølgelig nyttår! Matglade mennesker ser frem til vinterens mattradisjoner som mølje og lutefisk. Nordlyset lyser opp vinterhimmelen, som en slags erstatning for den manglende sola, til glede for nordboere så vel som utenlandske gjester. At været trenger oss innendørs, gjør oss kanskje mer sosiale. Man treffer familie, venner og naboer oftere enn om sommeren. I januar lysner himmelen gradvis, og den 21. januar feires solas tilbakekomst med solfest.

ℹ️ Innblikk nordlys

The Sámi believed that the northern lights had supernatural powers to resolve conflicts, and they put auroral symbols on their magic drums. The Sámi gave the northern lights several names. One name is **Guovssahas**, or *audible light*. ∎

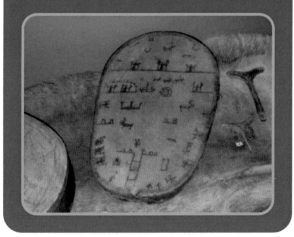

øving n.
MØRKETID

Answer the questions as you read the text about winter darkness in Norway.

1. Hvilken andel av den norske befolkningen sier at de ikke reagerer mot mørketida?

2. Hvilken andel av befolkningen har «vinterdepresjon»?

3. Hva er noen av symptomene?

4. Hvilke aktiviteter skjer sent på høsten eller i begynnelsen av vinteren?

5. Hvilke sportsaktiviteter tror du nordmenn gjør etter det første snøfallet?

6. Hvilke helligdager kommer midt i mørketida?

7. Hva betyr «nordlyset»?

8. Er nordmenn mer sosiale om vinteren?

9. Når kommer sola tilbake?

10. Hvordan feirer man solas tilbakekomst?

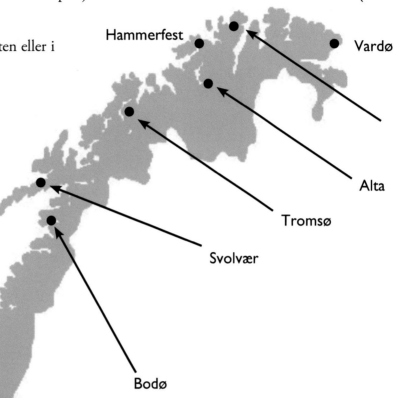

øving o.
MIDNATTSSOL

Listen to the recording and fill in the dates when each city has the midnight sun.

Sted	Midnattssol
Bodø	
Svolvær	
Tromsø	
Alta	
Vardø	
Hammerfest	
Nordkapp	
Longyearbyen	

uttale: sj-, kj- og j-lyder

sj-lyden:
The **sj** sound is similar to "sh" in English and can be spelled in a variety of ways. Note that "sk" is normally pronounced as it looks, as in **sko** and **skal**, but when "sk" is followed by an "i" or "y," it is pronounced "sh." In eastern Norway, the "rs" is pronounced together as an "sh" sound, but in other Norwegian dialects, these consonants are pronounced separately.

sj	**sj**ef — **sj**ekker — **sj**okolade — **sj**elden
skj	**skj**ønner — **skj**orte — tre**skj**æring
ski	**ski** — **ski**p — **ski**nke — **ski**nner
sky	**sky** — over**sky**et — **sky**lle
rs	no**rs**k — ku**rs** — tø**rs**t — ma**rs**

kj-lyden:
The **kj** sound does not have an equivalent in English, but it is similar to the "h" sound in "huge." Start by saying the word "huge" in English and then blow more air over the top of the tongue in the back of your mouth. Note that "k" is normally pronounced as it looks, as in **kake** and **kommer**, but when "k" is followed by an "i" or "y," it is pronounced as "kj." See the examples at right.

kj	**kj**empefint — **kj**emi — **kj**øtt — **kj**øper — **kj**ølig
ki	**ki**nesisk — **ki**no — **ki**osk — **ki**lo
ky	**ky**lling — **ky**ss — **ky**st
tj	**tj**ue — **tj**uende

j-lyden:
The **j** is similar to the "y" sound in English and can be spelled in a variety of ways. Note that "g" is normally pronounced as it looks, as in **genser** or **gate**, but when "g" is followed by an "i" or "y," it is pronounced as Norwegian "j." See the examples at right.

j	**j**a — **j**eg — **j**obb — **j**azz — **j**uni
hj	**hj**emme — **hj**emsted — **hj**elper
gj	**gj**øre — **gj**erne — **gj**enta
gi	**gi**r — **gi**ft — **gi**kk
gy	**gy**nge — **gy**ngestol

🔑 Språktips   talemålet i endring

In Norway today, there are many interesting changes occuring in the Norwegian language. In an earlier chapter, we showed how English words are being adopted into the Norwegian language and given spellings more consistent with the Norwegian sound system. There are also changes occurring within Norwegian pronunciation. For example, the **uvular r**, which is common in southwestern Norway, is expanding and slowly encroaching on areas where the **rolled r** has been the standard. Another example is that many Norwegians under 40 do not distinguish between the **kj sound** and the **sj sound**. Keep in mind that such changes take a very long time, so you will need to learn to hear and produce these two sounds. ■

Source: SNL

REPETISJON: ORD OG UTTRYKK

13. Klima og vær	**13. Climate and Weather**

Hvilken måned liker du best?
Jeg liker _____ best.
(januar, februar, mars, april, mai,
juni, juli, august, september, oktober,
november, desember)

Which month do you like best?
I like _____ best.
(January, February, March, April, May,
June, July, August, September, October,
November, December)

Hvilken årstid liker du best?
Jeg liker _____ best.
(sommeren, høsten, vinteren, våren)

Which season do you like best?
I like _____ best.
(the summer, the fall, the winter, the spring)

Hvordan er været i dag? _____ i dag.
(det er fint, det er pent, det er mildt,
det er kaldt, det er surt, det er kjølig,
det er varmt, det er fuktig,
det er overskyet, det er tåkete)

How is the weather today? _____ today.
(it is fine, it is nice, it is mild,
it is cold, it is chilly, it is cool,
it is warm, it is humid,
it is cloudy, it is foggy)

Hvordan er været i dag? _____ i dag.
(sola skinner, det regner, det snør,
det blåser, det er storm, det er mye sol,
det er mye regn, det er mye snø,
det er mye vind, det er mye lyn og torden)

How is the weather today? _____ today.
(the sun is shining, it is raining, it is snowing,
it is windy, it is storming, there is much sun, there is
much rain, there is much snow, there is much wind,
there is much lightning and thunder)

Hvordan er været om sommeren?
_____ om sommeren.
(sola skinner, det er fuktig, det er varmt,
det blåser, det regner, det er lyn og torden)

How is the weather during the summer?
_____ during the summer.
(the sun shines, it is humid, it is warm,
it is windy, it rains, there is thunder and lightning)

Hvordan er været om høsten?
_____ om høsten.
(sola skinner, det er varmt, det er kjølig,
det er surt, det blåser, det regner)

How is the weather during the fall?
_____ during the fall.
(the sun shines, it is warm, it is cool,
it is chilly, it is windy, it rains)

Hvordan er været om vinteren?
_____ om vinteren.
(det snør, det er sludd, det er kaldt,
det er overskyet, sola skinner)

How is the weather during the winter?
_____ during the winter.
(it snows, there is sleet, it is cold,
it is cloudy, the sun shines)

Hvordan er været om våren?
_____ om våren.
(sola skinner, det er varmt, det er kjølig,
det er surt, det blåser, det regner, det er tåkete)

How is the weather during the spring?
_____ during the spring.
(the sun shines, it is warm, it is cool,
it is chilly, it is windy, it rains, it is foggy)

Hva er temperaturen i dag?
Temperaturen er _____ i dag.
(30 grader, 20 varmegrader, 10 kuldegrader)

What is the temperature today?
The temperature is _____ today.
(30 degrees, 20 + degrees, -10 degrees)

Kap. 14: Årstider og helligdager

høst

I Norge begynner det å bli kaldere i slutten av august. I september og oktober er det vanlig med temperaturer fra 10 til 15 grader. Været varierer fra sterk storm til strålende sol. Når det er fint vær, går mange på tur i skogen, plukker sopp eller går på jakt. I slutten av oktober og begynnelsen av november pleier den første snøen å komme, og man merker at det blir mørkere om kvelden.

rake løv

være ute

gå tur

gå på jakt

kjøpe klær

begynne på skolen

plukke sopp

være inne

 **Innblikk**

Films produced in Norway are usually released during the fall, so many people go to the movie theater then. ■

gå på kino

strikke

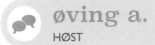 **øving a.**
HØST

Discuss the following questions with a partner.

Liker du høsten?

Hvordan er været om høsten?

Hva gjør du om høsten?

Hva er temperaturen om høsten?

vinter

gå på ski / gå langrenn

Vinteren er lang i Norge. Mange steder varer den fra november til april. Det snør mye, og temperaturen pleier å variere fra 15 kuldegrader til 0 grader. Over hele landet er det mørkt store deler av dagen. I sør står sola opp ved nitida og går ned ved tretida. Nord for Bodø er det mørketid i to måneder. Da står ikke sola opp i det hele tatt. Når det er fint vær, pleier mange å stå på slalåm eller snowboard, gå på ski og ake.

ake

stå på slalåm / stå på ski

måke snø

gå på skøyter

dra til syden

stå på telemark

sitte foran peisen

kjøre snøscooter

kaste snøball

stå på snowboard / snøbrett

 **øving b.**
VINTER

Below is a list of statements describing winter. Are these statements true or false about winter where you live? Circle the statements that are true for your home area and cross out those that are false.

1) Sola står opp ved nitida.
2) Barn som bor her, er veldig glad i å ake.
3) Folk pleier ikke å måke snø om vinteren.
4) Det er mer populært å stå på snowboard enn å gå på ski.
5) Det snør mye om vinteren, og det blåser også.

6) Når det er kaldt ute, er det mange som drar på ferie til et varmt sted, for eksempel til Mexico, Florida eller Arizona.
7) Temperaturen varierer fra 0 til 10 grader om vinteren.
8) Mange mennesker er flinke til å gå på skøyter.

vår

I Norge begynner våren i mars, april eller mai avhengig av hvor langt nord man er. Om våren regner det ofte, men det kan også være mye sol. Temperaturen varierer fra 0 til 15 grader. Det blir sakte varmere, snøen smelter, det blir lysere, og folk er mer ute. Man steller i hagen, planter blomster, vasker huset og går på tur.

gå tur

stelle i hagen

plante blomster

være ute

gå på utekafé

vaske huset

klippe gresset

ℹ️ Innblikk

After a long dark winter, Norwegians especially enjoy being outdoors during the first sunny days of spring. Although it may still be chilly outside, people find it refreshing to feel the warm sun on their faces. ■

øving c.
VÅR

Make a list of eight questions to ask a classmate about spring weather and activities. Use a variety of question words and include some yes/no questions.

1. _____
2. _____
3. _____
4. _____
5. _____
6. _____
7. _____
8. _____

sommer

Sommeren er veldig fin i Norge. Temperaturen ligger på 20-30 grader, og det er ikke for varmt og ikke for kaldt. Det er mye sol, men det kan også regne og være overskyet. Sola er oppe lenge over hele landet. I sør går den ned ved ellevetida og står opp ved firetida. Nord for Bodø er det midnattssol i to måneder. De fleste drar på ferie om sommeren, enten på fjellet, ved sjøen eller til utlandet. Mange drar på biltur, sykkeltur, fottur, seiltur eller campingtur. Sommeren i Norge er relativt kort, og derfor pleier folk å være ute så mye som mulig.

dra på ferie / til utlandet

dra på sykkeltur

dra på hyttetur

dra på fisketur

dra på kajakktur / kanotur

dra på biltur

dra på campingtur

dra på båttur / seiltur

stå på vannski

gå på fottur

bade

sole seg

øving d.
SOMMER

Interview two other students about their summer activities.

Liker du sommeren?

Hva liker andre i familien din å gjøre om sommeren?

Jobber du mye om sommeren?

Hvordan er været?

Reiser du på ferie om sommeren?

Hvor mange uker fri har du om sommeren?

Determinativer: Possessiver [DETERMINATIVES: POSSESSIVES]

Possessives are words that express ownership or relationship, and they most often occur with a noun.

- Possesives occur most commonly after the noun.
  ex.) bilen **min**

- The noun is in the definite form.
  ex.) **bilen** min

- The possessives for my, your, and our have to agree in gender and number with the nouns they modify.
  ex.) bilen **min**, senga **mi**, huset **mitt**, pennene **mine**
  bilen **din**, senga **di**, huset **ditt**, pennene **dine**
  bilen **vår**, senga **vår**, huset **vårt**, pennene **våre**

- Occasionally, you will see the possessive in front of the noun. When in this position, the possessive often emphasizes who owns an object. Note that the noun is in the indefinite form when the possessive precedes it.
  ex.) Det er **min** bil / **mitt** hus / **mine** sko!

	MASCULINE en nouns	FEMININE ei nouns	NEUTER et nouns	ALL GENDERS plural
1. person, singular	Jeg liker **bilen** <u>min</u>. *I like my car.*	Jeg liker **hytta** <u>mi</u>. *I like my cabin.*	Jeg liker **huset** <u>mitt</u>. *I like my house.*	Jeg liker **skiene** <u>mine</u>. *I like my skis.*
2. person, singular	Jeg liker **bilen** <u>din</u>. *I like your car.*	Jeg liker **hytta** <u>di</u>. *I like your cabin.*	Jeg liker **huset** <u>ditt</u>. *I like your house.*	Jeg liker **skiene** <u>dine</u>. *I like your skis.*
3. person, singular	Jeg liker **bilen** <u>hans</u>. *I like his car.*	Jeg liker **hytta** <u>hans</u>. *I like his cabin.*	Jeg liker **huset** <u>hans</u>. *I like his house.*	Jeg liker **skiene** <u>hans</u>. *I like his skis.*
	Jeg liker **bilen** <u>hennes</u>. *I like her car.*	Jeg liker **hytta** <u>hennes</u>. *I like her cabin.*	Jeg liker **huset** <u>hennes</u>. *I like her house.*	Jeg liker **skiene** <u>hennes</u>. *I like her skis.*
	Jeg liker **bilen** <u>hens</u>. *I like their car.*	Jeg liker **hytta** <u>hens</u>. *I like their cabin.*	Jeg liker **huset** <u>hens</u>. *I like their house.*	Jeg liker **skiene** <u>hens</u>. *I like their skis.*
1. person, plural	Jeg liker **bilen** <u>vår</u>. *I like our car.*	Jeg liker **hytta** <u>vår</u>. *I like our cabin.*	Jeg liker **huset** <u>vårt</u>. *I like our house.*	Jeg liker **skiene** <u>våre</u>. *I like our skis.*
2. person, plural	Jeg liker **bilen** <u>deres</u>. *I like your car.*	Jeg liker **hytta** <u>deres</u>. *I like your cabin.*	Jeg liker **huset** <u>deres</u>. *I like your house.*	Jeg liker **skiene** <u>deres</u>. *I like your skis.*
3. person, plural	Jeg liker **bilen** <u>deres</u>. *I like their car.*	Jeg liker **hytta** <u>deres</u>. *I like their cabin.*	Jeg liker **huset** <u>deres</u>. *I like their house.*	Jeg liker **skiene** <u>deres</u>. *I like their skis.*

øving e.
POSSESSIV

Fill in the correct forms of the possessives. Remember that the possessives for my, your-singular, and our must agree in gender and number with the noun.

1. *(my)*   Liker du   båten _____ | hytta _____ | teltet _____ | bilene _____?

2. *(your-singular)* Liker du   båten _____ | hytta _____ | teltet _____ | bilene _____?

3. *(his)*   Liker du   båten _____ | hytta _____ | teltet _____ | bilene _____?

4. *(her)*   Liker du   båten _____ | hytta _____ | teltet _____ | bilene _____

5. *(their-singular)* Liker du   båten _____ | hytta _____ | teltet _____ | bilene _____?

5. *(our)*   Liker du   båten _____ | hytta _____ | teltet _____ | bilene _____?

6. *(your-plural)* Liker du   båten _____ | hytta _____ | teltet _____ | bilene _____?

7. *(their)*   Liker du   båten _____ | hytta _____ | teltet _____ | bilene _____?

øving f.
POSSESSIV

Complete the descriptions by filling in the correct form of the possessives.

1. *(my)*   Jeg er veldig glad i familien _____. Faren _____ heter Thomas og er 52 år gammel, og mora _____ heter Kristine og er 53 år gammel. Broren _____ heter Per-Kristian, og søstrene _____ heter Julia og Kamilla.

2. *(your-singular)* Jeg liker huset _____ veldig godt. Hagen _____ er stor og fin, og blomstene _____ er pene. Hvorfor drar du så ofte til hytta _____?

3. *(his)*   Faren min elsker biler, motorsykler og snøscootere. Bilen _____ og motorsykkelen _____ er helt nye, men snøscooterne _____ er gamle.

4. *(her)*   Søstera mi liker godt hagestell. I hagen _____ er det mange pene blomster. Blomstene _____ er røde, gule og blå.

5. *(their-singular)* Lars er glad i friluftsliv. Hytta _____ ligger på fjellet, og hen liker å gå på ski der.

6. *(our)*   Foreldrene _____ heter Per og Elin, og broren _____ heter Kjetil. De bor fortsatt på hjemstedet _____ i Nord-Norge.

7. *(your-plural)* Hvordan gikk ferien _____? Likte dere de nye skiene _____?

øving g.
POSSESSIV

Discuss the items listed with the questions below. Use correct possessive pronouns.
(en bil, en båt, et hus, ei hytte, en kajakk, et nettbrett, ei ordbok, ski, en sykkel, et telt)

1. Liker du _____?   (bilen din, båten din, huset ditt, hytta di, skiene dine, teltet ditt)

2. Hvor kjøpte du _____?   (bilen din, båten din, kajakken din, nettbrettet ditt, ordboka di, skiene dine)

3. Hvor ofte bruker du ___?   (båten din, nettbrettet ditt, ordboka di, skiene dine, sykkelen din, teltet ditt)

Verb: Tider [VERBS: TENSES]

In previous chapters, you have learned some of the most common verb tenses in Norwegian. Here, you will review the use of the infinitive, present tense, and past tense.

	Infinitive	Present tense	Past tense	Present perfect
Strong verbs	**dra** *(go, leave)*	drar	dro	har dratt
	drikke *(drink)*	drikker	drakk	har drukket
	forstå *(understand)*	forstår	forsto	har forstått
	få *(get, receive)*	får	fikk	har fått
	gjøre *(do)*	gjør*	gjorde	har gjort
	gå *(go)*	går	gikk	har gått
	komme *(come)*	kommer	kom	har kommet
	se *(see)*	ser	så	har sett
	si *(say)*	sier*	sa	har sagt
	skrive *(write)*	skriver	skrev	har skrevet
	sove *(sleep)*	sover	sov	har sovet
	stå *(stand)*	står	sto	har stått
	ta *(take)*	tar	tok	har tatt
	vite *(know)*	vet*	visste	har visst
	være *(be)*	er*	var	har vært
Weak verbs Class 1: Stem ends in two consonants (-et, -et)	**fiske** *(fish)*	fisker	fisket	har fisket
	regne *(rain)*	regner	regnet	har regnet
	snakke *(speak)*	snakker	snakket	har snakket
	strikke *(knit)*	strikker	strikket	har strikket
	vaske *(wash)*	vasker	vasket	har vasket
Weak verbs Class 2: Stem ends in one consonant or ll, mm, nn, nd, og ng (-te, -t)	**lese** *(read)*	leser	leste	har lest
	reise *(travel)*	reiser	reiste	har reist
	spise *(eat)*	spiser	spiste	har spist
	spille *(play)*	spiller	spilte	har spilt
	svømme *(swim)*	svømmer	svømte	har svømt
	skinne *(shine)*	skinner	skinte	har skint
	sende *(send)*	sender	sendte	har sendt
Weak verbs Class 3: Stem ends in -ei, -øy, -g, or -v (-de, -d)	**leie** *(rent)*	leier	leide	har leid
	pleie *(usually do)*	pleier	pleide	har pleid
	prøve *(try)*	prøver	prøvde	har prøvd
Weak verbs Class 4: Stem ends in stressed vowel (-dde, -dd)	**bety** *(mean)*	betyr	betydde	har betydd
	bo *(live)*	bor	bodde	har bodd
	ha *(have)*	har	hadde	har hatt*
	kle *(dress)*	kler	kledde	har kledd
	snø *(snow)*	snør	snødde	har snødd

 **øving h.**
INFINITIV OG PRESENS

Fill in the present tense, the infinitive, or å + infinitive.

1. Hva _____ du i fritida *(gjøre)?* Jeg liker _____ fotball *(spille)*.

Dessuten _____ jeg med karate og yoga *(drive)*. Jeg lærer også _____ salsa *(danse)*.

2. Hvor skal du _____ i helga *(dra)?* Jeg må _____ hjem *(dra)* fordi det

_____ fødselsdagen til søstera mi *(være)*. Vi skal _____ en stor fest for henne *(ha)*.

3. Har du lyst til _____ slalåm i helga *(kjøre)?* Ja, gjerne!

Kan vi _____ på skøyter også *(gå)?* Jeg elsker _____ på skøyter *(gå)*.

4. Hvordan _____ været i dag *(være)?* Sola _____ *(skinne)*, men

det _____ litt *(blåse)*. Dessverre må jeg _____ i ettermiddag *(jobbe)*.

 **øving i.**
PRETERITUM

Past tense is usually used to describe events that took place at a specific time in the past. Regular endings are added to the weak verbs, but the strong verbs have to be memorized. Note that the strong verbs in the exercise are marked with an asterisk.

1. I sommer _____ det nesten hver dag *(regne)*, men sola _____ litt også *(skinne)*.

For det meste _____ jeg inne *(være*)*, men jeg _____ meg også *(sole)*.

2. I ferien _____ jeg til Norge *(reise)*. Vi _____ på campingtur *(dra*)*,

_____ på fottur *(gå*)* og _____ mye *(fiske)*.

3. Jeg _____ på skolen igjen i september 2001 *(begynne)*. Jeg _____ på

Kringsjå studentby *(bo)* og _____ ved Universitetet i Oslo *(studere)*.

I tillegg _____ jeg på restaurant *(jobbe)*.

4. I jula _____ familien min på besøk *(komme*)*. Vi _____ god mat *(spise)*,

_____ mye kort *(spille)* og _____ av *(slappe)*.

Vinteren i Norge

Brrrrrr. Innfødte, trauste nordmenn fryser og klager skamløst over sprengkulda. Hvordan er det da å komme fra land med behagelige varmegrader året rundt?

Zubeir, 25 år, Afghanistan, to år i Norge

Temperatur i hjemlandet nå:	– Cirka 10 varmegrader.
Hva synes du om kulden?	– Jeg fryser fælt og føler meg ikke så bra. Jeg liker det ikke.
Hva gjør du for å holde varmen?	– Kler på meg masse. Se her, fire lag på overkroppen, lange ullstillongs på bena. Men strømmen er så dyr at det blir for kaldt hjemme også.
Lengter du bort?	– Ja, når det er så kaldt som nå. Jeg håper å kunne reise en tur til Iran.
Er det noe positivt med kulden?	– Ehhh... Jeg håper å lære meg å gå på ski. Det kan bli fint.

Nazha, 33 år, Marokko, fem år i Norge

Temperatur i hjemlandet nå:	– 17–18 varmegrader.
Hva synes du om kulden?	– Jeg har blitt litt vant til den, og trodde det skulle være enda verre før jeg kom. Skrekkhistoriene om Skandinavia var mange. Men jeg liker ikke å fryse, altså!
Hva gjør du for å holde varmen?	– Jeg har lært å kle meg skikkelig med to gensere, tykk kåpe og ullstillongs. Nå er jeg kald på ørene, så jeg skal kjøpe meg lue.
Lengter du bort?	– Ja, så klart! Jeg skulle gjerne reist hjem. Å ta ferie om vinteren er lurt.
Er det noe positivt med kulden?	– Nei, det er vel ingen som liker kulde? Men snø er fint. Verden blir vakker.

Mohammed, 41 år, Somalia, elleve år i Norge:

Temperatur i hjemlandet nå:	– 30–35 varmegrader.
Hva synes du om kulden?	– Jeg liker den ikke i det hele tatt. Jeg føler meg veldig kald og fryser på hele kroppen.
Hva gjør du for å holde varmen?	– Jeg har hørt at det finnes ikke dårlig vær, bare dårlige klær. Så jeg har på mye klær. Topplue også. Skjerfet la jeg dessverre igjen på T-banen. Hjemme holder vi 25 grader, selv om det blir dyrt.
Lengter du bort?	– Ja, selvfølgelig! Somalia nå hadde vært godt!
Er det noe positivt med kulden?	– Barna mine kan gå på ski. Det er bra.

Alice, 47, Singapore, ti år i Norge:

Temperatur i hjemlandet nå:	– 30–35 varmegrader.
Hva synes du om kulden?	– Jeg kan ikke fordra den. Det er vanskelig å gå på gaten, og kroppen blir stiv.
Hva gjør du for å holde varmen?	– Hjemme har vi på mest mulig varme. Så tar jeg på meg skikkelig tjukke klær. Noen ganger lange ullunderbukser. Huff, det liker jeg ikke!
Lengter du bort?	– Å ja. Hadde jeg hatt penger, ville jeg reist til Spania for å tine opp.
Er det noe positivt med kulden?	– Du kan spise mye mat og blir sulten veldig fort. Det er fint.

Source: Aftenposten

øving j.
VINTEREN

Read the article about winter on the previous page and do the exercises below.

Pre-reading

This is an article about how immigrants from warmer climates deal with Norwegian winter. What predictions can you make about what the immigrants might say in this text?

During reading

Fill in the chart with the information from the article.

	Zubeir	Nazha	Mohammed	Alice
Years in Norway				
Temperature in home country				
What they think about the cold				
What they do to keep warm				
What they long for				
What is positive about the cold				

Post-reading

How would you respond if a newspaper reporter interviewed you using the questions on the previous page?
Write a dialog with a newspaper reporter gathering your responses to at least **8 questions** about the climate. You may use some of the questions from the article on the previous page, but you should also write some of your own qeustions. Pick one of the following options:

A. The interview takes place at your school and you are comparing the weather there to the weather where you grew up.

B. The interview takes place in Norway, and you decide how long you have been there.

øving k.
VÆRET

Imagine if a Norwegian family from northern Norway moved to a country with a warm climate. How do you think they would respond to the change in weather, temperature, and activities? Discuss with the class.

i fokus: Merkedager, høytidsdager og helligdager

øving 1.
HELLIGDAGER

Below is an overview of Norwegian holidays and observances. Use cognates and the context to help you identify the holidays. Discuss with another student how the holidays in your country are simillar or different. Note that public holidays are marked with bold print and movable holidays with asterisks.

januar

Første nyttårsdag: 1. jan.

februar

Fastelavn: *feb.
Morsdag: *feb.
Valentinsdag: 14. feb.

mars

Palmesøndag: *mars/apr.
Skjærtorsdag: *mars/apr.
Langfredag: *mars/apr.

april

Påskeaften: *mars/apr.
Første påskedag: *mars/apr.
Andre påskedag: *mars/apr.

mai

Arbeidernes dag: 1. mai
Frigjøringsdag 1945: 8. mai
Grunnlovsdag: 17. mai
Kristi Himmelfartsdag: *mai
Første pinsedag: *mai
Andre pinsedag: *mai

juni

Sankthansaften: 23. juni

juli

Olsok: 29. juli

august

september

oktober

Halloween: 31. okt.

november

Allehelgensdag: 1. nov.

desember

Julaften: 24. des.
Første juledag: 25. des.
Andre juledag: 26. des.
Nyttårsaften: 31. des

Norske merkedager, høytidsdager og helligdager

Påske

I Norge er det påskeferie i ti dager. Skjærtorsdag, langfredag, første påskedag og andre påskedag er offentlige helligdager. Da holder mange butikker stengt, og det kommer ikke ut aviser. Mange nordmenn pleier å dra på fjellet og gå på ski i påsken. Andre vanlige tradisjoner er påskeeggjakt for barna og store familiemiddager. Mange spiser lam i påsken.

God påske!

Sankthans

Kvelden før 24. juni kalles sankthansaften. Da pleier folk å møte familie og venner til piknik på en strand, enten ved havet eller ved en innsjø. Der tenner de bål, griller og bader. For mange symboliserer sankthans starten på sommeren – skolen er slutt, det har blitt godt og varmt, og det er lyst til langt utpå kvelden.

God sommer!

17. mai

17. mai feirer man Norges grunnlov, som ble undertegnet 17. mai 1814. Grunnloven representerer Norges uavhengighet fra Danmark. Selv om Norge gikk inn i union med Sverige rett etterpå, var landet politisk uavhengig på alle områder utenom utenrikspolitikk. 17. mai er en offentlig helligdag. De fleste har fri, pynter seg og er ute hele dagen. Mange går med bunad. Over hele landet går skolebarn i tog (barnetog), vifter med norske flagg, roper «hurra» og får lov til å spise så mye pølse og is de orker. Om ettermiddagen er det vanlig å møte familie og venner og spise middag hjemme eller i en park. Det arrangeres ofte gratis-konserter og andre aktiviteter hele dagen og kvelden.

Gratulerer med dagen!

Jul

For norske barn er julaften den beste dagen i året. Denne kvelden pleier man å spise middag med familien og gi hverandre gaver. På lille julaften er det vanlig å pynte huset med julepynt og et juletre. Uka etter julaften, frem til nyttårsaften, kalles romjula, og dagene heter første juledag, andre juledag og så videre. Da møter man familie til julemiddag eller julelunsj. Maten er en viktig del av jula. De fleste tradisjonelle norske matrettene, som lutefisk, pinnekjøtt og ribbe, lages og spises bare da.

God jul!

SJ -, KJ -, og J -lyder

øving m.
SJ / KJ / J

For many non-native Norwegians, it is difficult to hear the differences between the **sj**, **kj** and **j**. Listen to the 10 words that are read and determine which sounds they are. Make an X in the correct box.

ex.	SJ	KJ	J
1.			
2.			
3.			
4.			
5.			
6.			
7.			
8.			
9.			
10.			

øving n.
SJ / KJ / J

Listen to the recording, sing the song, and find any **sj / kj / j / k** sounds in the lyrics.

Sang: Kua
BY GUSTAV LORENTZEN

Kua går over gresset,
Kua kikker på gresset,
Kua smiler til gresset,
Og har det kjempebra.

Kua ligger på gresset,
Kua tygger på gresset,
Kua tisser på gresset,
Og har det kjempebra, ja!

refreng:
Men sommeren kan regne bort,
og lykken kan snu,
men så lenge det finnes gress igjen, kan kua være ku.

Kua danser på gresset,
Kua leker på gresset,
Kua løper på gresset,
Og har det kjempebra.

Kua sover på gresset,
Kua drømmer om gresset,
Kua våkner på gresset
Og har det kjempebra, ja!

refreng x 2

GLOSER

å kikke: *to look at*
å tygge: *to chew*
å tisse: *to urinate*
lykke: *luck*
å snu: *to turn*
å finnes: *to exist*
å leke: *to play*
å løpe: *to run*

REPETISJON: ORD OG UTTRYKK

14. Årstider og helligdager

Hva pleier du å gjøre om sommeren?
Jeg pleier å _____ om sommeren.
(dra på ferie, dra på biltur,
dra på sykkeltur, dra på hyttetur,
dra på campingtur, dra på båttur,
dra på seiltur, dra på fisketur,
stå på vannski, bade, sole seg, gå på fottur)

Hvor er det midnattssol i Norge om sommeren?
Det er midnattssol nord for Bodø, men det er korte netter over hele Norge om sommeren.

Hvor lenge er det midnattssol i Norge?
Det er midnattssol i cirka to måneder.

Hva pleier du å gjøre om høsten?
Jeg pleier å _____ om høsten.
(begynne på skolen, kjøpe nye klær, strikke,
være inne, gå på tur i skogen, plukke sopp,
gå på jakt, rake løv)

Hva pleier du å gjøre om vinteren?
Jeg pleier å _____ om vinteren.
(gå på ski, stå på slalåm,
stå på telemark, stå på snowboard, kjøre snøscooter,
gå på skøyter, ake, kaste snøball,
måke snø, sitte foran peisen,
dra til syden)

Hvor er det mørketid i Norge om vinteren?
Det er mørketid i Norge nord for Bodø, men det er korte dager over hele Norge om vinteren.

Hvor lenge varer mørketida i Norge?
Den varer i cirka to måneder.

Hva pleier du å gjøre om våren?
Jeg pleier å _____ om våren.
(stelle i hagen, plante blomster, klippe gresset,
gå tur, vaske huset, gå på utekafé)

14. Seasons and Holidays

What do you usually do during the summer?
I usually _____ in the summer.
(go on vacation, go on a car trip,
go on a bike trip, go on a cabin trip,
go on a camping trip, go on a boat trip,
go on a sailing trip, go on a fishing trip,
water ski, swim, sun oneself, go on a hiking trip)

Where is there midnight sun in Norway in the summer?
There is midnight sun north of Bodø, but there are short nights in all of Norway during the summer.

How long is there midnight sun in Norway?
There is midnight sun for about two months.

What do you usually do in the fall?
I usually _____ in the fall.
(begin school, buy new clothes, knit,
be indoors, go on a walk in the woods, pick mushrooms,
go hunting, rake leaves)

What do you usually do in the winter?
I usually _____ in the winter.
(go cross-country skiing, go downhill skiing,
go telemark skiing, go snowboarding, go snowmobiling,
go ice skating, go sledding, throw snowballs,
shovel snow, sit in front of the fireplace,
travel to Southern Europe)

Where is there a dark time in Norway in the winter?
There is a dark time in Norway north of Bodø, but there are short days in all of Norway during the winter.

How long does the dark time last in Norway?
It lasts for about two months.

What do you usually do in the spring?
I usually _____ in the spring.
(work in the garden, plant flowers, mow the lawn,
go for a walk, clean the house, go to an outdoor café)

Kap. 15: Klær og mote

ei/en T-skjorte

en singlet

en genser

en collegegenser

ei/en capribukse

ei/en bukse

ei/en olabukse
en jeans

ei/en kortbukse
en shorts

ei/en treningsskjorte

ei/en treningsbukse

ei/en treningsdrakt

ei/en yogabukse
en treningstights

øving a.
KLÆR

Read the descriptions of what the four Norwegians like to wear. Underline the items of clothing in the texts.

FOLK PÅ GATA: Hva slags klær liker du å gå i?

ESPEN Jeg liker å gå i T-skjorte, collegegenser, joggebukse og joggesko. Det er mykt og godt, og behagelig å bevege seg i.

MONA Jeg liker godt å pynte meg. Jeg pleier å gå med bluse, skjørt og høyhælte sko både på jobb og i fritida.

STEIN På jobb går jeg alltid i dress: skjorte, slips, jakke og dressbukse. I helger og ferier pleier jeg å gå med olabukser.

ANNE Jeg er veldig glad i vinterklær. Varme jakker, votter, luer, skjerf og alt annet som kan holde meg varm er mine favorittplagg.

ℹ Innblikk olabukser The term **olabukser** is commonly used for jeans. **Ola** comes from two common post–World War II expressions, **Ola nordmann** (a typical Norwegian) and **Olasoldater** (Norwegians who served abroad during WWII.) After the war, a clothing salesman tied the popularity of the Ola expressions to the jeans he was trying to sell, and the term **olabukse** is still widely used. ■

Sko og sokker

(en) sko

støvler

støvletter

høyhælte sko

sandaler

tennissko

tøfler

sokker

Yttertøy

ei/en jakke

ei/en regnjakke

en anorakk

en caps

ei/en lue

et skjerf

hansker

votter

Accessories

et belte

en paraply

ei/en lommebok

en bag

solbriller

øving b.
KLÆR

Hva slags klær liker du å gå i? Describe the clothing you wear in different situations.

1. Hjemme går jeg i _____.

2. På skolen går jeg i _____.

3. På arbeidet går jeg i _____.

4. Om vinteren går jeg i _____.

5. Om sommeren går jeg i _____.

6. Når jeg skal i kirken, tar jeg på meg _____.

7. Når jeg skal på fest, tar jeg på meg _____.

8. Når jeg skal mosjonere, tar jeg på meg _____.

9. Når jeg skal bade, tar jeg på meg _____.

Dameklær

ei/en bluse

en topp

en kjole

et skjørt

ei/en kåpe

ei/en badedrakt

en bikini

ei/en veske

Undertøy

en BH
(brystholder)

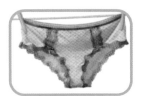

ei/en truse
ei/en underbukse

ℹ Innblikk   norsk mote

Fashion in Norway is different from fashion in North America. Traditional clothing items, such as hand-knit sweaters and hand-embroidered national dress, remain popular in Norway. At the same time, fashion in Norway is also strongly influenced by trends in Europe and by TV and film. When Norwegians go out, they typically dress up more than an average North American, and it is less common to wear very casual clothing in public settings. More recently, Norway has been ranked as one of the world's top ten countries for interest in creating sustainable solutions in the fashion industry. ■
Source: tnp.no

 øving c.
KLÆR

You are going to the events below and need to pack a suitcase for the trip. Which items of clothing would you pack, and how many of each?

Jeg skal _____,
(i bryllup, på fest, på ski, på badestranda, på ferie, på hyttetur, til Norge)

og jeg skal ta med meg _____.

Herreklær

en dress

ei/en jakke

ei/en skjorte

et slips

en frakk

Undertøy

en boxershorts

ei/en underbukse

Badetøy

ei/en badebukse
en badeshorts

i Innblikk

For an evening out, Norwegians usually dress up more than the average North American, but they tend to dress more casually for work. ■

øving d.
KLÆR

Work with a partner and take turns describing the clothing in the pictures below. Then describe the clothing that the students in your class are wearing.

Adjektiv: Unntak [ADJECTIVES: EXCEPTIONS]

In Chapter 13, you learned the rules for adding endings to indefinite adjectives so that they agree with the different types of nouns. In the chart below, you will see that there are some exceptions to the basic rules about indefinite adjectives.

Adjectives	Masc. / Fem.	Neuter	Plural
1. Regular adjectives	høy rød brun	høyt rødt brunt	høye røde brune
2. Adjectives ending in -ig and most adjectives ending in -sk	hyggelig vennlig norsk	**hyggelig** **vennlig** **norsk**	hyggelige vennlige norske
3. Adjectives ending in -el / -er / -en	gammel vakker	gammelt vakkert	**gamle** **vakre**
4. Adjectives ending in a stressed vowel	blå grå ny	**blått** **grått** **nytt**	**blå** **grå** nye
5. Adjectives ending in a double consonant	snill grønn	**snilt** **grønt**	snille grønne
6. Adjectives ending in a consonant and a -t	kort svart	**kort** **svart**	korte svarte
7. Adjectives ending in an unstressed -e	moderne	**moderne**	**moderne**
8. The adjective "liten"	**liten / lita**	**lite**	**små**

øving e.
UBESTEMT FORM

Fill in the indefinite form of the adjective. Watch for the exceptions to the main rules, but note that some regular adjectives occur in each section.

1. Regular adjectives

Faren min har en _____ dress *(grå)*, ei _____ skjorte *(hvit)* og et _____ slips *(rød)*

på seg. Slipset er veldig _____ *(pen)*, men dressen er _____ *(gammel)*.

2. Adjectives ending in -ig and most adjectives ending in -sk

Marte har en _____ bluse *(pen)* og et _____ skjørt *(stilig)* på seg.

På blusen har hun et _____ smykke *(norsk)*.

3. Adjectives ending in -el, -er, or -en

Søstrene mine er veldig _____ *(vakker)*, men de går alltid i _____, utslitte klær *(gammel)*.

De liker best _____ olabukser *(myk)* og _____ gensere *(stor)*.

4. Adjectives ending in a stressed vowel

Mora mi kjøpte et _____ skjerf *(ny)* og _____ votter *(ny)*.

Skjerfet er _____ *(grå)*, og vottene er _____ *(blå)*.

5. Adjectives ending in a double consonant

Marius er et _____ barn *(snill)*. Jeg gav ham et _____ belte *(grønn)*, og

han sa at han likte det! Han fikk også _____ olabukser *(grønn)* og ei _____ skjorte *(grønn)*.

6. Adjectives ending in a consonant and a -t

Kurset var veldig _____ *(interessant)*. Læreren var _____ *(snill)*,

og studentene var _____ *(flink)*.

7. Adjectives ending in an -e

Det var et _____ år *(spennende)*. Vi fikk _____ jobber *(ny)*, og

vi flyttet inn i et _____ hus *(moderne)*.

8. Irregular forms of «liten»

Thomas bor på en _____ hybel *(liten)* i sentrum. I hybelen har han bare

ei _____ seng *(liten)*, et _____ bord *(liten)* og to _____ stoler *(liten)*.

✎ **øving f.**
UBESTEMT FORM   Fill in the indefinite form of the adjective.

1. Det er _____ å få e-post fra familien min *(hyggelig)*.

2. Det er _____ hvis du kan hjelpe meg litt *(fin)*.

3. Det er _____ at du skal reise til Norge *(fantastisk)*.

4. Det er _____ å stå på slalåm i Norge *(morsom)*.

5. Det er _____ at du ikke kan komme på festen i kveld *(grei)*.

6. Det er _____ for meg *(ny)*.

Determinativer: Demonstrativer

[DETERMINATIVES: DEMONSTRATIVES]

Demonstratives point out something or someone specific.

We use demonstratives to point out something or someone specific. To refer to people or objects close to us, we use "this" and "these." For people or objects farther away, we use "that" and "those."

- Demonstratives must agree in gender and number with the accompanying noun.

- The noun must be in the definite form.

	This / these	**That / those**
Masculine	Jeg liker **denne dressen**. *I like this suit.*	Jeg liker **den dressen**. *I like that suit.*
Feminine	Jeg liker **denne jakka / denne jakken**. *I like this jacket.*	Jeg liker **den jakka / den jakken**. *I like that jacket.*
Neuter	Jeg liker **dette slipset**. *I like this tie.*	Jeg liker **det slipset**. *I like that tie.*
Plural	Jeg liker **disse skoene**. *I like these shoes.*	Jeg liker **de skoene**. *I like those shoes.*

øving g.
DEMONSTRATIV

Identify the items of clothing you like by using demonstratives. (Nouns in the exercise: en genser, ei skjorte, et skjørt, en sokk.)

1. Liker du _____ (this sweater)?

Nei, jeg liker _____ der borte (that sweater).

2. Vil du prøve _____ (this skirt)?

Nei, jeg vil prøve _____ (that skirt).

3. Hva synes du om _____ (these socks)?

Jeg liker dem ikke. Jeg vil ha _____ (those socks).

4. Vil du kjøpe _____ (this shirt)?

Nei, jeg vil kjøpe _____ (that shirt).

øving h.
DEMONSTRATIV

Complete the common phrases used in a clothing store. Use the correct forms of the demonstratives and the nouns. (Nouns in the exercise: ei/en bluse, ei/en bukse, en kjole, en sandal, et skjerf, ei/en skjorte, en sko, et slips.)

1. Har du _____ i blått *(that scarf)?*

   Ja, det har vi.

2. Hva synes du om _____ *(these shoes)?*

   Jeg liker ikke fargen.

3. Vil du prøve _____ *(this blouse)?*

   Ja, gjerne.

4. Hvordan passer buksene?

   _____ passer fint *(these pants).*

5. Liker du _____ *(that dress)?*

   Ja, det gjør jeg.

6. Jeg vil prøve _____ *(those sandals).*

   Jeg skal hente dem på lageret.

7. Jeg tar _____ *(that shirt)* og

   _____ *(this tie).*

øving i.
DEMONSTRATIV

Complete the sentences about packing for a vacation with demonstratives and nouns. (Nouns in this exercise: ei/en bluse, ei/en bukse, en bukse, en genser, ei/en lue, et skjerf, ei/en skjorte, et skjørt, en sko, et slips, en sokk, en vott.)

1. Jeg vil ta med meg _____ *(these pants).*

   _____ *(this shirt).*

   _____ *(those shoes).*

   _____ *(this sweater).*

   _____ *(that tie).*

2. Jeg vil ikke ta med meg _____ *(this skirt).*

   _____ *(that blouse).*

   _____ *(these socks).*

   _____ *(this stocking cap).*

   _____ *(those mittens).*

I klesbutikken

Ekspeditør.	Trenger du hjelp?
Kunde.	Ja takk. Jeg ser etter ei bukse.
Ekspeditør.	Hvilken farge vil du ha?
Kunde.	Jeg vil gjerne ha svart eller brun.
Ekspeditør.	Hva med denne? Den er veldig behagelig.
Kunde.	Den ser fin ut. Har dere den i medium?
Ekspeditør.	La meg sjekke.
	Ja, det har vi. Vil du prøve den?
Kunde.	Ja takk. [*Prøver buksa*]
	Jeg liker den veldig godt.
	Hvor mye koster den?
Ekspeditør.	Denne koster 400 kroner.
Kunde.	OK, jeg tar den.

I kassa

Kunde.	Jeg vil gjerne ha denne buksa.
Ekspeditør.	400 kroner, takk.
Kunde.	Kan jeg betale med kort?
Ekspeditør.	Ja, det kan du.
	Dra kortet og tast koden her, er du snill.
	Vil du ha kvittering?
Kunde.	Ja takk. Kan du putte den i posen?
Ekspeditør.	Vær så god.

I skobutikken

Ekspeditør.	Trenger du hjelp?
Kunde.	Ja, jeg ser etter et par sandaler.
Ekspeditør.	Er du ute etter en spesiell farge?
Kunde.	Ja, helst svart.
Ekspeditør.	Vi har tre svarte sandaler her borte.
Kunde.	Jeg liker denne typen. Kan jeg prøve dem?
Ekspeditør.	Selvfølgelig. Hvilken størrelse bruker du?
Kunde.	Jeg bruker størrelse 38.
Ekspeditør.	OK. Et øyeblikk, så skal jeg hente den andre skoen på lageret.

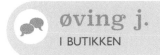

øving j.
I BUTIKKEN

Use the phrases below to create a dialog about shopping. Be prepared to present your dialog in class. Note that "E." stands for **ekpeditør** *(clerk)* and "K." for **kunde** *(customer)*.

SHOPPING

E. Trenger du hjelp?
K. Ja takk, gjerne! | Nei takk, jeg bare titter.

E. Hva kan jeg hjelpe deg med?
K. Jeg ser etter _____. | Jeg leter etter _____.
  Jeg er ute etter _____. | Jeg prøver å finne ___.
  Har dere _____?

E. Ja, det har vi. La meg vise deg.

FARGER OG PRIS

E. Hvilken farge vil du ha?
K. Jeg vil ha noe i _____.
  (rødt, gult, grønt, blått, rosa, brunt, svart, hvitt)

RØD		FIOLETT	
ORANSJE		ROSA	
GUL		BRUN	
GRØNN		SVART	
TURKIS		GRÅ	
BLÅ		HVIT	

E. Liker du fargen?
K. Ja, den er _____.
  (pen, fin, nydelig, kul)
  Nei, den er _____.
  (stygg, kjedelig, for mørk, for lys)

  Hva koster _____?
  (denne buksa, dette slipset, disse skoene)
E. _____ koster _____.

STØRRELSE

E. Hvilken størrelse bruker du?
K. Jeg bruker _____.
  (liten, medium, stor | 36, 38, 40, 42)

E. Vil du prøve den? | Vil du prøve det?
K. Ja takk, gjerne. | Nei takk.

K. Hvor er prøverommet?
E. Prøverommet er der borte.

PRØVEROMMET

E. Hvordan passer _____?
  (buksa, genseren, kjolen, dressen, skoene)

K. _____ passer bra! | _____ passer ikke!
  (Den, Det, De)   (Den, Det, De)

_____ er _____
(Buksa, Genseren)   (for stor, for liten)
_____ er _____
(Slipset, Skjørtet) (for stort, for lite)
_____ er _____
(Skoene, Vottene)   (for store, for små)

i fokus: **Norske bunader og folkedrakter**

Norske bunader

Norske bunader er festdrakter som brukes på 17. mai og ofte i dåp, bryllup og konfirmasjon. De er inspirert av tradisjonelle folkedrakter, og hver bunad har et bestemt mønster og hører til et spesielt sted i Norge. Ifølge direktør i Husfliden, Marit Jakobsen, er bunad «et uttrykk for en lokal tradisjon og et tydelig symbol på hvem man er og hvor man kommer fra».

På grunn av stoffet og de detaljerte broderiene er bunader veldig dyre. Bunader med søljer og annet bunadsølv kan koste over 50 000 kroner! Mange får bunad til konfirmasjon, mens andre syr dem selv. Bunadtradisjonen står sterkt i Norge med over 2,5 millioner nordmenn som eier bunad. Det er flere kvinner enn menn som har bunad, men det er blitt mer og mer populært for menn å anskaffe seg bunad de siste årene. (Source: TV2)

i Innblikk The traditional belt on many of the Norwegian **bunader** indicated whether a woman was married or not. A cloth belt symbolized an unwed woman, while a belt with jewlery was reserved for married women. This is not always the case in modern day Norway as many inherit their **bunader**. ■

cloth belt   belt with jewelry

Dame- og herrebunader

De norske bunadene varierer mye i farge, mønster og stofftype fra sted til sted. Likevel har de noen klare fellestrekk. Damebunadene består vanligvis av bunadskjorte, liv, stakk, forkle, belte, veske og bunadsko. Herrebunadene har ofte jakke, bunadskjorte, vest, nikkers eller langbukse, strømper og bunadsko.

Damebunad ... Herrebunad

Damebunad:
- ei/en sølje
- ei/en bunadskjorte
- et liv
- et belte
- ei/en bunadveske
- et forkle
- en stakk
- strømper
- bunadssko

Herrebunad:
- ei/en sølje
- ei/en bunadskjorte
- en vest
- ei/en jakke
- en bunadskniv
- en nikkers eller ei/en langbukse
- strømper
- bunadssko

Samiske gákti

Samene bruker også tradisjonelle klesdrakter som heter **gákti** på nordsamisk, *kofte* eller *samedrakt* på norsk. **En gákti** er ofte en festdrakt, mens noen bruker **en gákti** til daglig. Den består av kofte med lange ermer og et belte. Den kan også ha sølje, lue, skaller (en type sko) eller sjal. Ofte er en gákti de samme fargene som det samiske flagget (blå, grønn, gul, rød). Den brukes på tvers av landegrensene i den nordlige delen av Norge, Sverige, Finland og Russland. Den varierer mye fra mye fra distrikt til distrikt, akkurat som norske bunader.

øving k.
BUNADER

Read about the use of bunader and gákti in Norway and discuss the following questions with your class.

1. Why are **bunader** and **gákti** such an important part of contemporary Norwegian and Sámi culture? Why do you think people still wear them for important celebrations?

2. Could you imagine the U.S. or Canada having some sort of national dress? If so, what would it look like and why would people wear it? Would there be one or multiple versions? How much would it cost?

MEST UTFORDRENDE ORD FRA DETTE KAPITTELET

Listen to the sounds, the words, and the sentences and practice saying them aloud, either as a class or with another student.

Sounds	Words	Sentences
i	liten — vinter — grille	**1.** Hvordan er været i dag?
y	lyn — rydde — tykk	
e	mekke — stelle — genser	**2.** Sola skinner, men det er litt kjølig.
ø	snø — høst — skjørt	
a	hage — jakke — flagg	**3.** Temperaturen ligger på 27 grader.
æ	vær — klær — populær	
å	vår — måke — årstid	**4.** Høsten er min favorittårstid.
o	sol — kjole — stor	
u	uke — bunad — russ	**5.** Jeg måker ofte snø om vinteren.
diftonger	regner — sløyfe — mai	
stum. kons.	kald — fuktig — billig	**6.** Om sommeren drar jeg på campingtur.
j	jul — hjemme — gjør — gir	
kj	kjølig — kikke — tjue	**7.** Jeg går kledd i bunad på 17. mai.
sj	sjø — skjorte — skinner — overskyet	
r	rød — dress — mørketida	**8.** I Norge feirer de jul på julaften.
ng	stringtruse — campingtur — værmelding	

øving 1.
LYTTEFORSTÅELSE

In part A, circle the word that you hear in the recording. In part B of this exercise, write down the word you hear in the recording.

A.
1. vår — vær
2. grunn — grønn
3. blåse — bluse
4. sjø — sju
5. hvor — vår
6. klær — klar
7. kjære — skjære
8. lek — leg
9. rød — rå
10. si — se

B.
1. _____
2. _____
3. _____
4. _____
5. _____
6. _____
7. _____
8. _____
9. _____
10. _____

REPETISJON: ORD OG UTTRYKK

15. Klær og mote

Hva slags klær pleier du å gå i når du er hjemme?
Hjemme liker jeg å gå i _____.
(bukse, khakibukse, olabukse, treningsbukse, shorts, joggedress, collegegenser, genser, skjorte, t-skjorte, bluse)

Hva slags klær går du i på jobben?
På jobben går jeg i _____.
(bukse, khakibukse, dress, skjorte, slips, jakke, genser, kjole, skjørt, bluse)

Hva slags klær går du i om sommeren?
Om sommeren går jeg i _____.
(shorts, kortbukse, T-skjorte, skjorte, bluse, singlet, bikini, badedrakt, badebukse, sandaler, slippers)

Hva slags klær går du i om vinteren?
Om vinteren går jeg i _____.
(bukse, genser, stillongs, jakke, anorakk, lue, skjerf, votter, hansker, ullsokker, sko, støvler, støvletter)

Når går folk i bunad i Norge?
Folk går i bunad når det er _____.
(barnedåp, konfirmasjon, bryllup, syttende mai)

Trenger du hjelp? | Hva kan jeg hjelpe deg med?
Jeg ser etter _____. | Jeg leter etter ____.
Jeg bare titter, takk.

Hvilken farge vil du ha?
Jeg vil ha noe i _____.
(blått, rødt, grønt, gult, lilla, brunt, grått, hvitt, svart)

Hvilken størrelse bruker du?
Jeg bruker _____.

Hvor er prøverommet?
Prøverommet er der borte.

Hvordan passer den?
Den passer fint. | Den passer ikke.
Den er for liten. | Den er for stor.

15. Clothing and Fashion

What kind of clothing do you usually wear when you are at home?
At home, I usually wear _____.
(pants, khaki pants, jeans, sweatpants, shorts, a sweatsuit, a sweatshirt, a sweater, a shirt, a t-shirt, a blouse)

What kind of clothing do you wear at work?
At work, I wear _____.
(pants, khaki pants, a suit, a shirt, a tie, a jacket, a sweater, a dress, a skirt, a blouse)

What kind of clothing do you wear in the summer?
In the summer, I wear _____.
(shorts, shorts, a t-shirt, a shirt, a blouse, a tanktop, a bikini, a swimming suit (women), swimming trunks, sandals, flip-flops)

What kind of clothing do you wear in the winter?
In the winter, I wear _____.
(pants, a sweater, long underwear, a jacket, a ski parka, a cap, a scarf, mittens, gloves, wool socks, shoes, boots, women's boots)

When does one wear a national costume in Norway?
People wear a national costume when there is/it is___.
(a baptism, a confirmation, a wedding, the Seventeenth of May)

Do you need help? | What can I help you with?
I'm looking for _____. | I'm looking for ____.
I'm just looking, thanks.

What color would you like?
I would like something in _____.
(blue, red, green, yellow, lavender, brown, gray, white, black)

What size do you use?
I use _____.

Where is the fitting room?
The fitting room is over there.

How does it fit?
It fits well. | It doesn't fit.
It is too small. | It is too large.

Permissions

p. 5: Facts taken from regjeringen.no

p. 5: Populære fornavn og etternavn, Statistisk sentralbyrå (SSB).

p. 8: Definition of "hen," Bokmålsordboka (Språkrådet and Universitetet i Bergen)

p. 28: De 10 største gruppene av innvandrere og norskfødte med innvandrerforeldre, Statistisk sentralbyrå (SSB).

p. 28-9: Statistics, Statistisk sentralbyrå (SSB).

p. 42-43: Statistics, Statistisk sentralbyrå, Store norske leksikon, and Lovdata

p. 72: Utdanningsprogrammer, Utdanning.no

p. 72-3: Statistics, Utdanning.no, Forskningsrådet.no, and Statistisk sentralbyrå (SSB)

p. 93: Norvagisering, Språkrådet

p. 100: Sedler og mynter, Norges Bank

p. 101: Et kontantløst samfunn, Merchant Marine

p. 102: Barnas favorittpålegg, Melk.no

p. 103: Den norske ostehøvelen, Thor Bjørkland & Sønner AS, used by permission.

p. 114: Engelsviken Brygge Fiskerestaurant, edited menu, used by permission.

p. 130-1: Kaffe, Kaffe.no, used by permission.

p. 131: Statistics, Statistisk sentralbyrå (SSB)

p. 136: Miljøstatus i Norge (www.miljostatus.no), used by permission.

p. 139: Treningsaktiviteter, Statistisk sentralbyrå (SSB).

p. 146-147: Fotball pictures and edited text from Norway Cup, used by permission.

p. 162: Alle synger i dusjen, Rolf Løvland, used by permission.

p. 174-5: Mediebruk i Norge, Chart and statistics, SSB.

p. 184: Flaggdager, Regjeringen.no

p. 189: Nordmenn på ferie, SSB og NHO Reiseliv

p. 190: Mørketida, edited text from Destinasjon Tromsø, used by permission.

p. 192: Talemålet i endring, Store norske leksikon

p. 202: Vinteren i Norge, edited text from Aftenposten, used by permission.

p. 204: Helligdager, lovdata.no & helligdager.no

p. 206: Kua, Gustav Lorentzen, used by permission.

p. 218: Marit Jacobsen quoted in "Stadig flere henger seg på denne nye bunadstrenden," Kaja Kirkerud, TV2

Photo Credits

Thank you to these students, colleagues, and friends for contributing photos:
Bruce Aarsvold, Helmer Aslaksen, Alan Batemann, Douwe Brouwer, Elena Christensen, Liv Dahl, Ottar and Peder Dahl, Reed Deardorff, Sarah Derry, Erika Espey-Sundt, Brock Foreman, Mark Fulton, Melissa Gjellstad, Peggy Hager, Milda Halvorson - Concordia College, Serianna Henkel, Frode Husvær and Helge, Chelsey Johnson, Thea Lund, Laura Moquin, Katinka Nagell, Margaret Hayford O'Leary, Chizoba Ozowara, Nicholas Ritz, Ty Robinson, Heather Gliadon Schraan, Krista Schweppe, Nora Serres, Nina Slupphaug, Åsmund Svensson, John Weinstock, Michael Williamson, Ebru Yayla, Kjell and Judy Åvendal

A special thank you to Jostein, Bente, Dorthea and Elen Solem who have allowed us to share with our learners a glimpse of their private family moments.

Photo Credits

Thank you to these companies, organizations and others for contributing photos:
Atomicbre, Bamble Kommune, Engelsviken Brygge Fiskerestaurant, Fellesstudentsystem.no, Jørgen Gomnæs - Det kongelige hoff, Magnhild Omtveit Haugen, Kenneth Hætta, Jamesbond raul, Jocian, Morten Knutsen, Kotoviski, Lunkwill, Maarud Mediabank, MatPrat Bildearkiv (Synøve Dreyer, Astrid Hals, Aina C. Hole, Anne Manglerud, Mari Svenningsen, Studio Dreyer-Hensley), Alfred Nitsch, Norges Bank, Norway Cup, Karin_Beate_Nosterud, orchidgalore, Oslo Foodie, Donelle Poling, Prizm, Punctured bicycle, Skogfjorden, St. Olaf College, TINE Mediabank, TINE Mediabank (Eva Brænd, Synøve Dreyer, James Hensley, inkognito as), The University of Oslo, Christian Fredrik Wesenberg, Jan Roger Østby (Sametinget)

Images purchased from fotolia:
abilitychannel, Africa Studio, aigarsr, aleciccotelli, Alen-D, alephcomo1, Alexanderkonsta, Alexandra, Alex F, alexmu, Alliance, Morten Almeland, Galyna Andrushko, Polat Alp, Anatolii, andreaxt, andreusK, Andrew, angiolina, Subbotina Anna, annata78, Anterovium, antiksu, Antonioguillem, antonsov85, aqvamarine, artivista | werbeatelier, asantosg, AstroBoi, auremar, Arancio, R.Babakin, Bacho Foto, Ingo Bartussek, Andrew Bayda, Becker, bert_phantana, berzina, bibi, Bill, Bits and Splits, Mariusz Blach, blackday, BluedarkArt, BlueOrange Studio, BlueSkyImages, bokan, bonciutoma, Stepan Bormotov, bradcalkins, Brebca, wiktor bubniak, cat_smile, diego cervo, Jacek Chabraszewski, chayathon2000, ckimballphoto, Clichesdumonde, cook_inspire, cristovao31, cromary, CssAndDesign, cunico, Vladyslav Danilin, Simon Dannhauer, danr13, Daxiao Productions, Anne DEL SOCORRO, olga demchishina, dgalicia, zhu difeng, dimakp, D.R., dubova, duckman76, Alona Dudaieva, Edgie, effe64, egschiller, ellemarien7, Elnur, EM Art, emirkoo, Daniel Ernst, Fanfo, FedotovAnatoly, felinda, Hugo Félix, Mercedes Fittipaldi, forcdan, fotonen, francescodemarco, Liv Friis-larsen, Vladislav Gajic, galina. legoschina, GalinaSt, Vladimir Gelpi, Gerasimov, Marzia Giacobbe, gioppi, gmeviphoto, godfer, GoodMood Photo, goodween123, Joe Gough, Andreas Gradin, Gresei, Kaspars Grinvalds, Halfpoint, Mat Hayward, heinteh, Alf Sigurd Helgeland, Rick Henzel, Jiri Hera, highwaystarz, Christian Hillebrand, Jari Hindström, Brent Hofacker, Nataliya Hora, Charlie Hutton, hsagencia, hypotekyfidler.cz, iko, iliadilium, indigolotos, irimeiff, iuneWind, Vlad Ivantcov, JackF, Jag_cz, javarman, jeancliclac, Jenifoto, JJAVA, Lars Johansson, jolopes, Lars-Ove Jonsson, julaszka, Kadmy, kai, Kalim, Alexandra Karamyshev, karandaev, karenfoleyphoto, Kartouchken, katarinagondova, ka_terina14, kavring, Kenishirotie, Denis Khveshchenik, Khvost, kichigin19, philip kinsey, klange01, Kletr, kolevv, konstantant, kontur-vid, Patryk Kosmider, koss13, Maksim Kostenko, Olga Kovalenko, krasyuk, Hunor Kristo, Kurhan, Kzenon, laboo, francis lambert, lana_lyst, Johan Larson, Aliaksei Lasevich, Aleksei Lazukov, lefata, Robert Lehmann, leungchopan, lightwavemedia, littlestocker, Christin Lola, Pavel Losevsky, Maxim Loskutnikov, Lovunka, Lsantilli, ludmilafoto, luismolinero, lulu, magann, Mikhail Malyugin, manaemedia, Sandra Manske, Piotr Marcinski, margo555, Maridav, mariontxa, mariuszks, mark_hubskyi, marokina, Sergio Martínez, masterloi, Saskia Massink, Alexander Maximov, Maygutyak, Vladimir Melnikov, Melpomene, Jasmin Merdan, metrue, michaeljung, milanmarkovic78, mirkorrosenau4, Mita Stock Images, mitev, Mivr, MNStudio, Igor Mojzes, Edvard Molnar, monamakela.com, Monart Design, Monkey Business, monticellllo, Morgenstjerne, Sergii Moscaliuk, Sergii Mostovyi, MovingMoment, MR, mrcmos, mrks_v, mylips, nanisimova, nata777_7, Nelos, Michael Neuhauß, Nightman1965, nito, Sergey Nivens, Nomad_Soul, NorGal, Kira Nova, Zbyszek Nowak, nyul, Byelikova Oksana, oldbunyip, OlegDoroshin, olmarmar, Tyler Olson, olya6105, onepony, oocoskun, OPgrapher, opticalearth, ottoflick, Alena Ozerova, paffy, pete pahham, Pakhnyushchyy, slavomir pancevac, Ana Blazic Pavlovic, Pellinni, perfectmatch, peshkova, Photographee.eu, photology1971, Photoman, PhotoSerg, pikselstock, pipop_b, pixelrobot, Ekaterina Pokrovsky, polinaloves, poplasen, Andrey Popov, Giuseppe Porzani, pressmaster, Psop Photo, psynovec, puhhha, radub85, rasstock, Alexander Raths, Rawpixel.com, rdnzl, Joshua Resnick, Rido, rilueda, rimglow, robepco, rodho, Rodenberg, ronstik, rookie72, sad, Sailorr, sakkmesterke, Serg Salivon, John Sandoy, Sasajo, Irina scaliger, Schmidt, sebra, Rostislav Sedlacek, seksanwangjaisuk, juri semjonow, Oleksii Sergieiev, SergiyN, sergojpg, Maksim Shebeko, Yuriy Shevtsov, Iriana Shiyan, .shock, sigive, siraphol, Natalija Sirokova, slasnyi, s_l, s_lena, somjring34, sommai, Sondem, Nikolai Sorokin, spectrumblue, stanciuc, starush, steamroller, Elena Stepanova, Stillkost, Stocksnapper, Alex Stokes, strannik_fox, stuchin, sveta, Syda Productions, sylv1rob1, Diana Taliun, taniho, Tarabalu, Tarzhanova, Tatty, terex, Olena Teslya, Tesgro Tessieri, theartofphoto, thepoo, Tim UR, Iryna Tiumentseva, tmc_photos, travelwitness, TTstudio, Tupungato, tycoon101, undrey, valery121283, Jouke van Keulen, vaz1, vetre, vichie81, Viktor, De Visu, vladvm50, Alexandr Vlassyuk, volff, Vladimir Voronin, Voyagerix, vvoe, WavebreakmediaMicro, Piotr Wawrzyniuk, wildman, WONG SZE FEI, Vladimir Wrangel, XtravaganT, Sergey Yarochkin, vadim yerofeyev, Can Yesil, yevgeniy11, yotrakbutda, yurakp, yuryimaging, Mara Zemgaliete, zoomyimages, zstock, zybilo, 00Ffilip, 2002lubava1981, 3desc, 3355m

Images purchased from Adobe Stock:
Fotos 593, mettus, Brian Weed, Leonid & Anna Dedukh, Sergey Yarochkin

Images purchased from Shutterstock:
AboutLife, SabineBPhotography, Jaromir Chalabala, Roman J Royce, Roman Sigaev, GaudiLab, Lysenko Andrii, D Busquets, Tomsickova Tatyana, hxdbzxy, Pixel-Shot, Sahara Prince, Ingrid Maasik, valeriiaarnaud, Andrei Armiagov, New Africa, Schuchrat Kurbanov, Leone_V, Frame Stock Footage, Brunal, kiuikson, All kind of people, dreamerve, Jasminko Ibrakovic, Jamen Percy, Rawpixel.com, Nataliia Sokolovska, Olesya Kuznetsova, Ground Picture, El Nariz, Janusz Pienkowski, Dragon Images, George Rudy, Nuva Frames, Okrasiuk, zstock, Tatiana Volgutova, margouillat photo, Prophoto42, Naser Amlani, Rob Kints, Olena Tur, Yelo Jura, hyotographics, Mikael Broms, Arild Lilleboe, Olga Danylenko, PositiveTravelArt, Ingrid Emilie S Hansen, Marius Dobilas, Adrian Larisz, Adriana Iacob, Santi Rodriguez, BBA Photography, Morten Normann Almeland, Asmus Koefoed, Scharfsinn, Dmitry Chulov, Markus Mainka, Olga Miltsova, Rageziv, Malin_82, Thor Jorgen Udvang, Andrei Armiagov, sofie Frydenlund

About the Authors and Designers

Author Kari Lie Dorer is the King Olav V Endowed Chair in Scandinavian-American Studies and a Professor and Chair of the Norwegian Department and Director of Nordic Studies at St. Olaf College in Northfield, Minnesota. She specializes in the scholarship of teaching, foreign language instruction, curriculum development, the use of technology with language learning, Sámi studies and Nordic film. Kari completed her Ph.D. studies at the University of Texas at Austin in the Department of Germanic Studies with an emphasis in Applied Linguistics and a minor emphasis in Scandinavian Languages. Kari received her M.A. in Curriculum and Instruction of Second Languages and Cultures from the University of Minnesota and her B.A. in Scandinavian Studies, History, and Political Science from Concordia College in Moorhead, MN. After spending 10 years as a villager at Skogfjorden, the Norwegian language village located in Bemidji, MN, she attended eight study abroad programs, seven of which were in Norway. Previously, she taught Norwegian at the University of Minnesota and the University of Texas at Austin. In addition, Kari also taught courses in Scandinavian cooking in the Twin Cities area for 10 years.

Author **Nancy Aarsvold** retired from St. Olaf College in 2015 after teaching Norwegian for over 25 years at St. Olaf College, Augsburg College, and the University of Minnesota. She specializes in curriculum development, second language acquisition, and integrating technology into language learning. During her last several years at St. Olaf, Nancy served as the Assistant Director of Instructional Technology, providing campuswide leadership in integrating innovative technologies with effective pedagogical and research practices. Nancy received an M.A. in Scandinavian Studies with an emphasis in Curriculum and Instruction from the University of Minnesota and a B.A. in English and Norwegian as well as Secondary Teaching Certification from Pacific Lutheran University in Tacoma, Washington. In addition, she attended the Oslo International Summer School and the University of Oslo for a year and took *Diplomprøve i norsk språk og litteratur*.

Designer Alli Hering is a student at St. Olaf College from Apple Valley, MN. She is studying Political Science and Social Studies Education. Alli is an executive editor at the campus newspaper the Olaf Messenger. After school Alli plans on teaching American History and Government.

Designer Erika Terwilliger received her B.F.A. in Studio Art with distinction at St. Olaf College. After she graduated in 2016, she participated in the fifth-year emerging artist program at St. Olaf. Starting in the fall of 2017 she will take part in the University of Minnesota's MFA program where she will continue her work in printmaking, sculpture and ceramics.

Designer Laura Moquin received her B.A. in Anthropology and her B.F.A. in Studio Art at the University of Texas at Austin. It was here that she learned Norwegian with Kari Lie Dorer using the very first edition of *Sett i gang*! This fall, she will begin her M.A. in Scandinavian Studies at the University of Wisconsin Madison with the assistance of the L&S Community of Graduate Research Scholars Fellowship. She has also attended the University of Oslo International Summer School.

Designer Chelsey Johnson learned Norwegian at Skogfjorden and the University of Oslo, and spent several summers working for Skogfjorden, including one as dean of the credit abroad program in Sogndal, Norway. She is now an Assistant Professor of English at the College of William & Mary, where she teaches creative writing. She received her MFA from the University of Iowa and was a Stegner Fellow at Stanford. Her short stories have appeared in Ploughshares, One Story, NPR's Selected Shorts program, and other publications.